T0313491

JOHANN JAKOB SCHWEIZER
UND DIE HELVETIK

»Ich kann nicht schweigen. – Mein Herz heisst mich reden.
Ich muss es laut zeugen. Ich muss an das Herz und
Gewissen aller Anwesenden appellieren.«

Peter Alexander Schweizer

Johann Jakob Schweizer und die Helvetik

Der streitbare Pfarrer zu Embrach

Edition Voldemeer Zürich
De Gruyter

Johann Jakob Schweizer (1771–1843)
Peter Alexander Schweizer, Zürich

Der Familie Schwyzer oder Schweizer
von Zürich gewidmet.

Frontispiz: Johann Jakob Schweizer (1771–1843),
Portrait in Öl, von unbekanntem Maler,
um 1798–1800, in Familienbesitz.

Library of Congress Control Number:
2021943354

Bibliographic information published by the German National Library lists this publication in the Deutsche Nationalbibliografie; detailed bibliographic data are available on the Internet at http://dnb.dnb.de

Edition Voldemeer Zürich
P.O. Box
CH-8027 Zürich

All rights reserved.

Copy editing: Ilona Buth, Berlin. Image editing: Roland Langauer, Zürich. Layout: Edition Voldemeer Zürich. Printing: Ernst Kabel Druck, Hamburg. Bindery: Müller Buchbinderei Leipzig. Printed on acid-free paper produced from chlorine-free pulp. TCF ∞

ISBN 978-3-11-076488-8

Walter de Gruyter GmbH
Berlin/Boston

www.degruyter.com

987654321

INHALT

VORWORT

Sein klassisch gemaltes Portrait im vergoldeten Holzrahmen hing während meiner ganzen Jugend- und Studienzeit in unserem Esszimmer. Es zeigt einen gepflegten Mann gegen die dreissig, mit nachdenklichen Augen und gewelltem, dunkelblondem Haar, sorgsam nach der Mode des ausgehenden 18. Jahrhunderts gekleidet. Unter den in der elterlichen Wohnung recht zahlreichen Ahnenbildern dominierte es zweifellos dank seiner künstlerischen Qualität und stilgerechten Aufmachung. Mein Vater kam allerdings nur ganz selten auf den Abgebildeten zu sprechen, der nota bene sein Urgrossvater war. Auffällige Knappheit kennzeichnet auch die Beschreibungen, welche ihm die unmittelbaren Nachfahren, der Sohn Alexander und der Enkel Paul, in ihren eigenen, sonst ausführlichen Erinnerungen gewidmet hatten. Dort erscheint der rührige Ahne nicht zuletzt als Versager, der wegen unablässig angriffigen Politisierens, aber auch wegen zeitweise gravierender Misstritte in seiner Lebensführung schliesslich des Pfarramtes im ansehnlichen Dorf Embrach entsetzt und mit Berufsverbot im Kanton Zürich belegt worden war. Das hatte ihn praktisch dazu gezwungen, eine neue Tätigkeit im Exil zu suchen, was um 1804 – also gerade nach der Auflösung des helvetischen Einheitsstaates – zumindest den Umzug in einen anderen Kanton bedingte. Was genau in dem für mich rätselvollen Urahnen alles vorgegangen war, liess sich aus diesen Quellen nicht ergründen. Lebensbeschreibungen, die auch persönliche Emotionen zum Ausdruck brachten, waren in unserer Familie nicht üblich.

Da entdeckte ich eines Tages Jakobs ergiebiges Bändchen *Zeitgedichte* aus dem Jahr 1802, worin er sich mit einer ganzen Palette von poetischen Farbtönen oft mitfühlend, dann auch polemisch mit den Ereignissen und Meinungsströmungen im aufgewühlten Umfeld der den Eidgenossen von Frankreich zwischen 1798 und 1803 aufgepfropften Helvetik auseinandersetzte, dazwischen öfters aber auch von seiner ganz privaten Erlebniswelt sprach. Dabei traten sowohl ordnungspolitischer Scharfsinn wie darstellerisches Talent und klassische Stilsicherheit zutage – für mich bisweilen gar Seelenverwandtschaft, denn der

Drang nach lyrischer Verarbeitung des im Alltag Geschauten scheint sich in meiner DNA wiederzufinden. Diesen Ururahnen näher kennen zu lernen, wurde mir nun zum vordringlichen Anliegen.

Bemerkung zur Orthografie: Diese befand sich zur Zeit der Helvetik (1798–1803), aus der die meisten der hier wiedergegebenen Texte stammen, an einem Übergang, wo insbesondere das heute gebräuchliche *ck, tz* und *ie* für betontes *k, z* bzw. langes *i* allmählich eingeführt wurden oder ein heutiges *ch* bisweilen noch als *g* erschien (Häuschen, Häusgen); die entsprechenden Schreibweisen können in beiden Varianten vorkommen.

1   JAKOBS HERKUNFT UND UMFELD

Johann Jakob Schweizer (bisweilen auch als *Jacob* eingetragen) wurde am 18. März 1771 in Zürich geboren. Er entstammte der in dieser Stadt seit 1401 lückenlos verbürgten Familie der *Schwyzer,* deren Angehörige sich ab dem frühen 17. Jahrhundert auch als *Schweizer* registrieren liessen, im ausgehenden 19. Jahrhundert jedoch mehrheitlich zur alten Schreibweise zurückkehrten. Das in Zürich schon im 14. Jahrhundert vorkommende, aus Schwyz eingewanderte Handwerkergeschlecht brachte stets auch etliche Pfarrer – innerhalb der Grossfamilie waren es insgesamt 38 – hervor, einige Male gar bedeutende theologische Gelehrte. Diese Bildungsrichtung war insbesondere nach der Reformation vom fortan protestantischen Stadtstaat Zürich aktiv gefördert worden, nicht zuletzt auch um die Untertanenbevölkerung auf dem Land durch die Pfarreien flächendeckend zu überwachen. Nur Bürger der Stadt Zürich konnten damals Pfarrer werden; eine begrenzte Ausnahme galt bloss für die Bürger der Städte Winterthur und Stein am Rhein in Bezug auf deren jeweiligen Kirchenbann.

In der direkten Abstammungslinie von Jakob Schweizer hatte das Pfarramt bereits eine längere Tradition, war Jakob doch schon der Fünfte aus einer direkten Reihe von Seelsorgern, darunter sein Ururgrossvater, der Chorherr Johann Caspar Schweizer (1619–1688). Dieser hatte am *Carolinum,* der damaligen Ausbildungsstätte für Pfarrer, gelehrt und dort als *Iohannes Casparus Suicerus* ein zweibändiges Kompendium der griechischen und lateinischen Kirchenbegriffe erstellt, den mehrfach aufgelegten und bis zur Zeit Jakobs noch allgemein gebrauchten *Thesaurus Ecclesiasticus.* Zwei von Jakobs Söhnen sollten ihrerseits die Kanzel besteigen, wobei der eine, Alexander, gar zu einem massgeblichen Theologen an der noch jungen *Zürcher Hochschule* (heute *Universität Zürich*) heranreifte und daneben während 28 Jahren das Amt des Grossmünsterpfarrers versah. Nur gerade Jakobs Vater, *Johann Jacob* (1737–1822) getauft, fiel diesbezüglich aus der Reihe: Er hatte als Söldner im königlich-französischen Schweizerregiment von Oberst Lochmann gedient, dabei den Siebenjährigen Krieg Frankreichs

Zürich.

Das Niederdorftor, wo Jacob Schweizer sen. (1737–1822) als Stadt-
wachtmeister amtete und gleich nebenan mit seiner Familie wohnte.
Es wurde 1824 abgebrochen. Rechts im Hintergrund das 1771 erbaute
Waisenhaus, heute Hauptsitz der Zürcher Stadtpolizei.
Druckgrafik, Aquatinta, koloriert, Verlag nicht ermittelbar,
Zentralbibliothek Zürich, DOI 10.3931/e-rara-62690.

gegen Preussen und England mitgemacht[01] und, 1763 nach Zürich zu-
rückgekehrt, sich als Grempler[02] mit Quartierladen am Niederdorftor niedergelassen, wo er alsdann zum Stadtwachtmeister[03] ernannt
wurde.

Die Mutter, Katharina, stammte von einer Familie Schweizer aus
dem thurgauischen Weinfelden, die allerdings nicht mit den zürcherischen Schwyzer oder Schweizer verwandt war. Zusammen hatten sie
drei Söhne und zwei Töchter, von denen aber nur Jakob jun. sowie sein
zwei Jahre älterer Bruder Franz Anton, ebenfalls ein Pfarrer, das Erwachsenenalter erreichten.

Jakobs Vater muss innerhalb seiner Grossfamilie, die damals im
Mannesstamm über hundert Mitglieder zählen mochte, ein gewisses
Ansehen genossen haben, denn sie wählte ihn 1780 zum *Curator* des
Neuen Familienfonds. Dieser war eine Neuauflage der auf die Notzeit
des Dreissigjährigen Kriegs (1618–1648) zurückgehenden Stiftung zur
Unterstützung bedürftiger Familienmitglieder sowie zur Förderung
der beruflichen Ausbildung von Heranwachsenden. Man findet in den
Einträgen des Stiftungsverzeichnisses unter dem Jahr 1780 den Stadtwachtmeister Jacob Schweizer als Spender, dann unter dem Jahr 1787
den damals erst 16-jährigen Jakob Schweizer jun. ebenfalls als Spender. In den Einträgen für 1799, 1807 und 1810 erscheint der Letztere
allerdings als Empfänger von Zuwendungen, da im Verlauf der helvetischen Umwälzung zeitweise die Pfarrerlöhne ausgefallen waren,
später hingegen, weil ihn hohe Gerichtskosten und schliesslich noch
Bürgschaftsschulden drückten.

Von diesem soliden familiären Umfeld privilegiert stand dem aufge-
weckten jungen Jakob in vorrevolutionärer Zeit der Weg zu einer ansehnlichen Pfarrpfründe durchaus offen. Sein Studium war finanziell
gesichert; die Distanz zu den Ausbildungsstätten aller Stufen betrug
für ihn keinen Kilometer, sodass Jakob jun. bequem bei seinen Eltern
wohnen konnte. Überhaupt gab es für Stadtbürger im damaligen Zürich
vergleichsweise günstige Entfaltungsmöglichkeiten. Der nachfolgende
kurze Exkurs hierüber soll zum Verständnis von Jakobs künftiger Ein-

---

01 —— Der Siebenjährige Krieg (1756–63) von England und Preussen gegen Österreich,
Russland und Frankreich; es ging um die Vormacht in Kontinentaleuropa, aber auch
um Grenzziehungen betreffend Kolonialbesitz in Nordamerika und Indien.
02 —— Kleinhändler.
03 —— Einer von drei an strategisch bedeutsamen Stadttoren eingesetzten Aufsehern
über den urbanen Bewachungsdienst.

Wappenscheibe (Detail) der Familie Schwyzer oder Schweizer von
Zürich, 1572 von Familienmitgliedern für das Zürcher Schützenhaus
gestiftet, 1663 restauriert und mit weiteren Stifternamen versehen,
in Familienbesitz. Das weisse Kreuz auf rotem Grund verweist
auf den Herkunftsort Schwyz, die gekreuzten Hellebarden auf
die Zugehörigkeit zum Fussvolk in der Truppenordnung.

stellung gegenüber den tiefgreifenden Umwälzungen der Helvetik in seiner Heimat beitragen.

In der frühen Entwicklung der seit 1218 reichsunmittelbaren[04] Stadt-Republik Zürich sticht ein Ereignis prägnant hervor: die *Brunsche Zunftrevolution* von 1336. Damals wurde das weitgehend aristokratische, auf feudalem Grund- und Herrschaftsbesitz beruhende Regierungssystem gewaltsam durch ein von Handwerks- und Gewerbezünften mitbestimmtes Führungsprinzip abgelöst, welches erstmals auch für untere Schichten ein gewisses Mass an politischen Aufstiegsmöglichkeiten bot – weitherum eine Seltenheit! Jeder gewerbsmässig tätige Stadtbewohner musste nun obligatorisch einer Zunft angehören, innerhalb welcher man sich emporarbeiten und dadurch auch Zugang zu höheren Staatsämtern erhalten konnte – in letzter Konsequenz bis zum Bürgermeister. Es fällt auf, wie zügig die zunächst ohne jegliche Vorrechte oder besondere Kenntnisse aus der Innerschweiz zugewanderten *Schwyzer* nach wenigen Generationen schon in verschiedenen Berufsgruppen als sogenannte *Zwölfer* für ihre Zunft ins Parlament abgeordnet wurden oder gar als Zunftmeister Einsitz in die Landesregierung erhielten. Die Zürcher Zunftordnung sorgte also unter den Ständen und Berufsgruppen für einen zu damaliger Zeit erstaunlichen Ausgleich in der Gesellschaft. Nicht zuletzt sorgte sie auch für eine gewisse wirtschaftliche Disziplin, indem die Zünfte ihre jeweiligen Berufsregeln festlegten und deren Einhaltung überwachten. Allerdings galt das damals als fortschrittlich erscheinende System nur für Stadtbürger, während die fast achtmal zahlreichere Landbevölkerung von den zünftisch geregelten Berufstätigkeiten ausgeschlossen war und sich vorab auf landwirtschaftlichen Erwerb und verschiedene Dienstleistungen beschränken musste. Diese Abgrenzung führte mit der Zeit zu monopolistischer Sklerose bei den Zünften und war mit den Bedürfnissen der einsetzenden industriellen Entwicklung immer weniger vereinbar. Im Verlauf des 18. Jahrhunderts mehrten sich dann vielenorts die Stimmen, wonach es nun längst fällig wäre, *den veralteten Zunftzopf abzuschneiden.* Wer so urteilte, dem kam die Französische Revolution mit ihren Leitsprüchen von *Freiheit, Gleichheit und Brüderlichkeit* gerade recht. Man jubelte insbesondere auf der Landschaft den französischen Truppen zu, als sie im Frühling 1798 fast handstreichartig

---

04 —— Der Ausdruck bezeichnete ein souveränes, ohne dazwischen eingestuftem feudalen Machtträger direkt dem Kaiser unterstelltes Staatswesen.

die morsch gewordene Eidgenossenschaft eroberten und Paris hierauf den Einheitsstaat der *Helvetischen Republik* durchsetzte. Nun zierten die Losungen von *Freiheit* und *Gleichheit* die offiziellen Briefköpfe, und geradezu abrupt wurden das herkömmliche Rechtsgefüge sowie die sozialen Umgangsformen umgekrempelt, der Zunftzwang abgeschafft, das metrische System eingeführt und neue Monatsbezeichnungen vorgeschrieben. Auch der Begriff *Kanton* wurde nun verwendet, allerdings nicht in der Bedeutung eines souveränen Standes, sondern als Bezeichnung eines blossen Verwaltungsbezirks.

Alle diese Änderungen prasselten überraschend schnell auf das Land herein. Sie brachten mit vielfach begrüssenswerter Zielsetzung ein ungewohntes Staatsgetriebe in Bewegung, dem die Umsetzungsstrategie allerdings noch völlig fremd war. Entsprechend gab es Gewinner wie Verlierer in dieser der Schweiz von Frankreich verpassten neuen Ordnung. Beide Lager waren sowohl in den Städten als auch in der Landschaft zu finden, wenngleich die Befürworter der Revolution vor allem in der nun rechtlich gleichgestellten Landschaft den Ton angaben. Der angehende Pfarrer Jakob Schweizer zählte sich als bislang privilegierter Stadtbürger eindeutig zu den Verlierern. Er verteidigte zunächst vehement das alte System, das er in den guten Händen weiser Staatsmänner verankert sah, die im Sinn ihres bewährten traditionellen Wertekodex stets für einen gerechten Ausgleich zwischen Stadt und Land gesorgt hätten. Nun aber sei alle Macht auf für Staatsgeschäfte völlig unvorbereitete Neulinge übertragen worden, denen es vorab um Selbstbereicherung gehe. Typischerweise, so schreibt er in dem von ihm ab Mai 1800 herausgegebenen *Neuen Helvetischen Volksblatt* ergrimmt, habe das erste vom helvetischen Parlament verabschiedete Gesetz einer masslosen Erhöhung der Sitzungsgelder gegolten; sonst aber hätten die Volksvertreter im ersten Quartal praktisch keine Geschäfte erledigt.

Tatsächlich war man im alten Zürich für öffentliche Ämter nur bescheiden entschädigt worden, denn sie galten vorab als Ehrensache. Darüber hinaus hatte man Regierung und Räte in zwei Hälften angelegt, die sich jeweils im Halbjahresturnus abwechselten. Man schaute einander dabei scharf über die Schultern, sodass sich die Korruption in erstaunlich engen Grenzen hielt. Hier hatte schliesslich auch die zwinglianische Ethik eine Rolle gespielt, indem man sich der prägenden Wirkung der unter dem Einfluss von Ulrich Zwingli ab 1524 in Zürich als weltweit erstem Staatsgebiet eingeführten *Reformation* besonders lebhaft bewusst war und deren Werte auf allen Ebenen des politischen Regiments aufrechtzuerhalten suchte. Sicherlich gab es damals andauernde Ungleichheiten, namentlich zwischen Stadt und Land, doch die nach einheitlichem Muster erzogenen und an Kirchenzwang gewöhnten Regierenden, welche sich ja gegenseitig genau beobachteten, walteten in aller Regel ihres Amtes mit Nachsicht. Dies schimmert nicht zuletzt in zahllosen Gerichtsurteilen jener Zeit durch, oder etwa in der förderlichen Behandlung von Witwen, denen man oft den Lohn des verstorbenen Mannes noch eine Weile ausbezahlte, dies lange bevor es striktere Regeln der sozialen Fürsorge gab. Selbst in den nun bald auf Jakob zukommenden Sentenzen wurden stets auch mildernde Umstände mit einbezogen.

2 DIE HELVETISCHE STURZFLUT (1798–1803)[05]

Jakobs Eintritt in die Welt der Erwachsenen fiel praktisch mit dem Ausbruch der Französischen Revolution zusammen. Er war knapp 18 Jahre alt, als am 14. Juli 1789 der Volkssturm auf das zentrale Pariser Gefängnis, die *Bastille,* stattfand. Was sich allmählich zum kontinentalen Flächenbrand und weltgeschichtlich unaufhaltsamen Denkanstoss entwickeln sollte, mochte die offizielle Schweiz zunächst noch meistenteils unberührt lassen. Man hatte sich ja in der alten Eidgenossenschaft während Jahrhunderten an ein einvernehmliches Nebeneinander mit dem protegierenden Nachbarn Frankreich gewöhnt, welcher letztlich auch die ständige schweizerische Neutralität anerkannte und sich dafür gerne mit Söldnern aus dem Alpenland bediente. Ein deutscher Historiker dieser Revolutionsepoche beschreibt die Lage der damaligen Schweiz in seinem zeitnahen Rückblick vom südschwäbischen Memmingen aus wie folgt:

> Nur die Schweiz, von dem verwüstenden politischen Gewitter verschont, bot allein noch ein herzerhebendes Gemälde aller der Segnungen dar, mit welchen tiefer Friede, ächte Bürgerfreyheit, Kunstfleiss und Natur ein biedersinniges, gutartiges, zum Theil in patriarchalischer Sitteneinfalt lebendes Volk beseligen konnten, dessen wahre Bestimmung zu seyn schien, Niemandem zu gehorchen und Niemandem zu gebieten. Aber jetzt sollte die Reihe der revolutionären Wiedergeburt auch an dieses, bis dahin so beneidenswürdige und, wie seine Alpen, unverändert bestehende Land kommen.[06]

Gleichwohl waren aber schon Jahrzehnte vor dem epochalen Umsturz vereinzelte Ansätze zur Veränderung virulent geworden: so etwa in Genf, wo 1707 Truppen aus Bern und Zürich der von selbstbewussten Untertanen bedrängten Regierung zu Hilfe eilen mussten, dann in der

05 —— Eine Gesamtschau dieser Epoche findet sich u. a. bei Jagmetti, p. 111–157.
06 —— Seida/Landensberg, p. 144.

18

Waadt, wo 1723 der von Bern als Kommandant eingesetzte Major Davel urplötzlich die Befreiung von jener Herrschaft betrieb, oder gar in Bern selbst, wo 1735 der hochberühmte Arzt und Naturforscher Albrecht von Haller in einer als *Memorial* bezeichneten Denkschrift den Rat vor den die politische Dynamik abwürgenden Konsequenzen oligarchischer Strukturen warnte. Der nun aus Frankreich herüberschallende Ruf nach *Freiheit, Gleichheit,* später auch *Brüderlichkeit* für alle Individuen stimmte die nach alter ständischer Art Regierenden in den eidgenössischen Hauptorten dann aber doch zunehmend argwöhnisch, umso mehr als sich 1790 in Paris ein revolutionärer *Schweizer Patriotenklub* bzw. *Club helvétique de Paris* gebildet hatte, der mittels Flugschriften und Broschüren in der Heimat für die neuen Ideen warb.[07] Die Pauschalbezeichnung *Patrioten* war in Frankreich noch im Vorfeld der Revolution von den Wortführern der Bürgerlichen – also des ›Dritten Standes‹ neben dem Klerus und dem Adel – für sich und ihre Gesinnungsgenossen verwendet worden, nachdem man nun erstmals eine Identifikation der *Nation* mit der Gesamtbevölkerung statt mit der herrschenden Dynastie gefordert hatte.[08]

Die 1789 in Frankreich ausbrechende Revolution sorgte alsbald in ganz Europa für Unruhe, indem sie dem bislang überwiegend geltenden monarchischen Prinzip erstmals ein ins Gewicht fallendes republikanisches Staatswesen gegenüberstellte. In der Folge baute sich in Europa ein Kriegsgeschehen auf: der *Erste Koalitionskrieg* (1792–1797), zu welchem sich die monarchisch ausgerichteten Grossmächte des Kontinents verbündeten und dem revolutionären Frankreich an verschiedenen Orten bewaffnet entgegentraten. Schon bald aber zog ein gewisser Napoleon Bonaparte als strategisch überlegener Feldherr und Überbringer der neuen Befreiungsbotschaft von Sieg zu Sieg über die Monarchisten, dies namentlich im benachbarten Teil Deutschlands, im Jurabogen mit Blick auf das preussische Neuenburg sowie die fürstbischöflichen Gebiete des Bistums Basel, gleichzeitig auch in den österreichischen Besitzungen in Oberitalien. Die Eidgenossenschaft als Durchgangsland rückte damit vermehrt in den Fokus der Mächte, insbesondere von Frankreich, das sich die Verbindungswege zwischen seinen neuen Eroberungen diesseits und jenseits der Alpen zu sichern suchte, sich aber auch an den Tausenden von französischen Monarchisten störte,

07 —— Dürrenmatt, p. 344; Jagmetti, p. 117.
08 —— Thamer, p. 25.

die mittlerweile in der Schweiz Zuflucht gefunden hatten. Bereits 1792 eilten eidgenössische Truppen zum Neutralitätsschutz an die Grenze bei Basel.

Vor diesem dramatischen Hintergrund wuchs der Gegensatz zwischen den ständisch Denkenden und den nach einem Umbruch Trachtenden innerhalb der schweizerischen Städte, wo überdies auch verschiedene konservativ erzogene Stadtbürger einen Schwenker machten, um als intellektuelle Wortführer, bisweilen auch als opportunistische Andiener den Vertretern der neuen Lehre zu folgen. Selbst in Jakobs Familienverband der *Schwyzer oder Schweizer* von Zürich gab es entschiedene Verfechter der revolutionären Ideen. Als deren wohl markanteste Figur ist der wohlhabende Hans Caspar Schweizer-Hess (1754–1811) von der sogenannten ›grünen Linie‹ zu nennen, die sich von einem 1492 geborenen Bruder von Jakobs ›rotem‹ Linien-Stammvater ableitet, doch stets der Gesamtfamilie – namentlich durch die gemeinsame Wohlfahrtsstiftung – verbunden geblieben war. 1786 wanderte der inzwischen auch durch Erbschaften schwerreich gewordene, in mancher Hinsicht aber naive Geschäftsmann mit seiner attraktiven Frau Magdalena nach Paris aus. Dort geriet das Paar ganz in den Bann der aufdämmernden Revolution und stand fortan mit deren Anführern zumindest zeitweise auf vertrautem Fuss, so etwa mit dem hochbegabten, wenn auch stets verschuldeten und moralisch schillernden Grafen Honoré Gabriel de Mirabeau (1749–1791). Im Spätherbst 1793 gab sich Hans Caspar Schweizer gar zu einer irregulär vom *Comité du salut public,* der damals vom Schreckensherrscher Robespierre beherrschten Regierung, veranlassten diplomatischen Mission in die Eidgenossenschaft her. Damit sollte er hinter dem Rücken des akkreditierten Botschafters Barthélémy auf eigene Weise für den französischen Revolutionswind werben. Die von ihm angegangenen eidgenössischen Standesvertreter begegneten dem Dilettanten allerdings mit kaum verhülltem Hohn.[09]

Echte Aufbruchstimmung erfasste natürlich bald einmal die rechtlich zurückgesetzten Landschaften der Städte-Orte, ganz besonders aber auch die seit Jahrhunderten von mehreren Kantonen im Turnus verwalteten *Gemeinen Herrschaften:* Aargau, Thurgau und Tessin sowie

---

09 ——Dazu die aufschlussreichen Lebensgeschichten: David Hess, *Joh. Caspar Schweizer: Ein Charakterbild aus dem Zeitalter der französischen Revolution,* Berlin 1884, sowie Ursula Isler, *Madame Schweizer (geb. Hess): Aus dem Leben einer schönen Zürcher Bankiersgattin im 18. Jahrhundert,* Zürich/München 1982.

das bernische Waadtland. Dort erhoffte sich praktisch die gesamte Einwohnerschaft vom neuen Zeitgeist eine Aufwertung zum gleichgestellten Landesteil. Hingegen blieb man in den urdemokratischen Landsgemeinde-Orten der Innerschweiz geschlossen jeglicher Veränderung abhold. Begriffsmässig standen sich so die reformbewussten *Föderalisten* und die revolutionären *Unitarier* gegenüber – die ersteren im der Neuerung zugeneigten Volksmund auch als *Aristokraten* abgewertet, die letzteren gemäss dem neuen Sprachgebrauch im revolutionären Frankreich zu *Patrioten* hochstilisiert. Eine dritte Gruppe bildeten die traditionalistischen *Konservativen*.

Auch am Oberen Zürichsee rumorte es um 1794/95 gewaltig, was schliesslich dazu führte, dass die dortigen Seegemeinden gemeinsam der Zürcher Regierung eine als *Stäfner Memorial* bekannt gewordene Bittschrift einreichten. Darin wurden, an sich in untertänigstem Ton, rechtliche Angleichungen gefordert, die zum Teil auf schon im 15. Jahrhundert unter Bürgermeister Hans Waldmann verbrieften Rechten basierten. Vorab ging es diesmal um freien Gewerbehandel ohne Behinderung durch das bisherige zünftische Verlagssystem, das Städtern praktisch die Kontrolle des Absatzes, der Preise und Mengen gewährte, indem es den Produzenten in der Landschaft den Handel mit anderen Abnehmern verbat; sodann wurden gleiche Möglichkeiten für höhere Bildung und militärische Karrieren sowie die Möglichkeit des Loskaufs von feudalen Grundlasten gefordert. Die Zürcher Regierung hatte hierfür aber keinerlei Gehör. Ihr diesmal äusserst brutales Eingreifen verrät die Panik, in welche sie angesichts des nun überall wahrnehmbaren Revolutionsfiebers geraten war. Sie griff alsbald militärisch ein und erliess drakonische Strafen gegen die Initianten, darunter ein Todesurteil, das erst auf der Richtstätte in eine lange Kerkerstrafe abgeändert wurde, als bereits das Schwert über dem Haupt des Todeskandidaten kreiste. Doch die tatsächliche revolutionäre Umkrempelung durch den wenige Jahre darauf ausgerufenen helvetischen Einheitsstaat versetzte die zu Unrecht Schwergeprüften wieder ins Recht. Einer von ihnen, der Landarzt Johann Caspar Pfenninger (1760–1838), sollte dann gar als *Statthalter* zum höchsten helvetischen Beamten im Kanton Zürich aufsteigen.[10]

Anpassungen an den neuen Zeitgeist drängten sich also zweifellos

---

10 —— Die autobiografische Lebensgeschichte, in welcher der ganze *Stäfner Handel* detailliert beschrieben wird, ist bei Wikipedia unter *Joh. Caspar Pfenninger* abrufbar.

auf. Um auf Dauer akzeptiert zu werden, setzte dies allerdings einen bedachtsamen, gesamteidgenössischen, also möglichst nicht fremdbestimmten Prozess der Entscheidfindung voraus, was unter den gegebenen Umständen als völlig aussichtslos erscheinen musste. Der Wandel geschah vorerst nur verhalten und stückweise, bald aber zügiger, da sich eine französische Invasion nunmehr immer deutlicher abzeichnete.

Ein unzweideutiges Signal erging am 10. Oktober 1797 mit dem gewaltsamen Anschluss der Bündner Herrschaften von Bormio, Veltlin und Chiavenna an die Cisalpinische Republik, dem ersten der von Frankreich alsbald in Serie geschaffenen Satellitenstaaten. Ebenso kam es im Umfeld des kurz danach geschlossenen *Friedens von Campo Formio*[11] vom 17. Oktober 1797 zwischen Frankreich und Österreich zu einer geheimen Zusatzabmachung, wonach Franz II. – der letzte Römisch-Deutsche Kaiser – als Landesherr der habsburgischen Erblande gegenüber Frankreich auf seine Besitzungen bzw. Einflusssphären in der Schweiz verzichtete. Der Erste Koalitionskrieg war damit beendet, der Zweite sollte gleich folgen. Schon im Dezember drangen französische Truppen aus dem bereits 1792 annektierten Fürstbistum Basel ins Tal von Moutier und in die Herrschaft Courtelary vor, womit sich die Eroberung der Waadt vom Januar 1798 faktisch ankündigte.

Nun mehrten sich die Stimmen, die für wirklich bedeutsame Staatsreformen plädierten, ganz erheblich. Den ersten Schritt tat Basel am 20. Januar 1798, indem es die politische Gleichstellung von Stadt und Landschaft proklamierte. In der Waadt riefen verschiedene Städte am 24. Januar die unabhängige *République Léman* aus und richteten ein Hilfsgesuch an die französische Regierung, welche dieses drei Tage später als Vorwand zur militärischen Besetzung benützte.

Am 4. Februar entliess die Fürstabtei St. Gallen die sogenannte *Alte Landschaft* in die Unabhängigkeit, nachdem dort schon seit Jahren Freiheitsforderungen geäussert worden waren.[12] Tags darauf folgte Zürich dem Beispiel von Basel und gewährte seiner Landschaft gleiche Rechte. In dem fortan als *Landeskommission* bezeichneten Zürcher Parlament belegten die bisher überhaupt nicht vertretenen Landleute auf einmal die Mehrheit der Sitze, nämlich ¾, während die zuvor allein

11 —— Heute *Campoformido* bei Udine (vor Triest).
12 —— Schweizer Rainer, p. 17.

herrschende Stadt nur noch über ¼ verfügte.[13] Am 8. Februar erhielt die Regierung des damaligen eidgenössischen Vororts Luzern[14] vom französischen Gesandten in der Eidgenossenschaft die Zusicherung, dass Frankreich keinen Einmarsch beabsichtige, falls nun überall die von verschiedenen Ständen schon verfassungsmässig angekündigte ›Umschaffung‹ im Sinn von *Freiheit* und *Gleichheit* auch tatsächlich vorgenommen würde.[15]

Der Bürger Mengaud,
Minister der französischen Republik in der Schweiz,
an den Stand Luzern

Basel, den 22. Pluviose im VIten Jahre der einen
und unzertheilbaren französischen Republik

Es scheint, die Annäherung der französischen Truppen an den Gränzen der Schweiz habe Unruhen verbreitet, welche der Hass zu vermehren gesucht hat. Es ist meine Pflicht, dass ich trachte, diesen für das vollziehende Direktorium der französ. Republik schimpflichen Argwohn zu zerstreuen. Ich erkläre also in seinem Namen, dass es niemals irgend ein Vorhaben gefasst hat, in das Schweizergebiet einzufallen, (dies habe ich schon durch meinen Briefwechsel der Regierung bekannt gemacht,) und dass diese militairischen Anzeigen nichts anders sind, als eine Folge der genommenen Maassregeln, um die Entwürfe des Kantons Bern gegen die Befreyung des Waadtlandes zurückzuhalten. Die verschiedenen Stände der Schweiz haben selbst die Nothwendigkeit einer Umschaffung empfunden. Sie gestehen selbst ein, dass ihre gegenwärtige Form geändert, verbessert, und auf die ewigen Grundlinien der Freyheit und Gleichheit vestgesetzt werden müsse. Sie haben diese Grundsätze durch feyerliche Dekrete geheiliget. Nichts bleibt übrig, als die Vollziehung derselben ins Werk zu setzen. [...]

13 ——Rein prozentual gesehen hätte die damals etwa 180'000 Einwohner zählende Landschaft gegenüber den knapp 11'000 Stadtbewohnern noch weit mehr Sitze beanspruchen können.

14 ——In der als lockere Verteidigungsallianz konzipierten alten Eidgenossenschaft war die Tagsatzung, eine von den Gesandten der einzelnen Stände beschickte Konferenz, das einzige gemeinsame Entscheidungsorgan. Sie wurde von einem der damals drei sich abwechselnden Vororte einberufen, nämlich Zürich, Bern oder Luzern.

15 ——Text wiedergegeben in Jakob Schweizer, *Neues Helvetisches Volksblatt*, 4. Bogen, 3. Heft, Zürich 1800.

Das vollziehende Direktorium[16] rechnet es sich zur Ehre, zu diesem heilsamen Werke mitzuwirken; anstatt die Rechte der Einwohner zu bedrohen, will es ihnen dieselben in ihrer ganzen Vollkommenheit wieder verschaffen. Es verlangt, dass eine Verfassung, die sich auf die Souveränität des Volkes gründet, an die Stelle der oligarchischen Regierungen trete, welche den Intriguen unserer Feinde günstig sind. Um in noch nähere Verbindung mit dem schweizerischen Volke zu treten, sähe es gerne, wenn die Regierungsform dieser Gegenden derjenigen der fränkischen Regierung näher käme.

Wenn diese, dem wahren Interesse der Einwohner so anständige Reform einen so starken Widerstand erfährt, so ist diess eine Folge der List Englands, welches sich gerade itzt mehr als jemals Mühe giebt, den Schlag abzuwenden, der ob seinem Nacken schwebt. England, welches an allen Nationen Europens treulos geworden, und welches endlich von ganz Europa verlassen ward, unterhielt Unruhen im Innern der Schweiz, um die Kräfte zu zertheilen, die gegen dasselbe bestimmt waren. Eine kleine Anzahl verkehrter, mit seinem verführerischen Gold besoldeter Magistraten herrscht noch in den Ständen Solothurn und Bern. Diese sind es, welche das Volk durch treulose Schleichwege betriegen, und ihm in der fränkischen Regierung einen Feind zeigen, der nur sein Befreier sein will.

Wenn Bern und Solothurn einem Machiavellismus werden entsagt haben, der um so viel lächerlicher ist, als er bekannt ist, wenn sie demokratische Grundsätze, die sie sich nur stellen auszuüben, in wirkliche Ausübung werden gebracht haben, so werden die Fränkischen, die diese beiden Kantone bedrohen, abziehen.

Diess ist der äusserste Beweis, dass das Direktorium es nur mit den mangelhaften Regierungen der Oligarchie zu thun hat, und nicht mit dem Gebiet und der Souveränität der schweizerischen Nation, welche es nie aufhören wird hochzuschätzen, indem es die Schweiz für einen freien und unabhängigen Staat anerkennt.

Mengaud

Im nunmehr willfährigen Zürich reagierte man prompt. Schon am 21. Februar fand die erste Sitzung der neubestellten Landeskommission auf dem *Rüden* statt, unter dem Vorsitz des vormaligen Bürgermeis-

---

16 —— Bezeichnung der revolutionären französischen Regierung.

Haus zum Rüden am Limmatquai,
Sitz der *Gesellschaft zur Konstaffel,* die den Zünften
vorangestellte Vereinigung der alten Familien der Grossgrund-
besitzer und des Stadtadels. Im Vordergrund, rechts, das *Zunfthaus
zur Zimmerleuten.* Im Hintergrund, links, das *Haus zur Haue,* heutiger
Sitz der *Zunft zum Kämbel,* und daran anschliessend das *Zunfthaus zur Saffran.* Photographische Aufnahme und Druck von
Brunner & Hauser, ca. 1892, Zentralbibliothek Zürich,
Graphische Sammlung, DOI 10.3931/e-rara-61993.

Karikatur des Tanzes um den Freiheitsbaum
auf dem Zürcher Münsterhof, während der französische
Komissar am 5. Juni 1798 unbemerkt den Staatsschatz
abtransportieren lässt. Holzschnitt, s. d. [1817],
Zentralbibliothek Zürich, Graphische Sammlung,
DOI 10.3931/e-rara-57718.

ters Kilchsperger. Zwei Wochen später drangen französische Truppen aber gleichwohl in eidgenössisches Kernland ein, und zwar im Gebiet von Bern, dem man vorher die Waadt abgenommen und zum eigenen Stand erklärt hatte – unter grossem Jubel der dortigen Bevölkerung. Am 5. März fiel die Stadt Bern nach einem letzten Gefecht im Grauholz beinahe widerstandslos den Franzosen in die Hände.

Der Fall der stolzen Aarestadt löste bei den ständischen Behörden allgemeinen Defaitismus aus. Am 13. März löste sich die alte Zürcher Regierung auf, und zwei Tage danach trat die neue Zürcher Landeskommission formell in ihre entsprechenden Funktionen ein. Auf dem Münsterhof wurde nach Pariser Muster ein Freiheitsbaum errichtet, und über dem Rathaus und dem Grossmünster wich die blau-weisse Zürcherfahne der revolutionären Trikolore – zunächst gelb-schwarz-rot, später gelb-grün-rot, nach dem Muster der *Kokarde*.[17] Bald darauf schrieben die neuen Behörden vor, dass die traditionelle Anrede bzw. Selbstbezeichnung als *Herr* oder *Frau* nun durch *Bürger* bzw. *Bürgerin* zu ersetzen sei, abgekürzt und vor den Nachnamen gestellt als *B....* oder *Br....* angedeutet. Dazu wurde die Pressefreiheit eingeführt und die bisherige Zensurbehörde abgeschafft – eine zweischneidige Sache, wie Jakob bei seiner journalistischen Tätigkeit alsbald erfahren sollte. Als letzte Anstrengung zur Abwehr der drohenden Besetzung Zürichs durch Frankreich stimmte die Landeskommission am 29. März im Grossmünster stillschweigend dem in Paris ausgeheckten Plan zur Errichtung eines helvetischen Einheitsstaates zu, was die Aufhebung der jahrhundertealten ständischen Souveränität bedeutete. Die in neuer Sinngebung aus Frankreich übernommene Bezeichnung *Kanton*[18] wurde nun anstelle der bisher üblichen Ausdrücke *Stand*[19] bzw. *Ort* eingeführt, bedeutete einstweilen aber bloss einen Verwaltungsbezirk, dem ein von der Zentralregierung ernannter *Statthalter* vorstand. Auch legte man einige als zu klein empfundene Kantone zusammen; so gab es nun einen *Kanton Waldstätte,* einen *Kanton Linth* und einen

---

17 —— *Kokarde*, urspünglich ein Hutband, dessen Träger man mit dem stolzen Hahn *(coq)* in Verbindung brachte. Sie wurde auch als rundes Emblem auf den Hut gesteckt oder an die Kleidung geheftet. Der Ausspruch *mit jemandem etwas (nichts) am Hut zu haben* geht auf diese Gewohnheit zurück.

18 —— *Kanton*, ursprünglich aus dem lombardischen Dialekt: *Gebiet, Tal im Gebirge*, vgl. *Malcantone* im Tessin; etymologisch verwandt mit *Kante* im Sinn von *Abgrenzung*. In Frankreich seit dem 18. Jh. die Bezeichnung für Unterbezirke eines Departements.

19 —— Der traditionelle Ausdruck lebt im heutigen Begriff *Ständerat* weiter.

Kanton Säntis. Insgesamt zählte man schliesslich 19 dieser neuartigen ›Kantone‹. An die Stelle der bisherigen Tagsatzung trat eine Legislative bestehend aus dem *Gesetzgebenden Rat* mit acht Delegierten pro Kanton sowie dem die Beschlüsse absegnenden *Senat* mit vier Delegierten pro Kanton, und als ausführende Behörde schuf man entsprechend dem Pariser Modell ein fünfköpfiges, kollegial entscheidendes *Direktorium,* sekundiert von vier bis sechs Fachministern. Verantwortlich für den Vollzug auf unterer Ebene zeichneten nunmehr die für jeden Kanton ernannten *Statthalter, Distrikts-Statthalter* sowie die den Gemeinden je zugeteilten *Agenten.* Im gleichen Zug wurde auch das Rechtswesen zentralisiert durch einen *Obersten Gerichtshof,* der in der jeweiligen helvetischen Hauptstadt tagte, darunter die zweitinstanzlichen *Kantonsgerichte* und die erstinstanzlichen *Distriktsgerichte* in den hierzu neu abgegrenzten Verwaltungsdistrikten. In flottem Tempo führte man überdies die Handels- und Gewerbefreiheit, die Niederlassungsfreiheit sowie die Bildungsfreiheit ein, ohne allerdings schon fähige Verwaltungsbeamte und praktikable Ausführungsgesetze zur Hand zu haben. Zudem wehte nun wie nie zuvor ein antireligiöser Wind, der zunächst einmal die Religionsfreiheit samt Trennung von Kirche und Staat brachte und, daraus folgend, die Geistlichen von staatlicher Besoldung sowie vom politischen Leben ausschloss. Als schliesslich fraglos positive Neuerung wurde die Folter abgeschafft. Insgesamt blieb also von der traditionellen eidgenössischen Regimentsstruktur am Ende praktisch kein Stein auf dem andern; die Verwirrung war riesengross![20]

Am 12. April wurde die totale Umkrempelung des alten eidgenössischen Bündnisses in ein zentralisiertes Staatsgebilde von der ersten Helvetischen Nationalversammlung formell abgesegnet. Die Versammlung war mit Absicht nach Aarau einberufen worden, dem Hauptort eines vormaligen Untertanen-Gebiets der 13 alten eidgenössischen Stände, das fortan als gleichberechtigter Verwaltungsbezirk des neuen Einheitsstaates galt. Den Forderungen von Paris war damit voll entsprochen worden. Gleichwohl rückte am 27. April der französische General Balthazar Alexis Henri Antoine Schauenburg (1810 zum *Baron de Schauenbourg* geadelt) mit gegen 12'000 Mann in Zürich ein, dessen Bevölkerung damals nicht zahlreicher war als die aufzunehmenden Trup-

---

20 ——Gesamthaft beschrieben u. a. bei Dürrenmatt, p. 379 ff.; ferner Wernle, Zweiter Teil, p. 133 ff.

Haus zur Krone (seit 1839 *Haus zum Rechberg*), Zürichs damalige
Prunkresidenz, wo der Zürcher Bürgermeister und schweizerische
Landammann (1807 und 1813) Hans von Reinhard (1755–1835) die
Staatsgäste empfing. Dort hatte sich 1798 der französische General von
Schauenburg (1748–1831) einquartiert. Aquatinta, koloriert, s.d.
[1807/1808], von Franz Hegi (1774–1850), Zentralbibliothek Zürich,
Graphische Sammlung, DOI 10.3931/e-rara-36836.

Offizieller Briefkopf der Helvetischen Republik,
die Vignette nach einem Entwurf von
Marquard Wocher (1760 [Taufdatum] –1830),
Kanton Zürich, StAZH K II 42,

pen. Schauenburg hatte sich in der grossartigsten unter den damaligen Privatdomänen der Stadt einquartiert, im *Haus zur Krone* (heute *Haus zum Rechberg*) am Hirschengraben. Frankreich begründete die Besetzung von Zürich als strategische Notwendigkeit zum Niederringen des anhaltenden Widerstands in der Innerschweiz, der dann auch bald zusammenbrach – trotz eines letzten Achtungserfolgs des Schwyzer Truppenführers Alois Reding, ausgerechnet bei Morgarten!

Das Nachfolgegebilde der alten Eidgenossenschaft, die letztlich nicht funktionsfähige *République helvétique une et indivisible,* wurde am 4. September 1798 öffentlich deklariert. Zyniker nannten das zum herkömmlichen eidgenössischen Selbstverständnis so gar nicht passende Konstrukt einer Einheitsrepublik allerdings *la République helvétique une et invisible.*[21] Sie sollte gerade mal viereinhalb Jahre Bestand haben und bleibt als *Epoche der Helvetik* mehrheitlich in schlimmer Erinnerung, da der Staat von Krise zu Krise eilte und fast das gesamte Land, insbesondere auch die Umgebung von Zürich, wiederholt zum Kriegsschauplatz wurde. Umgekehrt erblickte ein Grossteil der Bevölkerung darin namentlich die lange ersehnte Befreiung von ständischer Zurücksetzung. Diese Sicht dominierte vor allem bei den Volksvertretern im Parlament, während die Exekutivgewalt im Urteil eines heutigen Historikers

»fast ausschliesslich von Vertretern der aufgeklärten städtischen Reformelite des 18. Jahrhunderts, also von Angehörigen der sozialen Ober- und Mittelschicht regiert war. Einer möglichst gleichmässigen Vertretung der verschiedenen Landesteile wurde damals noch keine grosse Bedeutung beigemessen. […] Weil sich die mannigfaltigen Probleme und Anforderungen des neuen zentralistischen Verwaltungsstaates mit der überlieferten Regierungspraxis des Ancien Régime nicht mehr bewältigen liessen, war die vollziehende Gewalt, deren Mitglieder die Staatsgeschäfte zum Teil von der Tradition eines einzelörtischen Kleinen Rates her angingen und demzufolge zu viel an sich zogen und zu wenig delegierten, generell überlastet.«[22]

Ganz im Einklang mit dieser Einschätzung sollte dann auch Jakob sein Vertrauen für die ihm weltanschaulich näherstehenden Mitglieder der

---

21 —— Dürrenmatt, p. 384.
22 —— Fankhauser, p. 188.

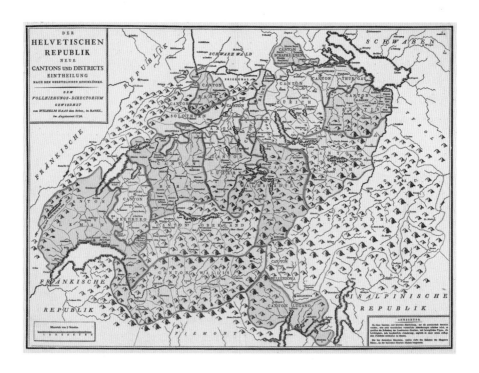

Karte der am 4. September 1798 ausgerufenen
Helvetischen Republik mit insgesamt 19 als *Kantone* bezeichneten
Verwaltungsgebieten: Zürich, Bern (davon abgetrennt der Kanton
Oberland), Luzern, Waldstätte (enthaltend Uri, Schwyz, Unterwalden),
Zug, Basel, Schaffhausen, Säntis (enthaltend St. Gallen und Appenzell),
Linth (enthaltend Glarus und die schwyzerischen Bezirke March und
Gaster), Freiburg, Solothurn, Aargau (davon abgetrennt Baden),
Thurgau, Waadt, Wallis, Lugano, Bellinzona.
Wilhelm Haas (1766–1838), *Der Helvetischen Republik neue Cantons
und Districts Eintheilung: nach den gesetzlichen Beschlüssen,*
Typometrie, Basel: Haas, 1798, Zentralbibliothek Zürich,
Kartensammlung, DOI 10.3931/e-rara-82183.

Exekutive bekunden, als er später die Parlamentarier in seinem Memorial insgesamt zum Rücktritt aufforderte.[23]

Das weitgehend nach französischem Muster geformte Konzept des helvetischen Staates beruhte im Wesentlichen auf einem Verfassungsvorschlag, den der Basler Jurist und Politiker Peter Ochs (1752–1821) im Auftrag des *Directoire,* der damaligen französischen Revolutionsregierung, ausgearbeitet hatte. Der in Frankreich geborene Ochs, der zeitlebens ein glühender Bewunderer von dessen Revolution bleiben sollte, war schon öfters in Paris tätig gewesen. Als Bürger von Basel hatte er in seiner Heimatstadt seit 1780 hohe politische sowie gerichtliche Ämter bekleidet und auch verschiedene diplomatische Missionen nach Paris unternommen. 1795 fungierte er als Vermittler im *Frieden von Basel* zwischen Frankreich und Preussen, der im gleichen Jahr in seinem Haus unterzeichnet wurde.[24] Napoleon hatte Ochs dann im Herbst 1797 nach Paris kommen lassen, um auf eine konstitutionelle Umwälzung in der Schweiz hinzuarbeiten. Ochs entwarf ein zentralistisches Staatskonzept, das in modifizierter Form vom beauftragenden Direktorium zur Bekanntmachung in der Eidgenossenschaft freigegeben wurde. Erste helvetische Hauptstadt wurde Aarau, ab September 1798 Luzern, und ab dem 28. Mai 1799 war es Bern, das diese Stellung bis zur Ausrufung der *Schweizerischen Eidgenossenschaft* gemäss Mediationsakte, am 10. März 1803, behielt.

Der vom Verfassungsentwerfer Peter Ochs vorgenomme Bezug auf den vorrömischen Keltenstamm der Helvetier für die Benennung des neuen Staatsgebildes sollte die gesamtheitliche Erfassung des Gebiets zwischen Genfersee und Bodensee versinnbildlichen, wo die Helvetier – nebst anderen Stämmen wie z. B. den Raurakern im Raum Basel oder den Allobrogern im Raum Genf – ja tatsächlich einmal gewohnt hatten. Die Bezeichnung *Schweiz* war in der alten Eidgenossenschaft nicht offiziell verwendet worden. Entsprechend schreibt der Chronist Ägidius Tschudi (1505–1572) in seinem Text über den auf die Burgunderkriege zugeschnittenen Neutralitätsvertrag der Eidgenossen mit dem französischen König Ludwig XI., 1470, von der damals erst acht-örtigen Eidgenossenschaft als den *Lendern und Orten des grossen Bunds ober Tütschen Landen namlich Zürich / Bern / Lucern / Uri /*

23 ——— Siehe KAP. 3.6, p. 134.
24 ——— Dürrenmatt, p. 356.

Schwitz / Unterwalden ob und nidt dem Wald / Zug und Glarus.[25] Im umliegenden Ausland hingegen begann man ab dem 16. Jh. das Gebiet der verbündeten Orte ›pars pro toto‹ nach dem prominenten Urkanton Schwyz zu nennen, mit welchem vorzüglich Soldbündnisse abgeschlossen werden konnten.[26] Schon 1499 war der zwischen den Eidgenossen und dem Hause Habsburg sowie dem mit diesem alliierten Schwäbischen Bund ausgetragene *Schwabenkrieg* auf gegnerischer Seite als *Schweizerkrieg* in die Historie eingegangen.

Indessen geht das ursprünglich auf die Kampftracht aufgenähte weisse Kreuz beinahe auf die Ursprünge der Eidgenossenschaft zurück. Es soll erstmals in der Schlacht bei Laupen, 1339, als Erkennungszeichen der mit Bern verbündeten Truppen aus den Waldstätten wahrgenommen worden sein[27] und hängt mit der Tradition dieser Krieger zusammen, vor dem Kampf jeweils zum gemeinsamen Gebet niederzuknien. Gelegentlich rückte man das Kreuz auch in die ständischen Banner ein wie im Fall von Schwyz, wo urspünglich einfach ein rotes Tuch als gemeinschaftliches Symbol diente. Unter dem Giebel der aus der gleichen Zeit stammenden Kappelbrücke von Luzern war bis zum katastrophalen Brand von 1993 neben vielen historischen Darstellungen auch ein Zürcherwappen mit weissem Kreuz auf dem blauen Schrägteil zu sehen.

Eine gemeinsame Symbolfigur zur Festigung des Nationalbewusstseins kannte man anfänglich ebenso wenig. Man bedurfte ihrer dann aber dringend in den stürmischen Zeiten des nach konfessionellen Linien verlaufenden Dreissigjährigen Kriegs (1618–1648), als die äusseren Bedrohungen spiegelbildlich die inneren Gegensätze verschärften. Hieraus ergab sich die Vision einer einigenden *Mutter Helvetia,* wie sie im emotionalen 19. Jahrhundert so mächtig hervortrat und noch heute unsere Münzen ziert. In der *Topographia Helvetiae* des Kupferstechers Matthäus Merian dem Älteren (1593–1650), herausgegeben 1642, erscheint erstmals eine Frauengestalt zur Symbolisierung des

---

25 —— *Chronicon Helveticum,* Zweyter Theil, Vierzehendes Buch, p. 711.

26 —— Was Tschudi in seiner Darstellung des Rütli-Schwurs (den er auf 1307 ansetzt) zu einem bedeutsamen Einschub veranlasste: »Also ward dise obgemelte Pündtnus von den gemelten dreyen tapffern Personen in dem Land Uri von erst gemacht und geschworen, davon die Eidtgenosschafft entsprungen / und das Land Helvetia (jetz *Schwitzerland* genant) wider in sin uralten Stand und Fryheit gebracht worden.« (*Chronicon Helveticum,* Erster Theil, Viertes Buch, p. 236; Hervorhebung P.S.) – Tschudi nimmt damit die in der heutigen englischsprachigen Welt gängige Landesbezeichnung voraus.

27 —— Jagmetti, p. 269.

noch nicht näher individualisierten Staatenverbands. Die Chronik von Ägidius Tschudi (1505–1572), welche erst lange nach seinem Tod, nämlich 1734/36, im Druck erschien, trägt bereits den lateinischen Titel *Chronicon Helveticum;* ein ähnliches Geschichtswerk von Pfarrer Joh. Heinrich Schweyzer (1553–1612), einem Vorfahren aus Jakobs Familienzweig, war 1607 in Hanau als *Chronologia Helvetica* publiziert worden. Als sich im folgenden Jahrhundert eine Anzahl aufklärerisch gesinnter Männer – unter ihnen Johann Caspar Lavater und Heinrich Pestalozzi – zum fortschrittlichen Gespräch über die Kantons- und Konfessionsgrenzen hinaus zusammenfanden und 1761/62 im aargauischen Schinznach die *Helvetische Gesellschaft* ins Leben riefen, liess sich von dieser Bezeichnung offensichtlich eine kooperativ inspirierende Wirkung erwarten, was später auch einen Peter Ochs zur Mitgliedschaft bewog.[28] Letztlich wurde jedoch die total neue Staatsbezeichnung *République Helvétique* von Napoleon selbst veranlasst, der in den Verhandlungen zum Frieden von Campo Formio (17. Oktober 1799) mit dem österreichischen Unterhändler Ludwig Graf Cobenzl auch die Umformung der Schweiz zum französischen Vasallengebiet im Auge hatte.[29]

Der hastig und ohne Einbezug seiner Benutzer zusammengezimmerte Trockenbau der Helvetik begann schon bald nach seiner Fertigstellung wieder zu zerbröckeln. Am 8. August 1798 drängte die französische Regierung die von ihr nun weitgehend ferngesteuerte helvetische Regierung zum Abschluss eines Beistandspakts, der zwingend die Aufgabe der traditionellen schweizerischen Neutralität bedeutete und das Land alsbald in den Strudel der europäischen Auseinandersetzungen zwischen den traditionellen Monarchien und der revolutionären französischen Republik hineinzog, die alle ein Interesse am Besitz der strategisch wichtigen Alpenpässe und am Zugang zum Reservoir schweizerischer Wehrfähiger bekundeten. Entsprechend erhielt nun auch der einheimische Widerstandswille wieder Auftrieb. Es brodelte im gesamten Alpenraum.[30]

Nachdem Frankreich im März 1799 dem mit Russland alliierten Österreich den Krieg erklärt hatte, fand vom 4. bis 6. Juni um Zürich herum eine Schlacht statt, in deren Verlauf Erzherzog Carl von Öster-

---

28 —— Von den insgesamt 28 Mitgliedern der vier aufeinander folgenden Exekutivbehörden der Helvetik hatten 12 zuvor der von 1761–1797 existierenden Helvetischen Gesellschaft angehört; siehe Fankhauser, p. 130.
29 —— Stüssi-Lauterburg et al., p. 31.
30 —— Lebensnah beschrieben bei Stüssi-Lauterburg et al., insb. p. 36 ff.

reich Zürich besetzte, den französischen ›Ober-General in Helvetien und Bündten‹, André Masséna, bis hinter die Albiskette zurücktrieb und dadurch die Helvetik vorübergehend in Frage stellte. Frankreich behielt indessen starke Positionen im Mittelland, der Inner- und Westschweiz. Am 25. September gelang dann Masséna in einer kühnen Nacht-und-Nebel-Aktion ein Brückenschlag über die Limmat bei Dietikon und damit der Auftakt zur zweiten Schlacht von Zürich, aus der er nun siegreich hervorging. Der fähige österreichische Oberbefehlshaber nördlich der Alpen, Erzherzog Carl, war zuvor mit einem Grossteil der Armee auf eine Mission nach Deutschland beordert worden, und sein Ersatz, der russische General Rimski-Korsakow, erwies sich als taktischer Versager. Zu allem Unglück traf auch der in Oberitalien kämpfende und dann zur Verstärkung herbeigerufene russische General Suworow mit seinem Heereskontingent zu spät auf dem diesseits der Alpen gelegenen Kriegsschauplatz ein; er musste schliesslich unverrichteter Dinge sowie auf verlustreichem Weg über verschiedene bereits verschneite Alpenpässe nach Österreich abziehen.

Einen spezifischen Einblick in die für die Bewohner von Zürich und Umgebung äusserst harten Kriegszeiten im Sommer 1799 – wenn auch hier von relativ komfortabler Warte aus – gewährt das ausführlich beschreibende Vorwort von Jakob Baechthold zum Buch von David Hess, *Joh. Caspar Schweizer: Ein Charakterbild aus dem Zeitalter der französischen Revolution.* Hess war Onkel der bereits erwähnten Magdalena Schweizer-Hess sowie Herr des stattlichen Landsitzes *Beckenhof* vor den Toren Zürichs, wo auch Magdalena ihre Jugend verlebt hatte. Man erfährt aus dem Vorwort, dass sich fast täglich fremde Truppen herandrängten, um das Gebäude nach Verwendbarem und Proviant zu durchsuchen oder es als Unterkunft für Offiziere zu requirieren. Zum Glück war der Weinkeller so gut gefüllt, dass man die ungebetenen Besucher jeweils bei Laune halten konnte, bevor sie grösseren Schaden anrichteten.

Was für Ängste die turbulente Besatzungszeit etwa auch den Erziehern bereiten konnte, entnimmt man einem Brief aus Baden an den helvetischen Kultur- und Wissenschaftsminister Stapfer in Bern, der diesbezüglich allerdings kaum Handlungsmöglichkeiten gehabt haben dürfte; dabei waren hiermit ja nur die allermildesten Formen von Ausschweifungen der fremden Truppen gegenüber der faktisch unterworfenen und nunmehr letztlich rechtlosen Bevölkerung angesprochen worden.

Der Beckenhof. *Vue de la Ville de Zurich,* peint d'après nature
par J[ohann] J[akob] Bidermann (1763–1830), Umrissradierung,
koloriert, teilweise gefirnisst, 1796, Zentralbibliothek Zürich,
Graphische Sammlung, DOI 10.3931/e-rara-55832.

Klagen von Lehrern in Baden an Minister Stapfer
31. Januar 1800

Kinder äffen bekanntlich alles nach; es ist unvermeidlich, dass sie von rohen Sitten mancher Soldaten etwas annehmen und poltern, pfeifen, spielen, fluchen, spotten und allerlei Unfug lernen. Besonders sind der Jugend die Scherze der Soldaten mit dem anderen Geschlecht nachtheilig und verleiten sie zu früher Ausschweifung. Es wird Ihnen deutlich einleuchten, dass Einquartierung in Schulhäusern den grössten sittlichen Schaden hervorbringen muss.[31]

Die Jahre 1800–1802 waren von insgesamt vier Staatsstreichen gekennzeichnet, bei denen sich jeweils die Parteien der Unitarier und der Föderalisten wechselseitig aus dem Sattel stiessen. Dass unter solchen Umständen sinnvolle Regierungsgeschäfte höchstens andiskutiert, aber kaum erledigt werden konnten, muss einleuchten.

— Am 7. Januar 1800 wurde das von Frédéric-César de La Harpe diktatorisch regierte Direktorium aufgelöst und durch einen nach dem Kollegialitätsprinzip entscheidenden, siebenköpfigen *Vollziehenden Ausschuss* ersetzt.

— Am 7. August 1800 ersetzte man den Grossen Rat und den Senat durch einen einzigen, 50-köpfigen *Gesetzgebenden Rat,* der allein vom Vollziehenden Ausschuss ernannt wurde.

— Am 28. Oktober 1801 ernannten die Föderalisten – mit der Billigung Napoleons – anstelle des Vollziehungsrats einen *Landammann der Republik* in der Person des allgemein geachteten und vermittelnden Schwyzer Truppenführers bzw. Politikers Alois Reding.

— Am 17. April 1802 hoben die Unitarier das Amt des Landammanns wieder auf und setzten eine gemässigt zentralistische Verfassung mit beschränkten Vollzugsrechten für die Kantone sowie einer Tagsatzung als oberstem Wahlorgan in Kraft. Als erste Prozedur dieser Art hatte man den Entwurf dem Volk zur Abstimmung vorgelegt; durch Interpretation der Stimmenthaltungen als ›positiv‹ ergab sich so eine Annahme.

---

[31] —— Bundesarchiv, Aktensammlung der Helvetischen Republik, *Amtsdruckschriften,* Band V, p. 42, Eintrag 363.

Es war genau in dieser Zeitspanne, dass Jakob seine politische Agitation am aktivsten entfaltete; es liess sich geradezu von einer *Epoche der Flugschriften des Pfarrers Schweizer* sprechen.[32] Aus seiner Sicht lag die Schuld für die Ineffizienz in der Behandlung der Regierungsgeschäfte bei den vielen hierfür weder vorbereiteten noch vorgebildeten Volksvertretern in den Räten, welche durch ihre Verbohrtheit den an sich hochwertig zusammengesetzten Vollziehenden Ausschuss am Regieren hinderten.

Im August 1802 endlich, nach mehr als vier Besetzungsjahren, zogen die französischen Truppen aus der Schweiz ab und liessen eine wirtschaftlich ausgelaugte, stellenweise in extremer Armut verharrende Bevölkerung zurück. Die Unterbringung und Verköstigung jeweils Zehntausender von Soldaten, Reit- und Transporttieren hatte eine drückende Last bedeutet, nicht zu reden von den fiskalischen Plünderungen durch die Besetzer sowie der kategorischen Rechtsfreiheit, welche diese gegenüber den Einheimischen für sich in Anspruch genommen hatten. Allerdings hinterliessen die Abziehenden kein militärisches Vakuum. An ihrer Stelle breitete sich nun die frankreichtreue helvetische Armee mit ihren Mitläufern aus, und es begann ein kurzer Waffengang zwischen diesen und ihren föderalistisch bzw. revisionistisch gesinnten Gegnern, wobei die Trennlinie auch diesmal oft mitten durch die Dörfer ging.[33] Weil viele von den auf beiden Seiten bunt zusammengewürfelten Kämpfern mit blossen Heugabeln oder Holzstangen eingriffen, sprach man vom *Stecklikrieg*. Unter dem helvetischen General Joseph Leonz Andermatt (1740–1817), der als katholischer Zuger von Baar mit den protestantischen Zürchern ohnehin nichts am Hut hatte, wurde vom 10. bis 13. September die föderalistisch gesinnte Limmatstadt bombardiert. Dank zeitgemässer französischer Artillerie war es vom Zürichberg aus kein Problem, über den aus dem 17. Jh. stammenden Befestigungsring Brandgeschosse in die Stadt zu befördern;[34] es gab aber erstaunlicherweise bloss einen einzigen Verletzten. Wie der Pfarrer

---

32 —— Wernle, Zweiter Teil, p. 42.
33 —— Brändli, p. 89–95.
34 —— Das Bollwerk wurde 1834–36 als technisch überholt abgebrochen; es war aber auch zum Stein des Anstosses für die Landbevölkerung geworden, welche sich durch die Mauer an die vormalige Ausgrenzung seitens der *aristokratischen Städter* erinnert fühlte. An seiner Stelle stehen heute auf der ersten Hangterrasse gegen Fluntern hin die Zürcher Kantonsschule, die Universität Zürich und die Eidgenössische Technische Hochschule ETH Zürich.

von Maschwanden[35] jenseits des Albis berichtete, hörte man den Kanonendonner sogar in der süd-westlichsten Kantonsecke. Schliesslich gelang es den Föderalisten vorübergehend, die helvetische Regierung aus Bern zu vertreiben.

Einmal mehr musste nun Napoleon persönlich eingreifen. Er befahl am 30. September 1802 den Waffenstillstand, setzte die helvetische Verfassung wieder durch und beorderte eine als *Consulta* bezeichnete Delegation von Notablen nach Paris zur intensiven Planung des weiteren Vorgehens. Indem neben den bestellten hohen Regierungsvertretern auch den Kantonen Gelegenheit zur Beteiligung gewährt worden war, versammelten sich letztlich um die 60 Delegierte in Paris, unter ihnen Revolutionsfreunde wie Peter Ochs, gemässigte Reformer wie Heinrich Pestalozzi und Konservative wie der spätere Zürcher Bürgermeister Hans von Reinhard. Angesichts der voraussehbaren Zerstrittenheit innerhalb der Consulta erwiesen sich Napoleons nachgerade solide Kenntnisse von den Umständen und Neigungen in der Schweiz geradezu als ein Segen. Nach seinen Vorgaben und unter seiner persönlichen Mitwirkung verabschiedete man im Februar 1803 – pikanterweise im ehemals königlichen *Palais des Tuileries* – eine jetzt stark im föderalistischen Sinn modifizierte neue Verfassung: die *Mediationsakte.* Und hier zeigte sich gar eine bemerkenswert einsichtige Seite des *Mediators,* als welchen sich Napoleon selbst bezeichnete: Auf die von ihm in der Präambel aufgeworfene Frage, *ob die Schweiz, von der Natur selbst zu einem Bundesstaate bestimmt, anders als durch Gewalt unter einer Central-Regierung erhalten werden könnte,* antwortete dieses neue Grundgesetz mit einem föderalistischen Konzept, das wieder einigermassen der alten eidgenössischen Ordnung samt Tagsatzung als gesamthaft massgeblichem Entscheidungsorgan glich. Neu sah es allerdings statt der ehemals drei nun sechs Tagsatzungsorte vor, nämlich neben den herkömmlichen Vororten Zürich, Bern und Luzern zusätzlich auch Basel, Freiburg und Solothurn, womit das vorher fehlende konfessionelle Gleichgewicht hergestellt war. Anstelle der schwerfälligen, nach dem Kollegialitätsprinzip entscheidenden helvetischen Exekutivgewalt wurde erneut das Amt eines *Schweizerischen Landammanns* geschaffen. Die bisherigen Untertanengebiete Aargau, Tessin, Thurgau und Waadt sowie die zugewandten Länder

---

35 —— Es handelt sich um den späteren Archidiakon, Chorherr Leonhard Brennwald; siehe Brändli, p. 94.

Graubünden und St. Gallen traten nun als gleichberechtigte Kantone auf, die auch ihre Wappen selbst bestimmen konnten. Ganz deutlich erinnert bis heute die Waadtländer Fahne mit ihrem Motto *Liberté et Patrie*, wie kräftig an diesem Abschnitt des Léman der französische Revolutionswind noch immer blies. Im Übrigen aber glitt man vielfach wieder zurück in archaische Prinzipien, so etwa beim Rechtswesen, wo gar die Folter erneut praktiziert wurde. Doch an fundamentalen Errungenschaften wie etwa an der Gleichheit der Kantone oder der grundsätzlichen Niederlassungsfreiheit der Bürger war nicht mehr zu rütteln. Es gab jetzt 19 Kantone – noch fehlten die unter französischem Einfluss verbliebenen Orte Genf, Neuenburg und Wallis sowie das Bistum Basel. Als Novum erschien in der Mediationsakte erstmals der Name *Suisse* – auf Deutsch mit *Schweiz* wiedergegeben – als offizielle Landesbezeichnung.

Am 5. März 1803 stimmte der helvetische Senat in seiner letzten Amtshandlung der neuen Verfassung zu, am 10. März wurde die *Schweizerische Eidgenossenschaft* offiziell ausgerufen, und ab dem 4. Juni sah man ein Landessiegel mit der gleichen Aufschrift. Damit war die Helvetik selbst vom Namen her endgültig begraben, nicht aber die Abhängigkeit von Frankreich, das der neu entstandenen Schweiz noch zwei Allianzverträge über die Anwerbung von insgesamt 24'000 Soldaten sowie über geschuldete wirtschaftliche Leistungen aufnötigte.

Die Mediationsakte blieb bis zum Sturm der Koalitionstruppen auf Frankreich, der den ersten Sturz Napoleons einläutete, also bis wenige Tage vor Jahresende 1813 in Kraft. Erneut war die Schweiz von einer riesigen Soldateska – man spricht von 160'000 Mann – auf dem Weg über den Rhein nach Frankreich heimgesucht worden, als die Siegermächte am 13. Dezember alle napoleonischen Strukturen für dahingefallen erklärten. Implizit galt das ebenso für die schweizerischen Bindungen an Frankreich. Am 27. Dezember 1813 trug eine rasch einberufene Sondertagsatzung im Grossmünster von Zürich die Mediationsakte zu Grabe. Bald konnte nun ein umsichtig geplanter Neuaufbau der Schweiz, endlich von innen her und ohne Zeitdruck, auch aufgrund der 1815 von den europäischen Mächten konzedierten Garantie der schweizerischen Neutralität innerhalb akzeptierter Grenzen in Angriff genommen werden. Verschiedene Kantone liessen nun zeitgemässe Werte in ihre neuen Verfassungen einfliessen und leisteten damit entscheidende Vorarbeit. Der von einer grossen Mehrheit gehegte Wunsch nach einem fortschrittlichen Grundgesetz erfüllte sich schliesslich mit der Schaffung des Schweizerischen Bundesstaats von 1848.

3 JAKOBS PHASE DER POLITISCHEN BETRIEBSAMKEIT

3.1 DIE ANFÄNGE

Anschliessend an seine Ordination zum *Verbi Divini Minister* (VDM) wurde Jakob zunächst von 1793 bis 1794 als Katechist (Religionslehrer) in Leimbach und Enge eingesetzt. Danach wirkte er als Seelsorger für die zum Neutralitätsschutz und auch während des *Stäfner Handels* von 1794/95 in Zürich bereitstehenden Truppen, bei deren Entlassung er namentlich die Erhaltung der bisherigen Ordnung nach herkömmlicher kirchlicher Sicht als göttliche Pflicht predigte.[36] Einer ersten Aufwallung seiner konservativ-patriotischen Gesinnung verlieh Jakob dann am 5. Februar 1798 beredten Ausdruck, dem Tag, an dem der in Zürich politisch kaum mehr aufzuschiebende Schritt der rechtlichen Gleichstellung von Stadt und Landschaft beschlossen worden war. Mit dieser radikalen Verfassungsänderung erloschen auch die wirtschaftliche Monopolstellung und die ständische Ordnungsfunktion der Zürcher Zünfte, die damit politisch weitgehend entmachtet wurden. Jakob war Mitglied der einst vorab für Weinhändler und Gastwirte geschaffenen *Zunft zur Meisen*. Als Seelsorger tangierte ihn die Kaltstellung seiner Zunft beruflich zwar nicht unmittelbar, blieb er doch hierin der Landeskirche unterstellt. Gleichwohl empfand der traditionsbewusste Stadtbürger diese epochale Umstellung als schmerzlichen Bruch mit dem zivilisatorischen Erbe der engeren Heimat. Es fiel ihm damals noch offensichtlich schwer, die im alten System der Landbevölkerung zugemutete Minderberechtigung in ihren mannigfachen Formen als eine grundsätzliche Ungerechtigkeit zu erkennen.

Nun also, da gerade die letzte, feierliche Versammlung der Zunft aus Anlass ihrer Auflösung in herkömmlicher verfassungsmässiger Be-

---

36 —— Wernle, Zweiter Teil, p. 154, Ansprache vollumfänglich wiedergegeben in Spalte 357 (11). Man ersieht daraus, dass Jakob auch speziell den zuerst zum Tod, dann aber im letzten Moment auf der Richtstätte zu lebenslanger Kerkerhaft verurteilten Mitverfasser des *Stäfner Memorials* vor der Scheinexekution seelsorgerisch betreut hatte, vgl. p. 21.

Rede

in der feierlichen

Zunftversammlung

Montag Abends, den 5ten Hornung 1798, auf der
Meisenzunft gehalten.

Unsern innigstverehrten Herren

Zunftvorgesezten

besonders gewiedmet

von

Catechist Jacob Schweizer.

Zu finden bey Joh. Heinrich Waser,
dermahlen bey
Herrn Fries, Buchbinder in Zürich.
1798.

Titelseite der von Catechist Jacob Schweizer als Druckschrift
aufgelegten Rede vom 5. Februar 1798 auf der Zunft zur Meisen,
Zentralbibliothek Zürich, Alte Drucke, DOI 10.3931/e-rara-15732.

deutung abgehalten wurde, versuchte er zu retten, was zu retten war, indem er die Zunftvorsteher inbrünstig beschwor, die alten Werte des selbstlosen und gerechten Handelns auch im neuen politischen Umfeld, in welcher zünftischen Form oder politischen Position auch immer, hochzuhalten. Er hatte dabei profilierte Zuhörer im Visier. Die Zunft zur Meisen war stets eine unter ihresgleichen besonders angesehene Innung gewesen. Wenn ihr ursprünglich vorab die Weinhändler und Wirte angehörten, später ebenso die weiterum erfolgreichen zürcherischen Seidenfabrikanten, so sah sie immer auch Männer aus ihren Reihen in höchste Regierungsämter aufsteigen. Standesgemäss tagte sie seit 1757 im prachtvollen Zunfthaus zwischen dem Münsterhof und der Limmat, einem Rokokobau in französischem Stil, wie es im damaligen Zürich nichts Vergleichbares gab. Jakobs ehrfurchtsvolle, aber schon deutlich pastorale Ansprache dürfte diesem Ambiente durchaus angemessen gewesen sein; sie richtete sich nicht nur an die Zunftoberen, sondern ebenso an die Politiker unter den Mitzünftern, und sie war recht eigentlich prophetisch, indem der erst 26 Jahre alte Sprecher weitere, gravierende Veränderungen auf sein Vaterland zukommen sah, letztlich gar den totalen Umbau des bisherigen eidgenössischen Staatsgefüges. Noch wertete er allerdings die rechtliche Angleichung von Stadt und Landschaft als gravierenden Verlust für die ›gute alte Ordnung‹, brauchte dabei das Bild von einem schmerzhaft auszureissenden Körperteil und schob die Schuld dem irregeführten Volk zu. Dass er seine Rede dann auch gleich drucken und öffentlich auflegen liess, zeugt von bereits vorhandenem Sendungsbewusstsein.

Verehrungswürdigste! Innigstgeliebte!
Hochgeschäzte Herren! Beschüzer des Volks!
Edle Volks- und Vaterlandsfreunde!

Ja, das ist der Titel, der Euch gebührt; das ist euer Name, so wie er in unser aller Herzen tief eingegraben ist; das ist der Ruhm eueres eignen Gewissens und der Lohn euerer Tugend! Mag auch alles erschüttert werden und wanken; – mag unsre bisherige und glükliche Verfassung und mit ihr unsre von den Vätern ererbten, edelsten Freyheiten und Rechte zu Grabe getragen werden, mag eine neue Regierung unter unsrem Volk aufkommen, Geseze und Sitten sich ändern, und eine neue Gestalt der Dingen anheben; – eines ändert sich nicht: Eines bleibt in dem Herzen euerer bisherigen getreuen Bürger und Angehörigen: die Achtung

für euere Personen, die Liebe, die euer bürgerliches, wohlwollendes Be-
nehmen euch auf ewig zugesichert hat, und die Dankbarkeit für euere
Verdienste, die selbst der Tod nicht auslöschen mag.

Ich kann nicht schweigen. – Mein Herz heisst mich reden. Ich muss
es laut zeugen. Ich muss an das Herz und Gewissen aller Anwesen-
den appellieren. – Ja, Verehrungswürdige, geliebteste Volks- und Vater-
landsfreunde! Wir alle, die wir das Glük hatten, dieser einträchtigen,
friedlichen Gesellschaft einverleibt zu seyn – Gott weiss, wie bald von
nun an dieses heilige Band sich auflöset! – Wir alle waren mit unsrer
glüklichen Verfassung, mit unserer milden Regierung, in ungekränk-
tem Genuss der kostbarsten bürgerlichen Rechte und Freyheiten, im-
merhin zufrieden und glüklich. […] Aber die bedenklichen, so schnell
auf einander folgenden unerwarteten Ereignisse unsrer Tage, und das
Beyspiel verbündeter Staaten, nöthigten Euch, würdige Männer! dem
Drang der Zeiten, und der ungestümen Forderung eines grossen Theils
unsrer Landesgenossen nachzugeben; nöthigen uns Bürger in Euere
Gesinnungen einzutreten. Es ist geschehen! Der Schritt ist gethan!
In Gottes Namen. Er, der ewige Gott, der bey allen Erschütterungen
der Welt, bey allen Umwälzungen politischer Verfassungen, in seinen
Gesinnungen unveränderlich bleibt; Er, der bisherige Schuzgott unsers
Vaterlands, wird – wenn es doch seyn muss – unser liebes Volk und
diejenigen, welche als seine Repräsentanten vorzüglich würksam seyn
sollen, also leiten, dass wir ohne Gewaltthätigkeit, ohne Blutvergies-
sen, in Ruhe und Friede zu dem Zwek kommen, der in den Wünschen
der mehreren Landesgenossen zu ligen scheint. Aber, o ihr dahineilen-
den glüklichen Zeiten, in denen es unsre Väter und wir, und alle, wel-
che ein stilles und ehrbares Leben in aller Gottseligkeit führten, so gut
hatten, ihr Zeiten der glüklichsten Verfassung, seyd uns ewig unver-
gesslich und bleibt in dem Andenken jedes redlichen Volks- und Va-
terlandsfreunds! Euch wein ich mit ebendem gerechten Schmerz stille
Thränen der Wehmuth nach, wie ich es an der Grabstätte meines Va-
ters, oder des zärtlichsten Freundes thun würde! Für jeden Segen, den
der ewige Gott uns allen durch unsre bisherige Verfassung zukommen
liess, für jeden Segen, der unter dem Schuz einer weisen Regierung uns
zufloss, sey ihm Lob und Preis, und seinen Stellvertrettern das reinste
Opfer des Danks dargebracht!

Freyheit und Gleichheit! Eine neue Constitution, eine neue Regie-
rung! – Es sey! Es scheint Euch dieses das einzige Mittel zur Rettung
des Vaterlands in diesen Zeiten und zur Aussöhnung des Landvolks mit

Zunfthaus zur Meisen, erbaut 1754–57, hier abgebildet nach dem Bau
der Münsterbrücke, 1838, aber vor dem Abbruch, 1897, des links noch
sichtbaren alten Kornhauses. Strichklischee, Zentralbibliothek
Zürich, Graphische Sammlung, DOI 10.3931/e-rara-57676.

der Stadt. – Was thut, wer vor der Wahl steht, entweder eines schmerzhaften Todes zu sterben, oder eines seiner köstlichsten Glieder gewaltsam ausreissen zu lassen? – Dank Euch, edle theuerste Regenten! Dass ihr auch diesen lezten, wenngleich schmerzhaften Schritt gethan habet. Er ist für Euch und uns gleich schmerzhaft. Aber, insofern er das einzige Mittel zur Aufrechterhaltung der Ruhe und zur Aussöhnung des Volks ist, wahrlich eine rühmliche, edle, grosse Aufopferung! Wenn er das bewürkt, dieser Schritt; – ich unterdrüke hier eine bange Ahnung, die mir sagt, dass er es nicht bewürken werde, und dass noch grössere Aufopferungen geschehen müssen; vielleicht, dass mein Auge in dieser Gemüthsstimmung nicht helle sieht! – aber, wenn das die Folge dieser Aufopferung ist, o so sey Euch, edle, würdige Männer, im Namen des ganzen Volks, im Namen so vieler tausend Unschuldigen, die in der allgemeinen Noth hätten leiden müssen, im Namen so vieler Wittwen und Waisen, die mit schwerbelastetem Herzen ihre Seufzer und Thränen gen Himmel geschikt und Gott um die Abwendung der über unsrer Vaterstadt schwebenden Gefahr gefleht haben, im Namen aller Guten und Wohldenkenden, die ihrer theuren Landesobrigkeit im Gebett vor Gott eingedenk gewesen, der lauteste Dank gesagt, und unter den heissesten Thränen neue Segnungen des Himmels auf Euch herabgefleht.

Ihr leget nun Euere Stelle nieder, edle, vortreffliche Männer! Wohl denen aus Euch, die es mit dem vollen Bewusstsein thun können, ihr heiliges Amt würdig bekleidet, das grosse Geschäft der Volksregierung mit Gerechtigkeit und Milde verwaltet, und alle niedrigen Nebenabsichten dem grossen Hauptwerk, das allgemeine Wohl zu befördern, aufgeopfert zu haben. Ihr legt die Regierung nieder, und wem übergebt Ihr sie? Ach, wer soll uns Euch ersezen? O wenn ihr, die Ihr nach hohen Würden und Ehrenstellen strebt, wenn Ihr, die uns die Stimme des Volks zu Regenten sezen wird, wenn Ihr Kraft und Einsicht genug besizen werdet, das grosse Werk, das Euch aufgetragen wird, zum Heil des Vaterlandes zu beginnen, durchzusezen und zu vollenden, wenn Ihr Weisheit, Muth und Entschlossenheit, wenn Ihr Biedersinn und Gemeingeist, wenn Ihr Rechtschaffenheit und Gottesfurcht besizet, o so seyt uns allen – heisset Ihr wie Ihr wollet, kommt ihr woher es sey – auch als Regenten von Herzen willkomm und im Namen des Ewigen gesegnet, der euer Werk mit seinem Beystand krönen wird. Eure Namen wollen wir und unsre Kinder mit eben der Ehrfurcht aussprechen, wie wir jetzt und immer die Namen unsrer bisherigen theuren Landesväter nennen werden. Aber, das sei auch laut von allen Redlichdenkenden bezeuget: Volksverführer,

falsch aufgeklärte, ehrgeizige, stolze, empörende Männer, Vaterlands-
verräther leiden und dulden wir nicht als Regenten. Weh Euch, wenn
ihr aus solchen Triebfedern den gegenwärtigen Umsturz der Dinge be-
würket! Bey Gott! Unser irregeführtes Volk ist gut und biedergesinnt; es
duldet keine solche Regenten, so wenig als wir bisherige Bürger dieser
unsrer Vaterstadt sie dulden würden. Solche werden das erste, schrek-
liche Opfer der Wuth des erhizten, getäuschten Volks werden; oder uns
Redlichen soll wenigstens ein friedliches und stilles Grab unter den Rui-
nen des Vaterlands bald zu Theil werden. Täuscht Ihr aber unsre Hof-
nungen nicht, – o dann nochmals – von Herzen willkomm und gesegnet!

Des jungen Zunftredners düstere Vorahnungen sollten sich unerwartet
plötzlich verwirklichen. Schon bald nach seinem Auftritt in der Meisenzunft sah man die staatliche Ordnung auf dem Gebiet der alten Eidgenossenschaft vollkommen umgekrempelt, sozusagen ins Gegenteil der
bisher während fünf Jahrhunderten allmählich entwickelten Staatsidee
verkehrt: Aus dem losen Zusammenschluss von ganz unterschiedlich
sich selbst regierenden Klein- und Kleinststaaten war unter Zwang eine
zentralistische Republik nach französischem Zuschnitt entstanden. Der
Prozess ihres zügigen Zerbröckelns sollte indessen fast ebenso rasch
einsetzen, wobei nun Jakob eine nicht unwesentliche Rolle spielte. Der
Kirchenhistoriker Prof. Paul Wernle, der Jakobs Wirken einen 19-sei-
tigen Abschnitt widmete, führt ihn als *den politischen Pfarrer von Em-*
brach ein.[37]

3.2 EMBRACH (1798–1804)

Im Frühling 1798 trat Jakob eine Vikariatsstelle in Embrach an. Bereits am 16. Juli – also sechs Jahre seit seiner Ordination und somit
relativ rasch, denn die Warteschlaufe betrug im ausgehenden 18. Jh.
durchschnittlich zwölf Jahre[38] – wurde der nun 27-Jährige von der Zürcherischen Verwaltungskammer zum Pfarrer in der gleichen Gemeinde
gewählt *als derjenige Berwerber, der das fast einmütige Zutrauen der*
Gemeinde hatte und an Talent und Einsicht die anderen weit hinter sich

---

37 ——Wernle, Zweiter Teil, p. 154–173.
38 ——Zur Organisation des Pfarrwesens im alten Zürich siehe Gugerli, p. 142–145.

liess. Er war [...] als Vikar nach Embrach gekommen, wo er sich mit der Gemeinde wundersam gut verstand.[39]

Embrach war damals eine habliche, von Zürich nicht allzu entfernte Bauerngemeinde. Das weitläufige, im Dreieck zwischen Bülach, Kloten und Winterthur gelegene, noch heute von Feldern und tiefen Wäldern umgebene Dorf zählte damals um die tausend Einwohner. Jakobs Einsatzbescheid legt nahe, dass der Anwärter bereits über einen beachtlichen Leistungsausweis verfügt haben musste.

Endlich also, da Jakob auf eine respektierte Tätigkeit mit gesichertem Einkommen zählen konnte, war auch der Moment für seine Heirat mit Anna Scheuchzer gekommen, die aus einer angesehenen Zürcher Ärzte- und Gelehrtenfamilie stammte. Jetzt stand er im vollen Saft seines Lebens, war beruflich und sozial arriviert. Es ist anzunehmen, dass er sich in diesem Moment des Hochgefühls portraitieren liess, denn vorher und bald nachher dürften ihm die Mittel, wenn nicht überhaupt der Antrieb dafür gefehlt haben. Leider vermisst man auf dem ansehnlichen, hier auf der Titelseite wiedergegebenen Gemälde sowohl den Künstlernamen als auch eine Jahreszahl.

Auf Jakob wartete jetzt eine ziemlich anspruchsvolle Pfarrstelle. Neben dem engeren Dienst als Seelsorger in der umfangreichen Gemeinde stand der Pfarrer auch als Vermittler und Ordnungsstifter im Einsatz, indem er jeweils nach der Sonntagspredigt den traditionellen ›Stillstand‹ leitete. Diesem gehörten die verdientesten Gemeindemitglieder an, vor allem die Gemeinderäte, Schulmeister, Friedensrichter, ferner auch die Ehegaumer und Geschworenen; sie alle blieben, wenn sich das Kirchenvolk nachhause begab, unter der Leitung des Pfarrers noch zurück, um kirchliche und politische Geschäfte sowie Verstösse gegen die öffentliche Ordnung zu besprechen.[40] Und schliesslich wurde Jakob dann noch vom Erziehungsrat zum Suppleanten des Schulinspektors ernannt. Zudem blies Jakob gleich nach seiner Ankunft auch in Embrach ein heftiger Revolutionswind entgegen. Am 16. August 1798 hatten die Gemeindebürger in der Dorfkirche noch ziemlich einhellig auf die neue Verfassung geschworen – gefolgt von einer Tanzfeier mit reichlich Brot und Wein gespendet aus der Gemeindekasse. Doch schon bald trennte die neue Politik das Dorf in verschiedene Lager. Im September 1799 wurde Jakob, dessen konservative Gesinnung inzwischen

---

39 —— Wernle, Erster Teil, p. 394/5.
40 —— Stromer, p. 65.

Hauptteil des Dorfes Embrach,
Gouache, Feder und Kreide über Bleistift,
von Jakob Eggli (1812–1880), zwischen 1855 und 1860,
Zentralbibliothek Zürich, Graphische Sammlung,
DOI 10.7891/e-manuscripta-32710.

Ursprüngliches Embracher Pfarrhaus,
wie es schon zur Zeit der Helvetik bestanden hatte,
Foto Hans Baer, Embrach, 1975.

bekannt geworden war, bei einer öffentlichen Versammlung von zwei revolutionären Heissspornen tätlich angegriffen,[41] und um ein Haar wäre es ihm drei Jahre später im sogenannten *Stecklikrieg,* wovon im folgenden Einschub die Rede sein wird, direkt an den Kragen gegangen. Die Gemeinde – nach neuem Sprachgebrauch nunmehr als *Munizipalität* bezeichnet – litt damals stark unter der Last der fremden Kampftruppen, welche einen Grossteil des Viehbestands und der Ernte im Tal für sich requiriert bzw. durch ihre Bewegungen zerstört hatten. Verschiedentlich meldete Jakob den Behörden seine Einschätzung der Gesamtschäden in der Gemeinde und ersuchte um Befreiung von Steuern und Lasten. Während des Zweiten Koalitionskriegs dürften sich im Frühsommer 1799 zeitweise gegen 37'000 Soldaten österreichischer und französischer Verbände im Embracher Tal bekriegt haben, bis sich das Kriegsgeschehen dann in Richtung der Hauptstadt verlagerte, wo am 4. Juni die *Erste Schlacht um Zürich* begann.[42] Insgesamt scheint sich aber Embrach erstaunlich rasch von den kriegsbedingten Verwüstungen erholt zu haben. Jedenfalls kannte man dort schon seit dem späteren 18. Jahrhundert recht moderne Anbaumethoden.[43]

Wie sehr Jakob seine Pfarrgemeinde dann insgesamt schätzen lernte, geht aus einem von ihm Ende Oktober 1800 in seinem *Neuen Helvetischen Volksblatt* veröffentlichten Brief an einen dort bloss als ›M.‹ angeschriebenen Berner Freund hervor, welchem er die Umstände seiner gerichtlichen Verurteilung vom 19. Oktober 1800 wegen Missbrauchs der Pressefreiheit schilderte. Darin bezeichnete er sich als *Verbanneten* oder *Bannisierten,* nachdem er vom zuständigen Distriktsgericht mit einem einjährigen Gemeindebann-Arrest belegt worden war. Über sein damaliges Leben in Embrach schreibt er:

Wahr ist es, dass ich meine Gemeinde herzlich liebe, und dass ich von ihr hinwiederum erwarten kann, dass sie mir den beständigen Aufenthalt bei ihr so angenehm wie möglich machen würde; wahr ist es – es ist eine herrlich liebliche Gegend hier um und in Embrach, ein anmuthiges Thal mit abwechselnd schönen Spaziergängen, und auf den Höhen eine bezaubernde Aussicht. An Ergötzlichkeiten aller Art nach vollendetem Tagwerk fehlt es nicht. Das eine mal macht mich der An-

41 —— Ebd., p. 72.
42 —— Ebd., p. 73–75, 79.
43 —— Stromer, p. 72, gibt hierzu ausführlichere Erläuterungen.

blick der arbeitenden Landleute vergnügt, ein andermal setz ich mich in ihren Hütten neben ihnen zum Tisch und wir erbauen uns an den unterhaltenden Gesprächen: wo der Pfarrer herkömmt, ist er willkommen, und weh ihm! wenn er an einem Tag in mehrere Häuser sich nöthigen lässt; er wird mit Speis und Trank überladen – da hilft keine Entschuldigung, keine hartnäckige Weigerung; es muss gegessen und getrunken seyn. – Ein andermal wandle ich an unserm sich lieblich schlängelnden Bache, und finde mein Vergnügen daran, Fische zu angeln, deren es hier viele kostbare giebt. Auch spaziere ich zuweilen als Jäger aus, und wiewohl ich aus Ungeschicklichkeit in meinem Leben noch keinen Haasen geschossen – ich fürchte mich recht, wenn einer auf mich zugelaufen kommt – so ergötzt mich das Gebell der Hunde, das Wandeln in dichtem Walde und das trauliche Beisammensein guter Freunde in der offenen Natur. Auch an gesellschaftlicher Unterhaltung fehlt es mir nicht. Kann ich keine Besuche geben, so werden solche bey mir genommen, und kaum ist irgendwo eine trautere Nachbarschaft als hier in diesen Gegenden und – was ich billig zuerst hätte sagen sollen – Familienfreuden, Gatten- und Elternfreuden,[44] häusliche Glückseligkeit ist, wie meine Freunde sagen können, hier in beneidetem Grade zu Haus. – An Arbeit fehlts auch nie; einen schönen Theil meiner Zeit nimmt mir die Correspondenz mit Freunden und vaterländischen Männern weg, einen andern Theil meine politischen Versuche, einen dritten und wichtigsten die Pfarrgeschäfte. In der That, mein Bester: Hier kanns einem Verbanneten wohl seyn, hier dürfte es auch mir wohl seyn, und doch fährt ein Schauer durch mich, wenn ich mich als Bannisierten denke. Sie können sich die Neigung zum gesellschaftlichen Leben und die Anhänglichkeit an seine Freunde, mithin das Bedürfniss, bey ihnen zu seyn, in keinem Menschen stärker denken, als in mir. Ich kann mich wohl Tage und Wochen lang in meinem Studierzimmer verschliessen, und mit ungetheilter Aufmerksamkeit meinen Geschäften obliegen, aber dann ist und bleibt das gesellschaftliche Leben und die Theilnahme an den Freuden und Unterhaltungen meiner Freunde, meine beste Erholung. Nach langer, ernsthafter Arbeit bringe ich dann gewöhnlich ein paar Tage in der Stadt oder bey einem benachbarten Freund zu, und hier überlasse ich mich ganz unschuldiger Freude und Ergötzlichkeiten: So wie ich jeder

---

44——Während seiner Zeit in Embrach von 1798–1804 wurden dem Ehepaar Schweizer-Scheuchzer drei Kinder – zwei Töchter und ein Sohn – geboren, von denen aber keines bis zum Zeitpunkt des Wegzugs der Eltern überlebte.

*Gesellschaft bey geschlossner Thüre von Herzen feind bin, so liebe ich
dagegen öffentliche Gesellschaften, besonders wo Menschen von verschiednen Klassen und ungleicher Denkart zusammenkommen, um bald
über verschiedene Dinge mich mit Ihnen zu besprechen, bald bescheiden
zu streiten, dann auch zu scherzen, und nichts geht bey mir über das
Vergnügen, eine ganze Gesellschaft – versteht sich in den Schranken der
Ehrbarkeit – fröhlich zu sehen, oder auch, sie zu belustigen.*

Einschub **DIE EMBRACHER GESCHICHTE**

Über ein Ereignis aus der Zeit des *Stecklikriegs* als letztem Erguss der
helvetischen Sturzflut informiert ein ausführlicher Bericht in der *Züricher Freitags-Zeitung,* die damals in dritter Generation von dem Jakob
nahestehenden Verleger David Bürkli herausgegeben wurde. Dem nicht
signierten Text, zu welchem Jakob beigetragen haben dürfte, folgt ein
ebenfalls nicht signiertes Gedicht, das den helvetischen Politiker und
nachmaligen Landammann Alois Reding preist und das ganz im Stil sowie nach der Thematik von Jakobs patriotischen Gedichten verfasst ist.
Die Anonymität lässt sich dadurch erklären, dass Jakob damals unter
einem Publikationsverbot für politische Schriften stand.

Die Embracher Geschichte,
vom 13. Herbstmonat 1802[45]

*Die Truppen, welche unter Commando Junker Obrist Escher von Berg
in verschiedenen Abtheilungen in Rorbass einrückten, und Montags den
13. Herbstmonat bereits auf ca. 350 Mann angewachsen waren, sollten
nach ihrer eigentlichen Bestimmung sich sobald möglich an das Truppenkorps Junker General Steiners auf Regensperg anschliessen, um alsbald in Vereinigung mit diesem und den braven Zuzügern von Bern und
Baden die Communikation mit Zürich wieder herzustellen, was unter
der Anführung so vieler wakern Offiziers und im Besize von hinlänglicher Munition ohne anders hätte erzwekt werden können. Militairisch
betrachtet, und wenn man einen feindlichen Überfall vermuthet haben
würde, liesse sich das längere Verweilen auf dem Sammelplaz bei R o r -*

45 ——— *Züricher Freitags-Zeitung,* Numero 41, 18. Herbstmonat [September] 1802.

b a s s und das Vorrücken einer Compagnie nach E m b r a c h nicht rechtfertigen: allein, man war theils von der Stärke des unter Obrist Dolder in Kloten gelegenen Truppenkorps nicht genugsam unterrichtet, theils erwartete man um so weniger einen feindlichen Überfall, da man die Bestimmung dieser Truppen einzig darin sezen zu müssen glaubte, den Pass durch Kloten den Succurstruppen abzuschneiden. In der Voraussezung also, dass man noch einige Zeit mit Sicherheit in R o r b a s s verweilen, daselbst die gehoffte Verstärkung abwarten und in den umliegenden Gegenden neue Zuzüger anwerben könnte, liess Junker Obrist Escher eine Compagnie unter Anführung von Herren Hauptmann Rahn und Schauffelberger Montags den 13. Sept. Mittags à 12 Uhr nach E m b r a c h marschieren, in Hoffnung, dass die Gegenwart solcher wakerer Zuzüger die junge Mannschaft daselbst zu gleichem Diensteifer beseelen und sie unter unsere Fahne tretten werden. Es war uns dabei unbewusst, dass der Marsch einer in der vorigen Nacht von Rorbass herkommenden und bis in das Dorf Embrach vorrükenden Patrouille von der Munizipalität als Feindlichkeit aufgenohmen, und noch in gleicher Nacht davon dem Commandanten in Kloten Anzeige gemacht wurde; unbewusst, dass gleich beim Einrüken der Compagnie ein Berichterstatter durch Umwege nach Kloten geeilt, und die geringe Anzahl unserer Truppen daselbst verrathen hatte. Endlich verwirrte uns noch die einlaufende, falsche Nachricht, dass in Kloten nur ein zusammengelaufenes, undisziplinirtes Militair lige, da im Gegentheil Obrist Dolder etwa 60 wohlberittene Husaren, 200 Mann mit hinlänglicher Munition versehene Infanterie und einige hundert Prügelbuben kommandirte. Indess also in Embrach die Anwerbung der jungen Mannschaft ziemlich nachlässig betrieben, unsre Compagnie, nach Ausstellung der Wacht- und Vorposten aufs Gemeindehaus verlegt und das Mittagessen bereitet wurde, schikten die wakern Herrn Offiziers Rahn und Schauffelberger eine Staffete nach Rorbass, worin sie dem Junker Obrist anzeigten, dass bei der Nähe der feindlichen Vorposten es zuträglicher wäre, wenn entweder die Compagnie wieder zurückgezogen, oder aber hinlängliche Verstärkung nach Embrach geschikt würde, um im Nothfall dem Feind gewachsen zu seyn.

Inzwischen machte Herr Hauptmann Schauffelberger gleich nach dem Mittagessen einen Ausritt, um den aus 16 Mann bestehenden Vorposten in L u f i n g e n zu besuchen, und die ihm unbekannte Gegend in Augenschein zu nehmen, um darnach die Wachtposten mit gehöriger Vorsicht ausstellen zu können, auf welchem Spazierritt ihn der Pfarrer

Schweizer von Embrach, ebenfalls zu Pferd doch ganz unbewaffnet und
in seiner gewohnten Kleidung, begleitete. Im Dorf Lufingen sahen sie
3 Männer, die ihnen verdächtig waren, über das Feld hin laufen. Während diese eingeholt wurden und man im Gespräch mit ihnen begriffen
war, giengen von der Anhöhe bei Lufingen 2 Pistolenschüsse gegen
sie los, ohne dass sie augenbliklich die Mannschaft oder den eigentlichen Ort ihrer Stellung bemerkt hätten. Die Sache liess eine in der
Nähe liegende feindliche Patrouille vermuthen. Herr Schauffelberger
ritt, den Säbel in der Hand, gegen den in Lufingen stehenden Vorposten zu und dem Feinde entgegen, und hiess den unbewaffneten Pfarrer zurückreiten, welcher diesen Wink verstehend augenblicklich den
Weg nach Embrach einschlug, um dem Führer der Compagnie daselbst
Nachricht vom Geschehenen zu ertheilen und sich schnell in gleicher
Absicht nach Rorbass zu begeben. Durch das Dorf Lufingen reitend
stiess er auf unsern Vorposten, der schon im vollen Rückzug war und
berichtete, dass etwa 50 Husaren und 200 Mann Infanterie sie auf
der Ferse verfolge. Man zog sich fechtend zurück; Herr Schauffelberger
focht gegen etliche Husaren, musste aber endlich der Überzahl nachgeben, die nach verschiedenen Blessuren ihn zugleich mit dem Vorposten gefangen nahmen. (Er soll ebenfalls einige Husaren verwundet
haben.) Pfarrer Schweizer wäre im Dorf Embrach von den Husaren
eingeholt worden, wenn nicht die Compagnie daselbst bei seinem Vorübersprengen sogleich ausgerükt wäre und die feindlichen Husaren
aufgehalten hätte.

Der plözliche Überfall sezte die Mannschaft in Schreken, und es war
keine Zeit vorhanden, sich in gehörige Ordnung zu sezen; daher nach
kurzer Gegenwehr ein Theil unserer Mannschaft sich in die Häuser der
Bauern retirirte, ein anderer Theil blessirt und gefangen genohmen, ein
einziger Fliehender, doch nicht ohne Gegenwehr, getödet wurde. Es war
ein braver Jüngling aus der Gemeinde Andelfingen, dessen Leichnam
von Bauerleuten selbst rein ausgezogen, und dem ein ehrliches Begräbnis
auf dem Kirchhof unter der Ausflucht »die Erde ist des Herren« verweigert wurde. Seine Verwandten liessen den im Walde liegenden Cörper
wieder hervorgraben, und der wakre Soldat wurde in Andelfingen feyerlich beerdigt. – Zwey Husaren sprengten durch unsere fechtende Compagnie hin, um den Pfarrer Schweizer, der vornehmlich das Ziel ihrer
Verfolgung gewesen, einzuhollen und zu ermorden. Dieser erkennt es als
eine wundervolle Leitung der Vorsehung, dass er in eben dem Augenblik, da er nach einem teuflisch aufgelegten Plan durch Rebellen hätte

ermordet werden sollen, was auch ohne anders geschehen seyn würde, wann er zu Hause geblieben wäre, eben zu Pferd sizen musste, und seinen Verfolgern entkommen konnte. Diese zwey Husaren, die gerade vor der Nationalwaldung ob Rorbass von weiterm Nachsezen abliessen, aus Furcht es möchte sich Militair darin verstekt halten, liessen ihre Wuth an dem braven Untervogt Spörri aus, einem 80-jährigen Greis, der eben bei seinen Arbeitsleuten in Erndgeschäften ruhig verweilte, misshandelten, verleumdeten ihn, und liessen ihn halb todt auf der Strasse liegen. Die lesenswerte Geschichte dieser Ermordung und die, bei seiner Beerdigung gehaltene Predigt ist in dem Avisblatt dieser Zeitung angezeigt, und besonders zu haben. – Pfarrer Schweizer machte in Rorbass von dem Vorgefallenen Anzeige, worauf Junker Obrist Escher im Begleit von Junker Gerichtsherr Meiss von Teufen, Junker Hauptmann Reinhard, Herr Major Wipf von Marthalen und einiger andern Landoffiziere die Truppen aufbrechen und oberhalb der Nationalwaldung postieren liess. [...] Die unmenschliche und gewaltthätige Plünderung, welche im Hause des Pfarrer Schweizers vorfiel, und wesswegen der Commandant bestimmte Ordre gegeben – die Drohungen, welche diese Barbaren gegen seine liebenswürdige Gattin ausstiessen, die, um ihren Misshandlungen zu entgehen, ebenfalls fliehen musste; endlich die Nachstellungen auf diesen Mann, die in benachbarten Dörfern und Pfarrhäusern einige Tage lang fortdauerten, wo man allenthalben mit Mord und Brand drohete, wenn man diesen Pfarrer nicht herausgebe – dieses alles zu beschreiben gestattet der Raum eines Zeitungsblattes nicht. Der Rettung unsrer Vaterstadt hat Pfarrer Schweizer freudig dieses Opfer gebracht, und er bedaurt nichts so sehr, als dass in jenem unglüklichen Gefecht die beyden geschikten und wakern Krieger, Rahn und Schauffelberger den Misshandlungen von einem Gesindel, das den Namen Krieger niemals verdient, ausgesezt seyn mussten. So ist indes höchst wahrscheinlich, dass auch ohne unser Vorrüken nach Embrach am gleichen Tag der feindliche Überfall in Rorbass selbst stattgefunden hätte, dessen Nachtheile und Schreknisse noch ungleich grösser hätten werden können.

Lied eines redlichen Schweizers

Der Freyheit lezte Stunde schlägt,
ein Schauer wallt durch mich,
mit dem kein Heldenherz entwegt:
Auf, S c h w e i z, erhebe Dich!

Szene der Misshandlung von Chirug und Untervogt Rudolf Spörri
(1724–25.09.1802) anstelle des entkommenen Pfarrers Johann Jakob
Schweizer in Embrach am Montag, 13. Herbstmonat [September] 1802.
Nachempfundene Gouache von Albert von Escher (1833–1905), s. d.,
Verbleib der Gouache unbekannt, Foto 1978 Hans Baer, Embrach.

Ist der ein edler, freyer Mann,
der stolz und Habsuchtsvoll
regieren will, und's doch nicht kann,
dem man gehorchen will?

Der sich vom Schweiss des Bruders nährt,
nur seine Rotte schützt,
und gern zu fremder Fahne schwört,
wenn sein Verrath ihm nützt?

Doch nein, der alte Gott lebt noch,
der an S t a u f f a c h e r denkt,
der uns befreit vom Sklavenjoch,
uns Ruh und Freyheit schenkt.

Wie, Sohn, den Ahnen kennst Du nicht,
der neue S c h w e i z e r zeugt,
und neue Gessler-Fesseln bricht,
Tyrannen-Naken beugt?

Die S c h w e i z e r führt' einst Reding an,
dort bey Morgartens Schlacht,[46]
sieh, R e d i n g steht noch jezt als Mann,
dankt's Gottes Wundermacht!

Wie Moses hat ihn Gott gewählt,
den Pharaons zu Trutz;
wie Gedeon mit Muth beseelt
zu ächter Freyheit Schutz.

War Reding denn nicht immer Held,
wie selbst der Franke spricht?
Steht er für's Vaterland im Feld,
so wankt und flieht er nicht.

Auch vor den Grossen dieser Welt,
wär, wie im Krieg, er gross,

---

46 —— Am 2. Mai 1798 setzten sich die Innerschweizer unter Alois Reding beim le-
gendären Schlachtort von Morgarten am Ägerisee gegen französische Truppen durch,
mussten aber angesichts der Gesamtverluste auf ihrer Seite den Widerstand schliesslich aufgeben.

nicht Hofmann würd er, er blieb Held,
blieb ächter Eidgenoss.

Er kennt das Gift der Schmeicheley,
ihn wiegt's in Traum nicht ein:
Nein, er bleibt seinem Worte treu,
wie Gold, sein Ja und Nein.

Wie, S c h w e i z e r, wie den grossen Mann,
wer liebt, wer schätzt ihn nicht?
Gewiss ist der kein Biedermann,
der übel von ihm spricht.

Drum, Brüder, liebe Brüder singt:
Es lebe R e d i n g hoch!
In ihm lebt Wilhelm Tell verjüngt,
und schützt uns S c h w e i z e r noch.

3.3 POETISCHE STICHELEIEN – AUCH TIEFGRÜNDIGES

Wenden wir uns nun näher Jakobs innigster Beschäftigung zu, die ihm ein Leben lang ein zentrales Anliegen blieb: dem dichterischen Ausdruck. In einer deutschen Publikation mit Nachrufen über im Jahr 1843 verstorbene deutschsprachige Literaten wird Jakob Schweizer folgendermassen beschrieben:

> S. war eine poetische Natur, und in allen Verhältnissen und Lagen ist ihm die Dichtkunst eine treue Muse geblieben. Schon 1802 veröffentlichte er ein vaterländisches Gedicht: »Werner von Stanz – Ein Familiengemälde aus dem unglücklichen Unterwaldner Kriege«, dem er 1807 »Religiöse Vorträge und Lieder für die Privaterbauung« folgen liess. Eine gesichtete Sammlung seiner Gedichte, von J. K. Appenzeller bevorwortet, erschien kurz vor seinem Tode als »Poesiien im Gewande des Ernstes und Scherzes«, und neuerdings hat der Decan G. R. Zimmermann Schweizer's Religiöse Gebetslieder für die häusliche Andacht (1836) gesammelt und herausgegeben.[47]

47 —— Gemäss dem Eintrag *Schweizer, Johann Jacob*, von Franz Brümmer, in: *Allgemeine Deutsche Biographie*, hg. von der Historischen Kommission bei der Bayerischen Akademie der Wissenschaften, Band 33 (1891), p. 375-376.

Tatsächlich nahm der mitteilungsfreudige Zeitbetrachter Jakob ab 1801, als ihm seine von der Obrigkeit zunächst beargwöhnte politische Publizistik schlechtweg verboten worden war, Zuflucht zum lyrischen Ausdruck, mit dem er sich schon als Student sowie Bewunderer von Goethe und Schiller befasst hatte. Diese beiden grossen Literaten wandten sich schon bald nach Ausbruch der Französischen Revolututin dem auch Jakob besonders teuren Sagenstoff des *Wilhelm Tell* zu; es blieb schliesslich Friedrich Schiller vorbehalten, das Thema dramatisch zu verarbeiten, nachdem 1801 unter Eingeweihten bekannt geworden war, dass Goethe den Stoff jenem letzteren überlassen wolle. Dies dürfte Jakob bewogen haben, von einer Weiterbearbeitung des in seinem ersten Gedichtband von 1801 auszugsweise wiedergegebenen Fragments eines noch unvollendeten Gedichts, betitelt: *Wilhelm Tell oder der Bund der Freyheit – ein helvetisches Nationalgedicht in 12 Gesängen,* abzusehen und stattdessen unter dem Titel *Werner von Stanz,* ebenfalls in zwölf Gesängen sowie in klassischem Hexameter-Versmass, ein ähnliches Epos über das letzte Aufbäumen urschweizerischen Widerstandswillens gegen die 1798 von aussen hereingebrochene revolutionäre Sturmflut zu verfassen. Am Beispiel eines natürlichen Gewitters, das dem frommen Bergbauern Werner die gesamte Jahresernte vernichtet, zeichnet Jakob das Bild unerschütterlichen Gottesvertrauens sowie der Vorahnung von weiteren Bewährungsproben, diesmal in der Gestalt des sich ankündenden Freiheitskampfes. Dass die Veröffentlichung des ersten Teils nur wenige Monate nach einer Serie von Gerichtsverfahren gegen ihn wegen Missbrauchs der Pressefreiheit stattfand, kommt wohl nicht von ungefähr, denn von Kritikern war damals auch Jakobs Glaubensstärke in Zweifel gezogen worden. Den zweiten Teil, welcher von der verlorenen Schlacht der Unterwaldner gegen Frankreich handeln sollte, vermochte der nun zusehends in seinen Problemen versinkende Jakob allerdings nicht mehr zu veröffentlichen. – Aus dem ersten Teil die einleitende Passage:

Werner von Stanz
Erster Gesang: Das Gewitter im Thale

Wunderbar sind, unerforschlicher Gott, und dunkel die Wege,
welche den Sterblichen Du im Lande der Prüfungen führest.
O wie ferne sind Deine Gedanken von unserem Denken!
Deinen Rath, wer ergründet ihn je? Wer erforschet die Tiefen

Deiner Erkenntnis? Enthüllet den Plan, nach welchem die Welt,
Du, und die Menschen regierest, um alle selig zu machen?
Heiliger Gott, Dich beth' ich im Staub an, und glaubend verehr' ich
Deiner Führungen Gang, den unerkannten, verborgnen.
Nicht das Erdeleben, die künftige Welt erst enthüllt ihn ganz,
und zeiget im Licht uns, was dunkel auf Erde wir sahen.

In den Jahren 1801 und 1802 veröffentlichte Jakob je eine Sammlung von Gedichten in diversen Stimmungslagen zu politischen sowie anderen lebensnahen Themen. Das erste Bändchen erschien anonym als *Taschenbuch für Freunde und Freundinnen der ernsten Muse – Auf das Jahr 1801.* Dass Jakob tatsächlich der Autor dieser bei J.C. Näf erschienenen Schrift sein musste, wo dann ein Jahr später sein umfangreicherer Band *Zeitgedichte* herauskam, drängt sich nicht nur anhand des Stilvergleichs, sondern insbesondere aufgrund seiner eigenwilligen Themenwahl auf, die von kritischer Zeitbetrachtung über Liebesromantik, Geburt eines Kindes bis hin zur Lebensphilosophie reicht. Wie schon erläutert, stand Jakob damals unter Publikationsverbot in Bezug auf politische Texte. Entsprechend nutzte er die kaschierende Form der Poesie, um seine nach wie vor unveränderte Weltsicht kundzutun, so etwa im einleitenden Rückblick auf das für Zürich besonders aufwühlende Jahr 1799. Zweimal war Zürich ja erneut besetzt worden, nachdem europäische Schlachten unmittelbar um die Stadt herum getobt hatten, wodurch die seit Jahrhunderten von Kriegen verschont gebliebene Bevölkerung arg in Mitleidenschaft gezogen worden war. Dies bescherte Jakob letztlich Zweifel an der Menschheit an sich – und ansatzweise wohl auch an seiner eigenen religiösen Überzeugung.

Das Jahr 1799

So ist es dahin geschwunden,
unvergesslich dieses Jahr!
Hingeflossen ist der Stunden
Zahl, die ihm bestimmet war!

Fliehet, der Erinnerung Bilder!
Flieht von meiner Seel' zurük!
Sah ich sie nicht roher, wilder,
Menschen, Gottes Meisterstük?

Urtheil soll die Nachwelt sprechen
einst in der Geschichte Buch,
die entehrte Menschheit rächen
an dem Jahr durch ihren Spruch!

Blut bezeichnet in dem Buche
dieses menschenwürgend' Jahr,
und belastet mit dem Fluche
liegt es auf der Todtenbahr.

Ha! Es zogen Menschenschaaren,
Tausende zum Brudermord!
Krieger zu den Schlachtgefahren
sendet der entfernte Nord!

Und es braust, auf Meereswogen,
auf dem Land, der Krieg daher!
Allen Völkern aufgezogen
ist ein Wetter furchtbar schwer.

Horch! Es donnert das Geschüze
in dem krausen Kriegsgeschrei!
Tod, Verderben liegt im Blize,
wüthet in der Menschenreih'!

Über Dich auch stürmt das Wetter,
theures, armes Vaterland!
Deine Söhne sinken! Eltern
heben hoch die Jammerhand!

Öde steht die arme Wohnung
des vertriebnen Hirten hier.
Niedertrettung ist Belohnung
von dem wilden, grossen Thier,

das der kleinen Maus nicht achtet,
die doch Neze nagen kann.
Bundsgenossen sind verachtet,
Ihres Elends spottet man!

Ach, Asträa[48] ist entflohen,
mit ihr Fried' und Einigkeit!
Schreklich tobt der Mensch im rohen,
blutigen Barbarenstreit!

Weichet, der Erinn'rung Bilder,
weichet von der Seel' zurük,
bis die Menschheit besser, milder,
hoch entzükt des Freundes Blik,

bis sich wahre Freiheit hebet
auf der Menschenrechte Thron;
bis der Bruder sicher lebet,
das Verdienst hat seine Kron!

Dann preis' ich im hohen Liede
aller Völker Brüderbund!
Dann erschallen dir, o Friede,
Lobgesäng' aus jedem Mund!

Fliesse hin, du Jahr des Blutes,
sinke in der Lethe Fluss!
Denn Du hast nur wenig Gutes,
Jammers reichlichen Erguss.

Aus diesen Zeilen spricht neben Jakobs Kämpfernatur eine ganz andere Seelenhälfte: eine von Enttäuschungen und Zukunftspessimismus herrührende Melancholie. Im nachfolgenden Gedicht *Der Abend* offenbart sie sich bei dem noch nicht Dreissigjährigen in potenzierter Form, und zwar bereits aus der Sicht eines Alternden. Nur die Erwartung des neuen Tages scheint den Zweifler noch knapp mit Mut zu erfüllen.

Der Abend

Wann die Sonn am Abend
schön zur Ruhe geht,
und so hold und labend

---

48 ——Astraia: Griechische Göttin der Gesetzestreue. Sie soll sich wegen der aufkommenden Gesetzlosigkeit als letzte der vormals noch unter den Menschen lebenden Gottheiten von der Welt zurückgezogen haben.

Kühlung mich umweht;
wann sich Wolken röthen
purpurn, rosig, grau;
Nachtigallen flöten,
grüner lacht die Au.

Wann die heischre Grille
zirpt in Feld und Hain;
schwermuthsvolle Stille,
und des Mondes Schein
düster schwimmt auf Auen
rings um mich so hold;
und die Wolken thauen
flüssig Segensgold.

Süsse Schwermuth füllet
meine Seele dann,
dass sie, ganz umhüllet,
nicht mehr folgen kann
dem zu kühnen Auge
in die Zukunft fern,
wo ich Hofnung sauge
oft, ach, nur zu gern.

Sinnend sink ich nieder,
denke Tod und Grab,
hebe kaum mich wieder
an der Hofnung Stab.
Unbelohnte Liebe
lebet in dem Herz.
Ach, dem reinsten Triebe
folgt nur Gram und Schmerz.

Weit in dunkle Ferne
schwärmt die Phantasie;
von dem Abend lerne
ich Melancholie.
Traurig sieht er schwärmen
oft mich hin und her,
und mich bitter härmen
froher Hofnung leer!

Doch du, Sonne, sankest
nicht für immer mir;
wenn du Abends schwankest,
Seele! Hebt sich dir
Morgen mit der Sonne
Hofnung auch empor;
und mit neuer Wonne
sprosst dir Muth hervor!

Wundern mag man sich indessen ob der schwärmerischen Liebesgedichte, die der nun seit drei Jahren verheiratete Pfarrherr folgen lässt. Stammen sie aus früherer Zeit oder sind sie in der Enttäuschung über eine Verbindung entstanden, die dann nach sechs Jahren Dauer – schliesslich kinderlos geblieben – infolge persönlicher Turbulenzen geschieden wurde? Auch das mag die Anonymität dieses Büchleins erklären. Wie Jakob drei Jahre später anlässlich seiner Seelenwäsche vor dem Kirchenrat zugeben wird, hatten ihn romantische Phantasien von Jugend an beherrscht.[49] Immerhin werden hier die jugendlichen Schwärmereien bald von reifender Einsicht eingegrenzt: Anstelle der nun als hinfällig erkannten erotischen Liebe wünscht sich der Poet letztlich die Freundschaft zur ständigen Wegbegleiterin.

An den Amor

Ich sah ein liebes Mädchen
das liebe Käzchen streicheln.
Ach! dacht ich, liebes Mädchen:
Wär ich dein liebes Käzchen,
wie traulich wollt' ich schmeichelnd
mich an den Busen schmiegen,
und freundlich seyn und artig!
O! lass doch lieber Amor,
mich meines lieben Mädchens
geliebtes Käzchen seyn!

---

49 —— Siehe KAP. 3.9, insb. p. 193.

Das weichende Glück

Am Pfade des irdischen Lebens
blüht mir ein Blümchen so schön!
Ach! soll es, am Ziele des Strebens,
ach! soll es mir wieder vergehn?

Die Hofnung des wünschenden Herzens
liess mir das Blümchen so blühn.
O! Hofnung, du Quelle des Schmerzens!
So soll ich vergeblich mich mühn,

das liebliche Blümchen zu pflücken?
Nicht soll es blühen für mich?
Mich soll nicht die Schöne entzücken
durch Freundschaft und Liebe – nicht mich?

Schon dacht' ich die Zukunft so selig:
Schon träumte ich glücklich zu seyn!
Das Schicksal, ach! schien so gefällig,
durch günstigen Blick zu erfreun!

Doch drohend erheben sich wieder
mir düstre Wolken empor!
Es fällt vor der Zukunft mir nieder
ein traurig verhüllender Flor.

O Himmel! Entwölke dich wieder!
O Schicksal! Hebe den Flor!
Dann schallen dir frohere Lieder
vereinigter Herzen empor!

Die Rose

Wie so hold und lieblich blühet
hier die reine Rose mir?
Mädchen, deine Anmuth ziehet
sanft den Jüngling hin zu Dir!
Will die Rose ich geniessen,
pflük ich von dem Stamm sie ab.
Ach! den Bund der Liebe schliessen
ist oft schöner Blüthe Grab!

Will ich von dem Stamm sie pflüken,
rizen Dornen mir die Hand.
Mit des Glükes Sonnenbliken
ist der Schmerz stets nah verwandt.
Jüngling, dir, euch Mädchen, blühend
sey die Rose Lehrerin!
Heute reizt sie, duftend, glühend;
morgen ist sie schon dahin!

An die Freundschaft

Freundschaft, kann ich jemals würdig dich erheben,
gute, treue, edle – dich?
Ohne deinen Trost, was wär' mein Erdenleben?
Ach, wer unterstüzte mich?

Wenn ich Liebe suche, doch vergebens ringe,
und die Hofnung von mir flieht;
wenn ich schwermuthsvoll nur Klagelieder singe,
und die Freude sich entzieht;

O, ich eile nur in treue Freundes-Arme,
nur zu dir, o Trösterin!
Gütig reichest du, o Freundschaft! mir die warme
sichre Hand zur Leiterin!

Schlägt das Schiksal unvermuthet mir danieder
süsser Hofnung Luftgebäud':
Dann bist du's, o treue Freundschaft, die mir wieder
mildert meines Herzens Leid.

Wir lernen hier Jakob auch als Vater eines kürzlich zur Welt gekommenen Töchterchens kennen,[50] dem er ergreifende Zeilen auf einen hoffentlich langen, schliesslich dann aber nur 13 Monate dauernden Lebensweg mitgibt:

50 —— Anna Maria Schweizer, Mai 1801 – 6. Juni 1802; Eintrag im Stammbuch der Familie Schwyzer und Schweizer.

An ein neugeborenes Töchterchen

Willkommen hier auf Gottes Erde,
Du liebes kleines Kind!
Willkommen sei bei uns und werde,
was wir schon lange sind!

Wir sind hier Pilger, wandern weiter
hin nach dem Friedensland!
Oft ist es finster, oft wird's heiter
erst an des Grabes Rand!

Doch pflanzt uns unser Schöpfer Liebe
und Freundschaft in das Herz!
Und diese edeln Himmelstriebe
versüssen jeden Schmerz.

Sie leiten sicher uns durch's Leben;
sie sind das süsse Band,
das uns zusammenhält, gegeben
von eines Vaters Hand!

So geht es über rauhe, steile
und ebne Wege fort;
bis dann nach einer kurzen Weile
der Tod uns führt zum Port.

Das Lebenslicht verlöscht, um heller
dort wieder aufzugeh'n!
Der Pfad ist rauh, oft nur, dass schneller
wir frohe Ebnen seh'n.

Noch einmal darum sey gegrüsset
in unserm Erdenthal!
Dein Dasein werde Dir versüsset
durch Freuden ohne Zahl,

wozu Dich Frömmigkeit und Tugend
nur immer führen kann!
Gesund und frisch sei deine Jugend
und eben deine Bahn!

Des Vaters Lehr und Wandel bilde

zum guten Mädchen dich!
Und deine Mutter, sanft und milde,
erzieh dich sittsamlich.

Sei du der guten Eltern Freude,
und ihres Alters Glük,
dass einst am Lebensziel sie beide
mit Freuden seh'n zurük!

Dass oft den Tag sie glüklich nennen,
da Gott dich ihnen gab,
und ihm noch dafür Dank bekennen
einst an dem späten Grab!

Willkommen hier im Freundschaftskreise,
du liebes, kleines Kind!
Und werde glüklich, so wie weise
und brave Menschen sind.

Das nächste, von Jakob nunmehr autorisierte Poesie-Buch erschien
dann gleich im folgenden Jahr, 1802, unter dem Titel *Zeitgedichte*, als
in ihm der Mut zur kaschierten politischen Publizistik wieder hochge-
kommen war. Nun sah er seine schärfste Waffe in ironisierender, wenn
nicht gar offen polemischer Lyrik. Mit unternehmerischem Pfiff liess
er bei seinem Verlegerfreund David Bürkli in dessen *Züricher Freitags-
Zeitung* vom 22. Jenner 1802 auf diese Veröffentlichung hinweisen, die
er geradeaus als »Revolutions-Almanach« bezeichnete:

Pfarrer Schweizer in Embrach kündigt eine Sammlung interessanter, mit
viel Wiz und Laune geschriebener Z e i t g e d i c h t e an, wozu die
Revolutionsbegebenheiten den Stoff gedeihen, nebst einem Anhang ver-
mischter Gedichte. Sie werden spätestens auf Ostern dieses Jahres, 16–
20 Bogen enthaltend, und mit niedlichen Lettern gedrukt, erscheinen.
Verschiedene Umstände vermögen den Verfasser bey Herausgabe dieser
Gedichte, die er am richtigsten einen R e v o l u t i o n s - A l m a n a c h
nennen könnte, den Weg der Pränumeration[51] einzuschlagen, welche
von heute bis Ende Hornungs[52] offen bleiben soll. Die Liebhaber einer

51 —— Vorausbestellung.
52 —— Februar.

Gedichtesammlung, von der mehrere verständige Kunstrichter ein sehr günstiges Urtheil gefällt haben, die auch bereits die Censur passiert hat, wenden sich mit 1 fl. 30 kr. Vorausbezahlung gegen Empfangschein, in Zürich an den Verleger der Bürklischen Zeitung, oder an Näf, Buchdruker an der Hofgass; in Winterthur an die Steinersche Buchhandlung; in Bern an Anton Ochs; in Basel an Jakob Flik; in Luzern an Anich und Comp.; in St. Gallen an Huber und Comp.; in Herisau an Buchbinder Schäffer; in Schaffhausen an Buchbinder Wüscher; in Wyl an Kaufmann Kayser und in Weinfelden an Buchbinder Bornhauser.

Dieser fast 300 Seiten starke Band beginnt – reichlich artfremd für ein Poesie-Buch, doch erklärbar angesichts des Jakob zuvor auferlegten Publikationsverbots für politische Texte – mit einem längeren Vorspann bestehend aus theoretischen Erwägungen über den Verlauf von Revolutionen, deren Erfolg aus Jakobs Sicht kausal vom Grad der inneren Vorbereitung einer Gesellschaft bzw. ihrer unerzwungenen Bereitschaft zur Veränderung abhängt. Der so Urteilende muss sich schon relativ früh mit politischer Analyse beschäftigt haben, wohl bevor die Pariser Revolutionswirren zu einer ganz Europa erfassenden Expansionswelle ausarteten. Im Revolutionsjahr 1789 war er als achtzehnjähriger Jungstudent durchaus in der Lage gewesen, das turbulente Geschehen im benachbarten Frankreich auf sich einwirken zu lassen und daraus erste Einsichten zu gewinnen. Als die Wucht der Umwälzung neun Jahre später auch die Schweiz erfasste, schien er jedenfalls auf die gedankliche Auseinandersetzung mit den Ereignissen gründlich vorbereitet gewesen zu sein.[53]

Typische Themen der auf diese theoretische Einleitung folgenden Gedichte sind der Opportunismus, das unbedachte Mitläufertum, der ruppige Populismus, der politische Dilettantismus, das leichtfertige Plakatieren mit täuschenden Symbolen, das Schönreden von riskanten Neuerungen, die zu späte Einsicht der Verantwortlichen usw., also Inhalte, welche Jakob auch in seinem ausführlich im nächsten Kapitel zu besprechenden Wochenblatt poetisch aufbereitet hatte. Hier eine Auswahl:

---

53 —— Dazu ausführlich KAP. 3.5, p. 120 ff.

Volkesliebe

Von Volkesliebe ist der Publizist erglüht.
»Für Volksglück« – schreit er – »muss man Alles wagen!«
Sein Eifer rastet nicht, bis dieses Volksglück blüht.
Wer ist das Volk? – Sein Säckel und sein Magen.

Der Patriot[54]

In seinem Herzen ist kein Muth;
es wallt in ihm kein Schweizerblut,
und vor dem Feinde würd er furchtsam weichen.
Doch möcht er sich den Patriotenruf erschleichen.

Was macht er nun? Er hilft sich gut:
Steckt die Kokarde an den Hut,
und weil es ihm am Innern fehlt,
so prangt er mit dem Zeichen.

Mittel, ein neumodischer Schweizer-Patriot zu werden

Verkauf um Ehr und Geld das Vaterland dem Feind,
täusch' um sein Recht das Volk, verrathe deinen Freund,
schwing kenntnislos dich an des Staates Steuer,
zertrümmr' am Fels sein Schiff, entflamm der Zweytracht Feuer,
begehr Entschädigung verdienter Schmach und Noth,
brich Eyd und Ehr und Pflicht, – so bist du Patriot.

Die Veränderung

Der Bürger Jakob Bildermann
war traun – ein Patriot,
nun, da er nicht mehr zahlen kann,
ist er politisch tot;
und trägt zu seines Hauses Heil
auch noch den Patriotismus feil.

54 ——Patrioten nannten sich die für den helvetischen Zentralstaat eintretenden Anhänger der Revolution; dazu KAP. 2, p. 21.

Auf die Schweizer

Wir Schweizer waren dumm, seit bald vierhundert Jahren.
Noch heut zu Tage sind wir Maulwurfsblind.
Wir wussten nicht, dass wir so lange Sklaven waren,
und fühlen nicht wie frey wir itzo sind.

Popularität

Die Popularität – was ist sie?, hör' ich streiten.
Es ist natürliche, ist Volksberedtsamkeit. –
Man übersetzt diess Wort in aufgeklärten Zeiten,
in Red und That durch P ö b e l h a f t i g k e i t.

Vaterlandsfeste

Wollt ihr zu hehren Gefühlen
die Menschen erheben,
so ordnet,
unter Musik und Gesang,
Vaterlandsfeste für sie,
denn bey gebratenen Würsten
und bey gefülltem Pokale
schlügen den Feind sie auf's Haupt,
könnten sie alle noch gehen.

Schweizer – Freyheit

Der Väter Freyheit war gewiss ein Traum;
es fehlte ihnen viel:
der bunte F r e y h e i t s b a u m !

Nachreu

»Zur Freyheit sind wir ja geboren«,
war Tausenden ihr Lieblingswort!
Nun da sie viel dabey verloren,
so laufen sie von Ort zu Ort,
und klagen ihre Mutter an,
dass sie nicht recht gebären kann.

Die Mutter Republik (1798)

Zum Kinderzeugen mag sie freilich wohl,
doch schlecht zu einer guten Mutter taugen.
Statt dass die Mutter Kinder säugen soll,
kommt sie, aus ihnen Nahrungsmilch zu saugen.

Nachdenklich stimmt zum Schluss des Bandes ein nicht enden wollendes *Sendschreiben an einen jungen Dichter – 1802*, worin Jakob ausführlich Anleitung für kunstvolle Lyrik erteilt. Er lässt hier einmal mehr seine profunden Kenntnisse der antiken Literatur glänzen und greift tief in die mythologische Mottenkiste mit dem schliesslichen Ratschlag, dann doch nicht nur daraus zu schöpfen, überhaupt seinem Beispiel nicht zu folgen! – Vergleicht man dieses ›Lehrstück‹ mit Jakobs lyrischem Gesamtwerk, so nimmt es sich geradezu wie Selbstkritik aus. Da moniert er in dem nicht immer ganz sauber gereimten und getakteten, überreichlich langen und scheinbar eher hastig vor der Drucklegung produzierten Erguss, dass man sich kurz halten, sich insbesondere nicht übereilt vom Drang plötzlich aufkeimender Gefühle leiten lassen, sondern lange – mindestens neun Jahre (!) – an einem Gedicht feilen soll. Auch wäre es ratsam, mit ernsthafter Dichterei erst im Alter von 40 Jahren zu beginnen, verkündet der damals 31 Jahre alte ›Mentor‹. Man darf hier wohl Beschäftigungstherapie im Modus *tongue-in-cheek* eines seit einem Jahr auf seinen Gemeindebezirk *Bannisierten,* der politischen Schriftstellerei Entzogenen, doch angriffiger Schwärmerei noch längst nicht Abgeneigten vermuten, wohl aber auch Kompensation für ein verwundetes Selbstwertgefühl angesichts der vorangegangenen Gerichtsprozesse auf allen Instanzenebenen. Gleichwohl beeindruckt der elegische Schwung, mit welchem er an diesem Punkt offensichtlich den Abschluss seiner *agitatorischen Lebensphase* zu verarbeiten sucht – nota bene nach über hundert, meist politisch gepfefferten Gedichten im gleichen Band.

Sendschreiben an einen jungen Dichter (1802)

Würd jeder Jüngling seine Kräfte fragen,
eh' auf Parnassens Höh'n er sich will wagen;
der Dichter Heerde würde freilich klein,
im Vaterlande kaum ein Duzend seyn.

Nicht schöpfrisches Genie ist wildes Feuer,
und Wahnsinn nicht ein Ruf zu Pindars[55] Leyer,
ein grauses Chaos ist die Ode nicht,
in welcher Fieberglut in Versen spricht.

Den Gram, der uns verzehrt, in Reimen auszudrücken,
sich mit Tibulls,[56] Properzens[57] Federn schmücken,
und athmen Wehmut nur, und nur Melancholie,
waynt Phillis[58] auch dabey – ist noch nicht Elegie.

Zu Plaudern viel, von Thirsis[59] und Damönten,[60]
und glauben, Dorfschallmey'n sey'n Hirtenflöten,
noch ist's Idylle nicht – sey's auch Natur!
Der Rabe krächzt auch aus Naturtrieb nur.

Von Helden, Furien, Dämonen, Wunderdingen
in Hexametern holpricht wegzusingen,
bis spät ein Gott den Knoten haut entzwey,
glaubt ihr, dass dies schon Epopee[61] sey?

Leicht wird ein Jüngling sich Theaterdichter wähnen,
mag auch das Publikum bey seinem Lustspiel gähnen,
ihm hat es Freude doch, als er es schuff, gemacht.
Aus vollem Halse hat er über – sich – gelacht.

In Roms und Griechenlands Geschichten fleissig wühlen,
aus dieser Mine Stoff zu hohen Trauerspielen
zu graben, – kleiden ihn in aufgeduns'nen Styl,
heisst diess Cothurn?[62] Ist diess genug zum Trauerspiel?

In leichtem Schleyer nur erzählen Schlüpfrigkeiten,
der Wollust süsses Gift in Kopf und Herz verbreiten,

---

55 —— Pindaros, griechischer Dichter im 5. Jh. v. Chr.

56 —— Albius Tibullus, römischer Elegiendichter im 1. Jh. v. Chr.

57 —— Sextus Propertius, römischer Elegiendichter im 1. Jh. v. Chr.

58 —— Phyllis (griechisch Φυλλίς *phullís*, Blatt, Laub, Blütenblatt); Mädchenfigur, die sich aus Kummer erhängte und zum Mandelbaum wurde.

59 —— Titelfigur in einer Idylle des Theokrit von Syrakus aus dem 3. Jh. v. Chr.

60 —— Keine Angaben für genauere Identifikation.

61 —— Von griechisch ἔπος *epos*, französisch *épopée*, Epos, Gesang.

62 —— Von griechisch κόθορνος *kóthornos*, Kothurn, ein von Tragödiendarstellern getragener Schaftstiefel; auch Bezeichnung für einen Vortragsstil (*auf hohem Kothurn einhergehen*, in tragischem Pathos reden).

entflammen lichterloh der Jugend Phantasie, –
noch ist diess alles nicht Fontainisches[63] Genie.

Die Thiere dummes Zeug, wie Menschen, reden lassen,
um einen Kieselstein in Fichtenholz zu fassen;
wenn Thier und Mensch auch schon in Reimen spricht,
noch keine Fabel ist ein solch Gedicht.

Mit einer Sylvia,[64] mit Galathee[65] der Spröden
von Treue, Zärtlichkeit und Liebesqualen reden;
und wenn auch hier und dort Empfindung glüht,
diess nennt man noch kein klassisch Lied.

Apoll und Musen, ach, Dich mögen sie bewahren
vor Dichter-Eitelkeit! Flieg in den Jünglingsjahren
nicht allzuhoch empor der Sonne zu,
und denk' an Icars[66] Fall! – Bescheidner fliege du!

Zur Ode spanne nicht zu früh die schwache Leyer!
Die Ode fordert mehr als nur Gefühl und Feuer.
Sie fordert dauernde Begeisterung,
Philosophie, und nicht bloss Adlerschwung.

Dir rat ich nicht, in deinen Frühlingstagen
mit Witz und Laune nur ans Lustspiel dich zu wagen.
Wer vierzig Jahre lang die Welt geseh'n,
nur der darf in Thaliens[67] Schule geh'n.

Im Trauerspiele mag's dir eh gelingen,
des Helden Schicksal kann dein Herz durchdringen.
Wenn dein Gefühl zum Parterr glühend spricht,
dann achtet es der kleinen Fehler nicht.

---

63 —— Jean de La Fontaine (1621–1695), bekannter französischer Fabeldichter.
64 —— *Sylvia*, Waldgöttin, auch Inbegriff einer Liebenden in italienischen Komödien ab dem 16. Jahrhundert.
65 —— *Galathea*, mythologische Figur einer Nymphe, im 18. Jh. als Statue des Zyprers Pygmalion dargestellt, die zum Leben erwacht, als er sich in sein Werk verliebt, ihn dann aber ablehnt.
66 —— Anspielung an den Mythos von Ikarus, der mit selbstgemachten Flügeln der Sonne zu nahe kam und abstürzte.
67 —— *Thaleia*, die Grünende, die Spriessende, Muse der Kommödianten.

Nie blende dich der Glanz der Epopeen,[68]
Leicht schwindelt unser Kopf auf allzusteilen Höhen;
merk das Oracul dir, das Flaccus[69] spricht:
»Neun Jahre lang gefeilt werd' ein Gedicht«!

Geh, weid' auf stiller Flur an Schäferscenen
dein weichgeschaffnes Herz; – Entlockt dir Thränen
des Freundes früher Tod, – Melancholie
stimmt unvermerkt dein Herz zur Elegie.

Auch die Epistel, Freund, kann dir gelingen,
drin sollst du deinen Witz und Lebensweisheit bringen;
mit Britten-Laune würze sie,
und attisch Salz diess spare nie!

Wird eine Chloë[70] dir, und eine Phyllis[71] blühen,
und wird für ihren Reiz dein zärtlich Herz entglühen;
dann, Jüngling, sing ein zärtlich Lied,
das ihren Busen schmelzt, und wie die Flamme glüht.

Willst du die Thoren gern und Bösewichter necken,
so mag dein kühner Witz wohl Sinngedichte hecken,
doch sey dein Witz ein Edelstein,
dein Styl, fass ihn mit Perlen ein.

Auch magst du dich ins Feld der sanften Fabel wagen,
die Wahrheit im Gewand der Dichtung spielend sagen,
doch nicht zu dünn und nicht zu dick
bedeck' ein Schleyer ihr Gesicht!

Ein Märchen hör ich auch den Dichter gern erzählen,
doch Unschuld, Laune, Witz nur sollen es beseelen.
Ein Märchen, das uns Wollust lehrt,
ein Gift ist's, das das Herz verzehrt.

---

68 —— Epos, Epopöa – von griechisch epein (sagen); Ausspruch, umfangreiche Rede.
69 —— Gaius Valerius Flaccus, römischer Dichter im 1. Jahrhundert.
70 —— Synonym für die griechische Demeter, Göttin des Blühens und des Wachstums.
71 —— Mythologische Verkörperung der treuen Gattin, die vergeblich auf die Rückkehr ihres Mannes Demophon, des damaligen Königs von Athen, vom Trojanischen Krieg wartet.

Zum Dichten sollst du nie dich, Jüngling, zwingen;
strömt Hippocrene[72] nicht, hör auf zu singen.
Nach munterm Witz und Laune jage nie,
quält dich die Furie Hypochondrie!

Erwarte still der Muse Schäferstunde,
dann flösst dir eine glückliche Secunde
Gedanken, Worte, Bilder ein,
die Jahre lang dir nicht gedieh'n.

Lass dein Gedicht oft schlafen, niemals eile!
Schneid öfters weg, und scheue nicht die Feile!
Den Dichter soll die Zeit nicht reu'n,
will er sein Lied der Nachwelt leih'n.

Stets gebe die Vernunft dem Autor stolz Gesetze!
Bevölkert sind der Dichter erste Plätze.
Der zweyte, dritte Platz schickt sich –
zu edel fühlst du, – nicht für dich.

Sing nicht als Greis, zu leise tönt die Kehle,
sieh, wenig Monate singt Philomele,[73]
da durch das ganze Jahr der Rabe krächzt und schreyt.
Ein Ballen Verse dringt nicht zur Unsterblichkeit.

Vergiss nicht, Jüngling, meine treuen Lehren!
Gelassen wirst du sie vom Freunde hören.
Jedoch, so klug mein Herz auch spricht,
so folge meinem Beyspiel nicht!

Im Januar 1843, wenige Monate vor seinem Lebensende, veröffentlichte der damals bereits bettlägrige Jakob noch einmal einen Gedichtband, betitelt *Poesien im Gewande des Ernstes und des Scherzes*. Dies geschah auf Anregung und mit der Hilfe seines Bieler Freundes Joh. Conrad Appenzeller, der auch das Vorwort beisteuerte:

---

72 ——Die *Hippocrene*, griechisch ›Pferdequelle‹, soll auf dem Musenberg Helikon durch einen Hufschlag des geflügelten Dichterpferdes *Pegasos* entstanden sein und mit ihrem Wasser die Musen inspiriert haben.
73 ——*Philomele:* Tragische Figur in einem Spiel des römischen Dichters Ovid, wo sie letztlich in eine Nachtigall verwandelt wird.

Vorwort
von J. C. Appenzeller

Einem Greisen, dessen Leben in eine so reiche Zeit der mannigfaltigs-
ten Ereignisse fiel, ist es wohl zu verzeihen, wenn er, von Freunden und
Gönnern dazu aufgefordert, am Abend seines irdischen Daseins in länd-
licher Stille und Abgezogenheit, die Bilder noch sammelte und ordnete,
die in seiner inneren Welt unvergängliche Eindrücke hinterliessen und
die er bei ihrer ersten Erscheinung, meist in augenblicklichen poetischen
Ergüssen, darstellte. Für die Altersgenossen des Herrn Verfassers sind es
denkwürdige Erinnerungen aus früheren Verhältnissen, grösstentheils
einem engern Kreise enthoben – dürften aber auch für das gegenwärtige
Geschlecht manches Anziehende enthalten, da sie uns bald die ernste,
bald die heitere, dann wieder die sinnige und launische Muse vorführen,
deren Schöpfungen sie sind.

Mögen sie recht viele Freunde und billige Beurtheiler finden, da sie
in ihrer Anspruchslosigkeit zunächst dem schweizerischen Vaterlande
angehören und, als Spätblumen zu einem Strausse gebunden, in diesen
winterlichen Tagen der theuern Heimat vom Verfasser gleichsam zum
Abschiedsgruss dargeboten werden.

In der Tat begegnet man in dieser letzten Sammlung von Gedichten aus
Jakobs Feder einmal mehr seinem stets ironisierenden Humor, mit dem
er letztlich selbst dem nicht mehr fernen Tod ins Auge blickt; man entdeckt aber auch das früheste seiner lyrischen Bekenntnisse, das er mit
siebzehn Jahren in ausdrucksstarken siebenzeiligen Strophen zu noch
vorrevolutionärer Zeit geschrieben hatte. Erstmals finden sich in der
Folge nun auch Themen aus dem bisher kaum je von ihm angesprochenen Familienleben.[74] Gleich am Anfang widmet Jakob, der selbst vier
seiner elf Kinder im frühesten Alter sterben sah, dem engen Freund
Appenzeller ergreifende Zeilen aus gleichem, traurigem Anlass: der
Beerdigung seines jüngsten Töchterchens.

An Joh. Conrad Appenzeller

Der Leiche folgend das Herz Dir bebt,
und schaur't, da man das Todte begräbt,

---

74 —— Siehe dazu KAP. 4.4, p. 211 ff.

der Staub sich mit dem Staube verwebt,
die Erde fest an der Erde klebt.
Doch fühle, wie deine Brust sich hebt!
Das Leben siegend dem Tod entstrebt,
der Geist hoch über den Sternen schwebt,
zum Kinder-Himmel empor sich hebt,
ein Engel das Lichtgewand ihm webt,
und Jesus dir ruft: »Dein Mägdlein lebt!«

An mein Vaterland (1788)

Mütterliches Land,
Friede dank ich dir und Ruh'.
Tausend Freuden spendest du
mir mit milder Hand.
Darum denk ich dir so gerne,
suche nimmer in der Ferne,
was ich nahe fand.

Land, aus deinem Schooss
schöpf ich Segen mancherlei,
und mit wahrer Muttertreu
zogest du mich gross.
Wenn ich selbst mir eine Stätte
auf der Welt zu wählen hätte,
träfe dich mein Loos.

Schön ist die Natur,
schön ist Gottes Welt;
doch vor allem mir gefällt,
Ländchen, deine Flur.
Seh ich doch, wohin ich blicke,
meines Schöpfers Meisterstücke,
seiner Allmacht Spur.

Fern von leerem Tand
zeigst du mir das wahre Glück,
führst mich in mich selbst zurück,
lehrst mit eigner Hand
mich das Glück des Lebens gründen,

Poesien

im Gewande

des Ernstes und des Scherzes

aus dem

Jünglings-, Mannes- und Greisenalter

sorgsam gesichtet und emendirt

von

J. J. Schweizer.

Mit einem Vorworte

von

J. C. Appenzeller.

Bern.

Druck und Verlag von E. A. Jenni, Vater.

1843.

Poesien im Gewande des Ernstes und des Scherzes
aus dem Jünglings-, Mannes- und Greisenalter, sorgsam
gesichtet und emendirt von J. J. Schweizer, mit einem Vorworte von J. C. Appenzeller, Bern: E. A. Jenni, 1843, Titelseite,
Zentralbibliothek Zürich, 6. UG, ZM 2749.

läss'st mich treue Freunde finden,
knüpfst der Liebe Band.

Mit Zufriedenheit
und mit steter Seelenruh'
lohnest und beglückest du
Fleiss und Frömmigkeit.
Wo nur immer Tugend wohnet,
im Pallast, in Hütten, thronet
Erdenseligkeit.

Liebes Ländchen du,
leb ich wie ich leben soll,
ist mir noch im Tode wohl.
O, der süssen Ruh,
in der Väter Gruft zu gehen,
um mit ihnen aufzustehen:
Decket immer zu!

Bald darauf gerät nun aber die heile Welt des heimatbegeisterten Jakob total aus den Fugen, indem im Nachbarland Frankreich die Revolution ausbricht und das Revolutionsfieber mit kriegerischer Wucht endlich auch die Schweiz durchschüttelt. Während Jakob anfänglich darin noch Stoff für elegische, bisweilen gar derbe Strophen ausmacht und dazu gern ins Reich der Tierfabeln ausweicht, hat er doch die bevorstehende Verknechtung seiner Heimat schon um Jahre vorausgeahnt – und das im Alter von 21 Jahren! Das Gedicht *Des Löwen Bündnis mit dem Schäferhunde* nimmt sich geradezu hellseherisch aus: eine Vorwarnung auf den für die Schweiz desaströsen, von Frankreich aufgezwungenen Offensiv- und Defensivpakt von 1798, durch welchen sie ihre Neutralität preisgab und prompt zum Kriegsschauplatz wurde.

Des Löwen Bündnis mit dem Schäferhunde (1792)

Ein Löwe überfiel den schwachen Schäferhund.
Er sprach zum Bebenden: »Ich schenke dir das Leben,
und trete noch sogar mit dir in einen Bund,
doch musst du jeden Tag mir einen Hammel geben.
Du weisst, dass mir das Fleisch behagt.

Du gehst sodann auf meine Jagd,
bringst mir den Raub und kriechst zu meinen Füssen,
wirst stets mir zu Gebote steh'n,
dich ganz nach meinem Willen dreh'n,
den Staub von meiner Mähne küssen,
und nur mit meinen Augen seh'n.
Nun, willst du dieses Bündnis schliessen?«

Dem Hund war Noth, es einzugehen,
wie konnt' er anders? Aus den Klauen
des Starken rettet sich der Schwache, wie er kann.
Der König pries nun im Vertrauen
dem hochgesinnten Rüsselmann
die Grossmuth dieser That und seinen weisen Plan,
den armen Schäferhund mit Fesseln zu umwinden.

»Ich kann,« sprach dieser, »hier nichts Edles finden.
Die Allianz bringt Beiden wenig Ehr',
dem Hund, weil ihn die Furcht zu diesem Bund gezwungen,
doch, Löwe, dir noch weniger,
weil ein so grosser, starker Herr
ein solches Gräuelband dem Schwachen aufgezwungen.«

Der Friedensengel an den Sänger der Liebe (1798)

Lass sie ruhn in ihrer stillen Kammer,
die ein süsser Schlummer noch erquickt.
Glücklich, wen nicht Angstgeschrei und Jammer,
nicht des Lebens Bürde niederdrückt!

Wähnest du zur Freude sie zu wecken?
Ach! – Und Mavors[75] eilt in vollem Lauf.
Fliehe Sänger! Kriegeslieder schrecken
Schlafende aus wilden Träumen auf.

Siehst du seines Fusstritts grause Spuren?
Sie zertreten jedes Erdenglück.
Und der Friede weicht aus diesen Fluren,
flüchtet ins Elysium zurück.

---

75 —— *Mavors*, identisch mit dem Kriegsgott *Mars*.

Klage nicht! Der Herr hat's so beschieden,
Er, der Himmel schuf, die Erde hält.
Gott ist Herr! Er ist's der Krieg und Frieden
giebt. Er thue was Ihm wohlgefällt!

Geh, entlocke bange Trauertöne
deiner Harfe, und das Schlachtgewühl
heule nach! Dein zartes Ohr gewöhne
an des Kriegshorns fürchterlich Gebrüll!

Deine Helden, lass sie kämpfen, bluten,
röcheln auf dem blutbespritzten Wall.
Singe dann vom überwundnen Guten
und beweine laut der Edlen Fall.

Doch, ermuntre dich! Die Leidenstage
kürzt der Herr dem frommen Dulder ab,
und der unterdrückten Unschuld Klage –
bald verhallt sie in dem stillen Grab.

Leichter Staub wird die Gebeine decken
der gefall'nen Helden. Gottes Sohn
wird mit seinem Ruf sie wieder wecken,
alle schmücken mit der Siegerkron'!

Sänger, aus dem grausen Schlachtgetümmel
steigst mit ihnen du zum höhern Chor,
und mit Engelharfen steigt im Himmel
lauter Jubelsang zu Gott empor!

Die neu-helvetische Centralität (1798)

Der Storch ist da. – So hört nun, wie er klappert,
von Freiheit, Gleichheit patriotisch plappert,
und wälsche Lehren, aus Paris gebracht,
in offner Sitzung kund dem Volke macht.

Doch heisst es bald: Der Abschiedstag ist da.
Dann fliegt ein Schwarm ins heisse Afrika,[76]

---

76 —— Anspielung auf den letztlich gescheiterten napoleonischen Ägyptenfeldzug von
1798/99.

indess' Beherzte überwintern,
und sich die Schnäbel stecken in den H......n.

Wer diesen Bund, vom Einheitssinn durchdrungen,
in e i n e m Ring sieht untheilbar verschlungen,
der schaut entzückt in solcher runder Haltung
das Bild der festesten Central-Gestaltung.

Zwanzig Jahre später: Die Jakob noch immer vorschwebende Vision einer aus weitgehend selbständigen Kantonen bestehenden, aber gleichwohl nach aussen geeinten Schweiz, der sich die Politik in nach-napoleonischer Zeit endlich ungehindert zuwenden konnte, bringt er nun in einem vom Werden des Aareflusses inspirierten Fünfzeiler zu poetisch sowie darstellerisch hochkarätigem Ausdruck. Dem lässt er ein zweites, aus der gleichen Erlebniswelt schöpfendes Kurzgedicht folgen, diesmal als Dialog mit der eigenen Vergangenheit, wo er auch seine nunmehrige Sprachlosigkeit – als die ihm auferlegte politische Abstinenz zu verstehen – benennt und wo zudem zwei für den ihn prägenden Zeitgeist so charakteristische Begriffe vorkommen: *Sturm* und *Drang*! Beide Einträge sind während seines Wirkens in Guttannen (1821–25) entstanden, von wo aus sich der Ursprung des mächtigen Flusses in weiterer Umgebung erkunden lässt.

An die fünf Urquellen der Aare

Schwesterchen, trennet euch nicht.
Den Getrennten fehlt Hochsinn und Thatkraft.
Einmuth stählet den Arm. Fliesset zusammen in Eins!
Aarbäche sind nichts; doch Einer ist mächtig, – der Aar-Strom.
Schweizer sind zwanzig und zwei, aber nur E i n e – die S c h w e i z.

Am Aarfall auf der Handeck

Wie da Woge auf Woge,
so thürmt sich Gedank' auf Gedanken.
und das starke Gefühl drängt das noch stärkere fort.
In mir braust es und stürmt,
und hinab sinkt mein Selbst in den Abgrund. –
Wieder kommt Geist und Gefühl,
aber die Sprache nicht mehr.

Wie schon in den früheren Gedichtsammlungen von 1801 und 1802 finden sich auch in diesem letzten Band – auf den Punkt gebracht – teils neckische, teils bittere Lebensweisheiten, wobei Jakob sein eigenes Geschlecht, selbst seinen Berufsstand nicht verschont:

Subordination
> *»Schweig! Der Mann ist das H a u p t des untergeordneten Weibes.«*
> *»Richtig! Je-dennoch der H a l s dreht nach Belieben den Kopf!«*

Ehre wem Ehre gebührt
> *»Seine Gemahlin nimmt doch Herr Jost zur Messe nach Bern mit?«*
> *»Umgekehrt! Madame bringt mit sich zu Markte Herrn Jost.«*

Die theure Heerde
> *»Theur' erkaufte Seelen«, spricht immer der Hirt zu der Heerde.*
> *Nämlich er hat für die Pfrund tausend Dublonen bezahlt.*

Die Selbstverbesserung
> *Die Dorfgemeinde klagte*
> *den Pfarrer an und sagte,*
> *verlangend seinen Sturz:*
> *»Er predigt gut, doch kurz.«*
> *D'rauf hielt der Herr Dekan*
> *zur Besserung ihn an.*
> *Jetzt macht er's Allen recht:*
> *Er predigt lang und schlecht.*

Der Brand der Erde
> *Um das Dogma fester zu begründen,*
> *dass der Erdball sich dereinst entzünden*
> *und in grausem Brande schmelzen werde,*
> *liess man in dem Innersten der Erde*
> *Feuermassen, gleich Vulkanen, wüthen,*
> *die schon sechs Jahrtausend'[77] siedend glühten*
> *und dem Ausbruch immer näher kommen.*
> *Glaubt dies weiter nicht, ihr lieben Frommen!*

---

77 —— Zu Jakobs Lebzeiten galt als Alter der Welt allgemein eine aufgrund biblischer Generationenfolgen berechnete Spanne von rund 6000 Jahren bis dato.

Zum Erdebrand wofür noch ein Vulkan?
Die Menschen zünden sie schon selber an.

Zweifels Lösung

»Rede vom Ewigen nicht! Ein undurchdringlicher Schleier
deckt in grausender Nacht jenseits das endlose Nichts.«
»Thor, der Vorhang wird erst beim Beginn des Schauspiels eröffnet,
plötzlich im blendendsten Licht lacht uns die herrlichste Welt.«

Unter das Bild zweier Advokaten

Sieh da zwei Rechtsgelehrte! Sie wissen rechtlich, was Recht ist.
Beide wären ganz recht, gäben dem Rechten sie recht.

Weitere süffisante Zweizeiler aus dem Abschnitt *Sinngedichte in Gassen-liedchen:*

»Wache! Das Weltende kommt. Auf dem Stege tanzen die Frösche.«
»Nicht doch! Am Ende der Welt tanzt auf den Fröschen der Steg.«

»Kuppler, wie reimt's sich? Dein Röschen, die Nätherin, ehlicht den Schuster.«
»Er misst den K u n d e n die Schuh', sie die Pantoffeln i h m an.«

»Lass mich, Wächter, zum Spass die nächtlichen Stunden heut' rufen.«
»Lieber bei Tage, Herr Fein. Nachts ist Ihr Ruf allzu schlecht.«

Der vorletzte Eintrag des emsigen Poeten stammt aus dem Jahr 1840 und ist – so seine eigene Angabe – vom *70-jährigen Greis an seinen Arzt* gerichtet.

Gesundheits-Bülletin

Mein Herr! Ich bin ganz wohlgemuth.
Das kalte Wasser thut mir gut.
Der Athem geht nun wieder leicht,
auch ist der zähe Schleim erweicht.
Der Lungenflügel dicke Krust'
entsprüht der frisch gewaschnen Brust.
Ich spüre nicht mehr Fieberhitz'
und habe täglich meinen Sitz.

Schliess ich des Nachts die Augen zu,
schlaf ich in langer, süsser Ruh,
und wenn am Morgen ich erwach,
ertönt kein lautes Weh und Ach!
Dann spring ich überall herum,
bin nicht mehr wie ein Fischchen stumm.
Ich singe wie die Cherubim
und predige mit lauter Stimm,
dass alle Stühle, die mich seh'n,
selbst taube Ohren mich versteh'n.

Und wann der Sermon ist vollbracht,
die schlafende Gemeind' erwacht,
leis gähnend: »Der hat's gut gemacht!«
D'rauf setz' ich mich zum Mittagsschmaus,
hohnlächelnd über Doktor Strauss,[78]
dess' siedend heisse Seelenspeis'
in Zürich schnell gefror zum Eis.

Pastetenteig mir besser thut,
auch ist gebrat'ner Kalbskopf gut.
Geschabner Käs mit Leberwurst
stillt meinen Hunger, für den Durst
schenk ich vom besten Rhonewein
mir täglich ein paar Gläschen ein,
daneben ich nach altem Brauch
mein Pfeifchen wohlbehaglich schmauch.

Mein ganz Vertrau'n bis auf die Letz
auf dich, mein theurer Arzt ich setz!
Dank dir für deinen klugen Rath,
fürtrefflichster Homöopath!

Sprichst du nun bald zu mir: »Das End'
ist nah', mach's Testament!
Die Mittel alle sind verbraucht;

---

78 —— Gemeint ist der freidenkerische Theologe David Friedrich Strauss, die zentrale
Figur im sog. *Straussenhandel*, der 1839 in Zürich zu dem als *Züriputsch* bekannt gewordenen Umsturz geführt hatte. Jakobs Sohn Alexander sass während dieser gravierenden Staatskrise im Zürcher Parlament, wo er, allerdings erfolglos, zu vermitteln
suchte.

die Lungen haben ausgehaucht!«
Dann tret ich froh vom Schauplatz ab,
mich flüchtend in das stille Grab.

3.4 POLITISCHER JOURNALISMUS

Im Mai 1800 begann Jakob mit der Herausgabe einer politischen Zeitschrift, die er anfangs *Neues Helvetisches Volksblatt zur Belehrung und Unterhaltung der Bürger* benannte.[79] Im Dezember gleichen Jahres änderte er dann den Titel in *Gemeinnüziges Wochenblatt zur Belehrung und Unterhaltung denkender Bürger,* um damit einen gehobeneren intellektuellen Anspruch anzudeuten, doch nicht zuletzt auch als Reaktion auf richterlichen Tadel wegen der Schärfe seiner politischen Invektiven. Die Redaktion und den Verlag bewältigte Jakob praktisch im Alleingang; er konnte aber auf zahlreiche gleichgesinnte Textlieferanten zählen.

Zur Einführung der neuen Plattform nach einer offenbar gut beim Publikum angekommenen Probenummer, welche auch gerade eine Abschrift seines hier im KAP. 3.6 ausführlich behandelten *Memorials* enthielt, richtete der beherzt startende Herausgeber die folgenden Worte an seine Leserschaft:

An die Leser dieser Wochenschrift

Die gütige Aufnahme des ersten Heftes des H e l v e t i s c h e n V o l k s b l a t t e s und der bisherige ordentliche Absatz desselben, setzt uns in den Stand, die Fortsetzung dieser Schrift zuversichtlich versprechen zu können.

Unstreitig würde schon das erste Heft[80] reichhaltiger und interessanter geworden sein, wenn der Herausgeber nicht durch den weitläufigen Prozess, den er sich seines Memorials halben, zu führen genöthigt sah, und durch eine andere literarische Arbeit[81] wäre gehindert worden, die erforderliche Zeit zu verwenden.

79 —— Zentralbibliothek Zürich, alte Drucke, Gal SP 321 b.
80 —— Die Probenummer.
81 —— Gemeint ist wohl das Epos *Werner von Stanz;* siehe KAP. 3.3, p. 61.

So wie jener Prozess wird geendigt seyn, wird er seine Muse ganz vorzüglich dieser Arbeit widmen, und dafür besorgt seyn, dass alle die verschiedenen Klassen seiner Leser befriedigt werden. Er darf umso mehr versprechen, dass diese Zeitschrift in der Fortsetzung an Interesse und Inhalt gewinnen werde, je grösser die Zahl der aufgeklärten und Vaterländischen Freunde ist, welche sich anheischig gemacht haben Beyträge zu liefern, die dem bekannten Zwecke des Volksblattes entsprechen.

Indem ich hier den genannten und ungenannten Verfassern einzelner Aufsätze meinen aufrichtigen Dank zolle, lade ich sie auch zu fortgesetzten Arbeiten ein, mit dem doppelten Ansinnen, dass ich bei diesem Werke einzig die Bildung des Volkes und den Nutzen des Ganzen im Auge habe, und dass der etwannige Ertrag, der dabey herauskommen dürfte, entweder durch mich selbst oder durch die Mitarbeiter einzig zum Besten der Armen solle verwendet werden, worüber ich den Teilnehmern dieser Schrift gehörige Rechnung geben werde. Diese letztere Rücksicht mag vielleicht einige wohldenkende Menschenfreunde bewegen, für die weitere Verbreitung dieser Blätter möglichst besorgt zu seyn, welches ich nur auf den Fall wünsche, wenn die Arbeit selbst den Erwartungen des Publikums entspricht. [...]

Embrach, 12. VII. 1800

J. S c h w e i z e r

P f a r r e r

Mit schon etwas mehr Erfahrung als Herausgeber fügte Jakob dann der zweiten, im September 1800 erscheinenden Auslieferung einen bedeutungsvolleren Vorspann bei:

Mehrere Versuche und Erfahrungen haben mich überzeugt, dass es in unserem Vaterland geradezu unmöglich ist, eine S c h r i f t f ü r d a s V o l k zu verfertigen, indem nicht nur keine Mittel vorhanden sind, eine solche in die Hände des Volks zu bringen, sondern auch die wenigsten in der Aufklärung so weit fortgeschritten sind, dass sie die Aufsätze einer regelmässigen Zeitschrift gehörig verstehen und benuzen können.

Indem ich also das gegenwärtige Blatt ein V o l k s b l a t t nenne, bitte ich wohl zu bemerken, dass es dem Volke nur mittelbar, eigentlich aber denjenigen aufgeklärten V o l k s f r e u n d e n gewidmet ist, welche in ihrem Wirkungskreise den Anlass finden, von den Unterhaltungen in dieser Schrift einen nützlichen Gebrauch für das Volk zu ma-

chen, und es daraus über seine religiösen, moralischen und politischen
Verhältnisse aufzuklären.

Zunächst also schreibe ich für den aufgeklärten Theil des Publikums – und in dieser Hinsicht werde ich mich fernerhin bestreben, in
Verbindung mit den Mitarbeitern dieser Zeitschrift, die wöchentlichen
Unterhaltungen so interessant wie möglich zu machen, und sie in einer
geschmackvollen Schreibart abzufassen.

An abwechselnden Gerichten, die wohl gewürzet und schmackhaft
sind, soll es unseren Gästen auch künftighin nicht mangeln.

Ich lade sie zu fernerm, gütigem Zuspruch an meine Tafel ein, und
werde nach Beziehung der Uerte[82] durch meinen Tafeldecker, veranstal-
ten, dass auch die Armen, welche auf die Brosamen warten, die übrig
bleiben, nicht ungesättigt wegkommen. Einen Beytrag im Kleinen haben sie bereits empfangen.

Embrach, im September 1800

J. S c h w e i z e r

P f a r r e r

Beiträge aus nah und fern gab es dann bald in ansehnlicher Zahl. Jakob hatte sich ja vorgenommen, den allfälligen Gewinn aus diesem publizistischen Unternehmen für Wohltätigkeit zu verwenden. Dies gelang
ihm teilweise, mitunter musste er aber auch in die eigene Tasche grei-
fen, um das *Wochenblatt* überleben zu lassen. Ein postalisches Problem
jener Zeit bestand darin, dass unfrankierte Briefe dem Empfänger an-
gelastet wurden, was namentlich bei grösserer Übermittlungsdistanz
ins Gewicht fiel. Jakob gelangte daher mit folgender Notiz an seine po-
tenziellen Zusender:

Bitte des Herausgebers an entferntere Korrespondenten

1. Da von den 4 ersten Heften des Volksblatts der Vorschuss den Armen
zugekommen, und meine Jahresrechnung zeigt, dass ich für Briefporto,
Versendungen etc. mehr als 5 Louis d'or aus dem Meinigen hergeben
musste, ist es denn unbescheiden, wenn ich bitte, dass meine entfern-
teren Korrespondenten mir ihre Briefe f r a n c o nach Zürich überma-
chen mögen?

82 —— *Ürte*, Zechgeld.

2. Da es nicht in meinem Charakter liegt, anvertraute Geheimnisse auszuschwazen oder an einem Freunde treulos zu werden; da ich auch die Verantwortlichkeit jedes einzelnen Aufsatzes in meiner Wochenschrift ganz auf mich nehme; – sollte es denn unbescheiden seyn, wenn ich alle meine Korrespondenten bitte, ihren Briefen und Beyträgen ihren Namen und Wohnort beyzusetzen?

3. Da ich eine Menge Briefe erhalte, deren Inhalt sich lediglich auf Anekdoten beschränkt, als ob ich ein V a d e m e c u m für lustige Leute schreiben wollte, sollte es unbescheiden seyn, wenn ich bitte, all die jenigen Anekdoten bey sich zu behalten, welche irgend Jemanden, wer es auch seyn mag, beleidigen könnten, mir dagegen nur solche mitzutheilen, welche amüsieren, ohne wehe zu thun, besonders aber mir moralisch gute oder patriotische Züge bekannt zu machen?

4. Endlich ersuche ich den ungenannten Einsender einiger trefflichen Fabeln in poetischem Gewande, welche in meine Wochenschrift eingerückt werden sollen, mir die Fortsetzung mitzutheilen, und mir das Vergnügen seiner näheren Bekanntschaft zu verschaffen.

Embrach, 24. Jänner 1801

J. S c h w e i z e r

P f a r r e r

Der Eröffnungsartikel stammte vom angesehenen Leutpriester am Grossmünster und späteren Nachfolger Johann Caspar Lavaters als Diakon am St. Peter, Johann Georg Schulthess.[83] Schulthess benützte diese journalistische Plattform zuerst für eine eingehende Auseinandersetzung mit dem damals in der Luft liegenden Thema, ob die das Land zerrüttende Helvetik als eine Strafe Gottes aufzufassen sei, was Jakob, der ja diesen Artikel bewusst gleich zum Auftakt seines publizistischen Wirkens platzierte, seinerseits immer wieder bejahte. Sein Gesinnungsgenosse Schulthess gab zu diesem Thema gleich einen umfassenden Querschnitt durch die verschiedenen Meinungsgruppen im Land.

---

83 —— Schulthess war auch Präsident der 1768 gegründeten *Ascetischen Gesellschaft in Zürich*, der Jakob seit 1795 angehörte. Sie befasste sich vorab mit praktischen Fragen der Seelsorge, wie z. B. die Betreuung von Strafgefangenen oder die religiöse Anleitung Jugendlicher.

Beleuchtung der Frage: Wer ist Schuld
an unserer unglücklichen Lage?

»Es ist Strafe Gottes, was über unser Vaterland gekommen ist, wir haben es verdient«, sagt mancher Mitbürger im Namen des helvetischen Volkes; aber in welchem Sinne, mit welcher Empfindung? Geschieht es nur, um zu gelegener Zeit ein frommes Wort ertönen zu lassen; oder, da wir uns den Fatalen Schwung der Dinge sonst auf keine Weise erklären können oder wollen, um des weitern Nachdenkens enthoben zu seyn, und keine Rechenschaft ablegen zu müssen; oder weil wir gerne über die Schuld und die Schuldigen wegsehen und darum lieber unsern und andrer Blick auf den Bestrafer wenden; oder wollen wir etwa gar mit geheuchelter Bescheidenheit einen Wink geben, wie unschuldig wir das Unglück mitleiden, das unsere Mitbürger, hauptsächlich aber unsere politischen Gegner über das Vaterland gebracht haben?

Frage einen P a t r i o t e n. Er wird Dir sagen: die Aristokraten sind Schuld daran, welche der segensreichen Umschaffung des Vaterlandes zur Freyheit und Gleichheit, zur Einheit und Untheilbarkeit, sich anfangs öffentlich und nachher heimlich widersetzten, und hierdurch die grosse Nation,[84] welche zu unserer Rettung bestimmt war, nöthigten, einen grossen Theil Helvetiens die Gewalt ihrer Waffen fühlen zu lassen, welche durch ihr Geschrey die Heere der Despoten herbeyruften, und so das Vaterland zum Wahlplatz des blutigsten Krieges machten, welche selbst die Eintracht und Energie der Gesetzgebung und Regierung untergruben, die überhaupt, weil sie nicht mehr herrschen können, lieber wollen, dass alles mit ihnen zu Grund gehe, als dass ihre Mitbürger mit ihnen gleiche Rechte geniessen. Die Pfaffen sind ihre Mitschuldigen, die sehen, dass neben der neuen Ordnung der Dinge das Reich des Aberglaubens und der Finsternis nicht mehr fortdauern kann, und das dumme Volk, ihre Maschiene, welches an dem Alten hängt, die angewöhnten Ketten und verjährten Vorurtheile nicht ablegen will, den ehemaligen noch immer zugethan bleibt, mit einem Wort, keinen Sinn für die göttliche Freyheit hat.

Frage einen A r i s t o k r a t e n. Er wird Dir sagen: die Treulosigkeit und Eidbrüchigkeit, der Undank der Untergebenen ist schuld daran; der aus allzugrossem und langwierigem Wohlstand herrührende Hochmuth, welcher, nicht vergnügt, unter dem Schutz einer gerechten und

---

84 —— Gemeint ist Frankreich, *la Grande Nation.*

milden Regierung in seinem Stande glücklich zu leben, selbst regieren, die wohlerworbenen und angestammten Vorrechte und Güter der regierenden Familien und Städte durch fremde Gewalt an sich reissen wollte.

Frage einen P r e d i g e r, welchem das Interesse und die Ehre seines Standes über alles geht. Er wird dir sagen: der Verfall des häuslichen und öffentlichen Gottesdienstes, die Verminderung unsers Einflusses ist Schuld daran.

Der g e m e i n e M a n n schiebt die Schuld auf die h ö h e r n S t ä n d e, der L a n d m a n n auf die S t ä d t e r.

Keiner von diesen allen giebt Gott und der Wahrheit die Ehre, sondern nur derjenige, welcher aus wahrer Überzeugung, mit aufrichtiger Reue und herzlicher Demuth vor Gott das Bekenntnis ablegt: wir alle, von jedem Stand und Beruf, von allen Partheyen, ich sowohl als jeder andere, sind Schuld daran! Hätten die R e g e n t e n den Charakter des Volkes mehr studirt und beobachtet, die Veränderungen, welche der Strom der Zeiten in seiner Denkens- und Lebensart erzeugte, besser wahrgenommen, die Verfassungen und Gesetze den heutigen Bedürfnissen zu rechter Zeit angepasst, dem Landvolk, unter den nöthigen Bedingungen, alle die Rechte und Freyheiten eröffnet, die, ohne Schaden des Ganzen und ohne Ungerechtigkeit gegen die Städter, ihm zukommen konnten, ja selbst in Monarchien nicht verweigert werden; hätten sie mehr selbst als durch Unterbeamte regiert, nicht selbst dem Dorf-Aristokratismus emporgeholfen, und hingegen wirksame Vorkehrungen getroffen, dass nicht die liegenden Gründe durch Bodenzinse und andere Schulden übermässig belastet würden und die Zahl der Heimathlosen, einzig vom Fabrikverdienst lebenden Einwohner allzusehr wachse; hätten die Regenten mehr Frömmigkeit und Reinigkeit der Sitten gezeigt und strengere Sittenzucht ausgeübt; hätten besonders auch die Kantonsregierungen mit und gegeneinander die Bande der Eidgenossenschaft heiliger gehalten und treuer bewahrt, von Neid und Eifersucht sich weniger bestechen lassen, die Zwistigkeiten eines Kantons gegen den andern, und eines jeden in seinem Innern durch unpartheyische Vermittler und Schiedsrichter zeitig beygelegt, unsern Zeiten und Umständen angepasste, gemeineidgenössische Verfügungen, vornehmlich Kriegsanstalten gegen Angriffe von Aussen gemacht, anstatt dass die meisten Kantone nur auf ihre eigene Sicherheit bedacht waren; hätten sie in den gemeinen Herrschaften die Gerechtigkeit nicht auf die empörendste Weise verkaufen und schänden lassen und ihre Unterthanen so schändlich verwahrloset; hätten sie endlich mehr die gesunde Vernunft, die Redlichkeit, Entschlossenheit, den Edelmuth ihrer Altvordern, als die feinern Künste der neuen Politik in ihren Versammlungen ausgeübt; wären die S t ä d t e r so vernünftig gewesen, die, ihrem Wohlstand mehr schädlichen als vortheilhaften Gewerbs- und Handwerksrechte, Priviliegien und Monopolien aufzugeben, hätten überhaupt die o b e r n und g e b i l d e t e n Classen die vaterländischen Sitten und Gebräuche, die alte Zucht und Ordnung gepflegt, ausländische Moden, Sitten und Maximen nicht so unbesonnen nachgeäfft, und, freylich wider ihren Willen, durch ihr Beyspiel dem gemeinen Volke eingeflösst, hätten sie durch Pracht, Schwelgerey und Üppigkeit, Unkeuschheit und Ruchlo-sigkeit weniger Ärgerniss, Eifersucht und Unmuth erweckt;

hätte hinwieder unser V o l k die Stimme des Gewissens in seiner Brust nicht unverantwortlich erstickt; hätte es seinen augenscheinlich blühenden Wohlstand in Vergleichung mit allen benachbarten Völkern, und den beneidenswürdigen Segen des langwierigsten Friedens von aussen, der Ruhe von innen, mit lebhaftem Dank gegen Gott und seine milde Obrigkeit beherzigt, hätte es nicht den abentheuerlichsten und widerrechtlichsten Hoffnungen Raum gegeben, nicht Menschen sein Vertrauen geschenkt, deren Heillosigkeit und Bosheit es aus eigener Er-fahrung kannte, nicht, wie dummes Vieh, durch jeden Buben sich trei-ben lassen, so wäre es nicht in dieses Elend versunken.

Von den D e m a g o g e n selbst mag ich kein Wort reden, die, wenn nicht eine so grosse Empfänglichkeit und Reitzbarkeit zum Bösen da ge-wesen wäre, dem Volke so wenig würden angewonnen haben, als I n -s e k t e n frischen und gesunden Pflanzen.

Hätte dagegen Sitteneinfalt, Genügsamkeit, Uneigennüzigkeit, Wahrheitsliebe, Billigkeit, Vaterlandsliebe, Eintracht der Kantone un-ter einander, Treue und Anmuth der Bürger zu der Regierung, Vertrauen auf Gott und die gerechte Sache in Helvetien gewaltet – keine Macht der Erde würde es gewagt, geschweige vermocht haben, uns Gesetze vorzuschreiben, kein fremder Krieger, den Schweizerboden zu betreten.

In einem so a l l g e m e i n e n, keine Classe, kein Individuum aus-bedingenden Umfang muss jene Wahrheit verstanden werden: »Es ist Strafe Gottes, was über unser Vaterland gekommen ist; wir haben es verdient.«

Christlicher Prediger! wenn du von den Strafen Gottes, die über un-ser Vaterland gekommen sind, reden willst, so trage diese Wahrheit, dass wir sie verdient haben, in ihrem ganzen, allseitigen Umfang, ohne

*Rückhalt, ohne Schonung irgend einer Parthey und Person vor. Wer das
thut, dem wird kein Aristokraten-Riecher, kein Terrorist etwas anhaben
können, sie werden vor der Macht seines Wortes erbeben. Wer aber dazu
keine Kraft und Entschlossenheit hat, der berühre ja diese Wahrheit gar
nicht mit seinen unreinen Händen. Er gehe lieber und vertausche den
Dienst des göttlichen, ewigen Evangeliums gegen den Dienst des Zeit-
geistes und irgend eines Tagshelden, der mächtig ist und grünet, wie
ein grünender Loorbeerbaum!*

Ein längerer Leitartikel in einem folgenden Heft galt dem aus Frankreich in den schweizerischen Polit-Jargon eingeführten Begriff *Patriot*,
welcher damals emblematisch von der Partei der revolutionär gesinnten helvetischen Erneuerer für sich angewendet wurde. Nach Jakobs
Auffassung hatte der Ausdruck mit grundsätzlicher Vaterlandsliebe
wenig gemein. Er entdeckte darin die – übrigens noch heute Urständ
feiernde – Neigung, mittels importierter Vokabeln, möglichst aus einer
gerade tonangebenden Modesprache, weitreichende Zusammenhänge
plakativ zu vermitteln, dabei aber deren Komplexität zu übertünchen.
Zu Recht witterte Jakob dahinter gar einen frühen Anglizismus in der
deutschen Sprache.[85] Daneben warnte er ebenso eindringlich davor, jemanden schon wegen seiner blossen Parteizugehörigkeit charakterlich
einzustufen. Auch diese Aussage hat noch heute ihre bemerkenswerte
Gültigkeit!

Über den Namen Patriot und Patriotism

*Es scheint ein Kunstgriff der neuern Volksverführer zu seyn, dass sie
eine besondere, aus fremden Sprachen zusammengesuchte Terminologie
oder G a u n e r s p r a c h e eingeführt haben, um die Einfältigen auf
einmal dem Kreise ihrer angewöhnten Ideen zu entrücken, und dann den
neuen Namen, welche anfänglich leere Töne sind, die ihren Absichten
dienlichen Begriffe unterschieben. So bildete man die französische Re-
volutionssprache aus dem Lateinischen und Griechischen, die deutsche
wieder aus dem Französischen. Am seltsamsten ist es, wenn ein Vaterlandsfreund, dem also auch die vaterländische Sprache am allerliebs-*

---

85 ——Im Vorfeld des amerikanischen Unabhängigkeitskriegs, der durch ausbeuteri-
sche Praktiken der britischen Herrscher (u. a. durch hohe Zölle auf Tee aus Indien) aus-
gelöst worden war, rekrutierten die *Patriots* um 1774 ausserhalb von Boston ihre ersten
Milizen (Jagmetti, p. 94; Dalrymple p. 257 f.).

ten seyn sollte, sich selbst mit einem französirten Namen griechischen Ursprungs belegt. Der Religionslehrer und der Staatsmann sollten sich beyde verbinden, keine ausländischen Worte in der Sprache des gemeinen Volks und in populären Reden und Schriften zu dulden, geschweige zu brauchen. Wenn aber ein solches aufgekommen ist oder aufkommen will, so sage man dem Ungelehrten bey jedem Anlass: dieser Name heisst deutsch das und das: P a t r i o t heisst Vaterlandsfreund; P a - t r i o t i s m u s Vaterlands- oder Bürgerliebe u.s.w. Man lache oder spotte über diejenigen, welche die Muttersprache zu wenig verstehen, um Sachen und Personen mit ihrem deutschen Namen zu bezeichnen; und mache das Volk gegen fremde Wörter argwöhnisch, sie seyen nur Staub, welchen man ihnen in die Augen streuen wolle: so wie Leute, die etwas Heimliches hätten, vor ihren Ohren französisch oder welsch sprächen. Dann gebe man ihnen den ächten Begriff eines Vaterlands- liebenden, schildere ihnen denselben mit den reizendsten Farben; man fordere sie auf, jedem, welcher ein Vaterlandsfreund nicht etwa genennt werde, oder gar sich selbst einen solchen heisse, sondern in der That ein solcher sey, zu lieben, zu ehren und nachzuahmen. Aber man empfehle ihnen dabey alle Vorsicht und Behutsamkeit: Nicht ein jeder, welcher sich selbst als einen Vaterlandsfreund ausschreye, oder ausschreyen lasse, sey ein solcher. […]

Vornehmlich warne man vor allen Partheynamen, und bitte, diesel- ben – so schön sie auch klingen – für blosse Losungsworte zu halten; und niemanden nur um desswillen für einen guten oder schlechten Menschen anzusehen, zu lieben oder zu hassen und zu verfolgen, weil er das Glück oder das Unglück hat, zu dieser oder jener Parthey gezählt zu werden; wer den schönern Namen sich selbst angemasst habe, sey darum nicht gerade der Bessere, und wer nur seine Parthey liebe, die Gegenpar- they aber zu verderben und zu zernichten suche, könne weder ein Christ, noch ein Menschenfreund, noch ein Vaterlands- oder Bürgerfreund seyn; ein Vaterlandsfreund meyne es mit allen Ständen und Klassen des Vol- kes wohl, er lasse dem Reichen wie dem Armen, dem Hohen wie dem Niedrigen, dem Städter wie dem Landmann alle Gerechtigkeit angedei- hen, und beobachte jenes Gebot: Was du willst, dass der andere gegen dich thäte, wenn du an seiner Stelle wärest: das sollst du gegen ihn thun.

Ich glaube ein Mittel entdeckt zu haben, den Namen P a t r i o t aus unserem Vaterland zu verbannen. Ich mache mich nehmlich anheischig zu erweisen, dass dieses Wort aus der englischen Sprache in die deut- sche hinübergegangen. Wenn dieses die Neufranken, oder ihre Nachäf-

fer beherzigten, sie würden den Namen P a t r i o t, wie England selbst,
und alles was von England ausgeht, im höchsten Grad verabscheuen und
bey Lebensstrafe verbieten.

Jakob nutzte sein Blatt auch sonst gerne zur Bekanntgabe eigener
Ideen. Kurz nach der folgenreichen Veröffentlichung des *Memorials*[86]
offerierte er der Leserschaft eine ganze Auslegeordnung für die politische Planung, an welcher es damals den hastig bestellten und für
ihre Aufgaben meist unvorbereiteten helvetischen Behörden offenbar
in besonderem Mass gefehlt hatte. Hier äussert sich in beeindrucken-
der Weise Jakobs nunmehr auf alle Staatsgeschäfte ausgerichteter politischer Weitblick, sein Gespür für praktische und organisatorische
Detailfragen, aber auch seine Sorge um Ausgleich zwischen den zer-
strittenen Parteien und gesellschaftlichen Lagern. Sogar Überfrem-
dungsängste machen sich ansatzweise bemerkbar. Im modernen Sinn
geradezu ›ökumenisch‹ erscheinen sein Vorschlag für einen gemein-
eidgenössischen Fest-, Buss- und Danktag sowie die Aufforderung zu
religiöser Toleranz bzw. das Verbot, in Predigten gegen andere Kon-
fessionen zu hetzen – sicherlich handfeste Beiträge zur Überwindung
der konfessionellen Spaltung in der Eidgenossenschaft; diese war ja mit
ein Grund gewesen für die insgesamt kläglich gescheiterte Abwehr der
französischen Invasion.

Sammlung
patriotischer Ideen und Wünsche
aus meinem Porte-Feuille

vom Herausgeber (Sommer 1800)

A.   Im politischen Fach
1.   Ich möchte in jedem Kanton eine Gesellschaft von staatskundigen
Männern errichtet sehen, welche gutächtliche, allgemeine und beson-
dere Vorschläge entwerfen, die bey der Abfassung einzelner Konstitu-
tions-Entwürfe benutzt werden könnten.
2.   Sollten die Männer, welche die allgemeine und die besondern Ver-
fassungen zu entwerfen beauftragt werden, allzugrosse Schwierigkeiten
finden, sodass sie ihre Anzahl mit neuen staatskundigen Gliedern zu

86 —— Ausführlich in KAP. 3.6, p. 134 ff.

vermehren nöthig erachten würden, so wünschte ich, dass man den preussischen Staatsminister D o h m, den ehemaligen französischen Gesandten B a r t h é l é m i und den kayserlichen Geheimen Rath M ü l - l e r von ihren respektiven Behörden sich für einige Zeit zu Mitgehülfen ausbitten würde.

3.   Nothwendigkeit gemeineydgenössischer, patriotischer Gesellschaften wie z. B. ehemal die in S c h i n z n a c h.

B.   Im religiösen, moralischen und wissenschaftlichen Fach

1.   Alljährlicher, gemeineydgenössischer Fest-, Buss- und Danktag.

2.   Allgemeines ernsthaftes Verbott der Kontrovers-Predigten und Gebott, allgemeine, religiöse und politische Toleranz zu lehren.

3.   Nothwendigkeit und vorzügliche Rücksicht auf p r a k t i s c h e n Unterricht und Lehranstalten.

4.   Nüzlichere und für das Leben und die Gesellschaft heilsamere Bestimmung der Klöster in religiösem und politischem Unterricht für die männliche und weibliche Jugend.

5.   Allgemeine Nothwendigkeit einer bessern und zweckmässigern Volksbildung, damit das beabsichtete grosse Werk einer politischen Reformation nicht immer mehr zu Irreligion und Sittenverderbniss stürze.

C.   Im Staat-, Stadt- und Landwirthschaftlichen Fach

1.   Nothwendigkeit der Wiedereinführung der Zehnten und Grundzinse mit der Modifikation, dass solche um einen billigen Tax auskäuflich seyn sollen; und mit der Versicherung, dass bey erforderlichen Volksauflagen die Kapitalien, Fabriken und alle und jede Erwerbearten versteuert werden sollen.

2.   Nutzbarkeit der Errichtung Stadt- und Landwirthschaftlicher Gesellschaften.

3.   Nothwendigkeit eines C o d e H y p o t h e c a i r e für diejenigen Städte etc. die noch nichts dergleichen haben.

4.   Allmählige Errichtung besonderer Kapital-, Banqen- und Feuer-Assecuranzkassen in allen Kantonen.

D.   Im Kunst-, Gewerb- und Handwerksfach

1.   Aufmunterung der Künstler und Handwerker durch Ankauf ihrer Kunstprodukte.

2.   Abschaffung aller kostspieligen Handwerksgebräuche.

3.   Nöthige Rücksicht auf die ausserordentliche Zunahme fremder

Handwerksgesellen, ihres auffallenden Luxus, und ihrer immer mehr suchenden Naturalisation und helvetischen Bürgerrechts.

4. Ankauf einheimischer Manufaktur-Produkte und Verbott aller Impots auf auswärtige Kauffmanns-Waaren, ad imitationem anderer Nationen.

5. Nothwendigkeit eines allgemeinen gleichförmigen Münzfusses, Maasses und Gewichts.

6. Errichtung verschiedener Handlungsgesellschaften zwischen soliden Kaufleuten in den Städten und geschickten Fabrikanten auf dem Land, wie auch Nothwendigkeit wohl angelegter Fabrikhäuser.

E. Im juristischen Fach

1. Nothwendigkeit eines allgemeinen Criminalgesetzbuchs nach einer einfachen Form, nach D a l l b e r g s oder S o d e n s Entwürfen.

2. Verfertigung eines praktischen Handbuchs für Richter, Sachwalter und Notaire, die sich gern wollten belehren lassen.

3. Sammlung von Rechtsfällen, in welchen unsere positiven Gesetzbücher unbestimmt oder mangelhaft erfunden werden, um sie zu verbessern und vollständiger zu machen.

4. Rücksicht auf bessere Bildung der öffentlichen Notairen und des Kanzleystils.

5. Unumgängliche Nothwendigkeit, allen möglichen Bedacht darauf zu nehmen, dem immer mehr einreissenden Schicanen- und Trölergeist zu steuern.

F. Im militärischen Fach

1. Nothwendigkeit einer bessern und gleichförmigern Organisation unserer Landmiliz, und Eintheilung derselben in Füsselier, Grenadier, Kanonier, Jäger zu Fuss und zu Pferd.

2. Organisation der Feldregimenter von 20 bis 30 Jahr mit Mont- und Armatur; der Garnisonsregimenter von 30 bis 45 Jahr mit Armatur, und der sogenannten alten Mannschafts-Compagnien von 45 bis 60 Jahr ebenfalls nur mit Armatur versehen.

3. Alljährliche spezielle Militärübungen, und alle 6 Jahr gemeinschaftliche Exercitien einer zahlreichen Auswahl von Ober- und Unteroffizieren aus den Kantonen, an einem oder mehreren bequemen Orten.

4. Mehrere Rücksicht auf die Hochwachten, nach der weisen militärischen Maxime unserer Voreltern.

5. Nothwendigkeit allgemeiner und besonderer militärischer Gesellschaften.

Dass seitens der Behörden jegliche Antwort auf diese wohlbedachte und ausgewogene Checkliste von Staatsaufgaben ausblieb, dürfte mit der damals gegen Jakob laufenden Serie von Gerichtsprozessen zusammenhängen. Da mochte man die Person des Angeklagten nicht unnötigerweise profilieren.

Jakobs praktisches Sozialverständnis offenbart sich sodann etwa im Anhang zu seiner Sommerpredigt vom 20. Juli 1800, wo er die misslichen Konsequenzen der 1798 beschlossenen ersatzlosen Aufhebung des bäuerlichen Zehnten und der Grundzinsen aufzeigte und in seiner Kirchgemeinde eine freiwillige Abgabe des vormals üblichen Ernteteils zugunsten der bedürftigen Gemeindemitglieder anregte. Er hatte Erfolg.

Theuerste Freunde und Gemeindegenossen! Unter dem Euch nun zum dritten Mal geschenkten Fruchtzehnden, den ihr in eure Scheunen einsammelt, und wovon das Mindeste als euer Eigenthum, das Meiste als ein Geschenk anzusehen ist, befinden sich 22 ½ Mütt Frucht, die den Armen unserer Gemeinde gehören, und worauf sie den gegründetesten Anspruch haben, da er eine, durch milde Stiftungen und Legate ihnen allein zugedachte, auf ewige Zeiten fortdauernde Wohlthat für sie ist. Saget ja nicht etwa: »Die Regierung wird schon für die Armen sorgen.« Auf zwey dringende Bittschriften, die ich deshalb im vorigen Jahr an die Regierung abgehen liess, hab ich, bis heute nur keine Antwort erhalten. Das heiss ich mir V ä t e r d e r A r m e n , B e s c h ü t z e r d e r W i t t w e n u n d W a i s e n !

Es ist eine unverantwortliche Sünde, dass die jetzigen Regenten unsers Vaterlands – ungeachtet so vieler und so dringender Bitten und Vorstellungen – ungeachtet so heilig gegebner Versicherungen und grosssprecherischer Worte – für die Armen im Lande, deren Anzahl sich täglich vermehret, bis auf diesen Augenblick N i c h t s gethan, ihnen A l l e s , auf die ungerechteste Weise genohmen, und N i c h t s gegeben haben. Wollt ihr eine Bitte eures Lehrers, die einzige, die er euch heut, am frohen Erndsonntag, aber ernst, dringend und um Gotteswillen vorlegt, erfüllen, so ist es diese: Ersetzet Ihr selbst den Armen unserer Gemeinde das, was ihnen gebührt, und ersetzet es ihnen ganz. Wahrlich, ich sage euch: Gott wird es euch hier und dort tausend-fach vergelten.*

* Obgleich ich während meinem Pfarrdienst jetzt zum erstenmale so stark und ernst redete, bemerkte ich so wenig Unzufriedenheit, dass vielmehr am morndri-

gen Tag einstimmig in der Gemeinde beschlossen wurde, zuhanden der Armen
von Haus zu Haus eine Fruchtsteuer einzusammeln.

Schlicht ergreifend liest sich Jakobs Bericht von seinem letzten Besuch,
am 3. Oktober 1800, bei Zürichs damals bekanntester Geistesgrösse,
Joh. Caspar Lavater (1741–1801), Pfarrer zu St. Peter. Der Zürcher Seelsorger war für seine religionsphilosophischen Schriften europaweit
berühmt, vor allem aber für die von ihm entwickelte Lehre der *Physio-*
gnomik, d. h. des Gewinnens von Rückschlüssen auf den menschlichen
Charakter aufgrund der Gesichts- und Schädelform. Lavater hatte bei
dem Treffen in seinem Krankenzimmer schon über ein Jahr an zwei
Schusswunden gelitten, die ihm am 26. September 1799 von einem er-
presserischen französischen Soldaten auf der Peterhofstatt nach der
Zweiten Schlacht um Zürich zugefügt worden waren, als der Pfarrer
die kampfesmüden Eindringlinge mit Weinspenden günstig stimmen
wollte.[87] Jakob liess hier einen Menschen zu Wort kommen, der sein
Schicksal ohne zu klagen akzeptierte und den er darob tief verehrte.
Für ihn war Lavater der Ausdruck vorbehaltlosen Gottesglaubens, an
dem es ihm selbst damals bisweilen zu fehlen schien.

Mein Letzter Besuch bey Lavater

L a v a t e r s *Krankenlager war von Anfang an, bis zu seinem Sterben,*
nach dem einmüthigen Geständniss aller, die Ihn besuchten, so lehrreich,
so ermunternd, so tröstlich, dass ich schon oft den Wunsch geäussert
habe, »man hätte jedes Wort, das der Selige während seiner Krankheit
sprach, sogleich aufzeichnen, und nach seinem Tode als das schönste
Denkmal, das Ihm gestiftet werden könnte, zum Segen für Alle, die Ihn
kannten oder nicht kannten, herausgeben sollen«.

Es war am 3ten Weinmonat[88] des verflossenen Jahrs, als ich Lava-
tern zum letztenmal besuchte. Er liess mich, nebst meinem jüngeren
Schwager, in der Mittagsstunde vor sich kommen. Bey seinem An-
blick (er lag in seinem Wohnzimmer, nicht entstellt, aber abgezehrt,
mit seiner gewohnten, ruhigen, lächelnden Miene, unter beständigem
lautem Schmerzensausruf) wollt' ich ihm mein Bedauern über seine
schmerzhafte Lage, und meine Teilnahme an seinem Leiden bezeugen.

87 —— Wernle, Erster Teil, p. 562.
88 —— Oktober.

Er winkte mir aber mit der Hand, stille zu seyn, und erst die Linderung seines eben gar zu heftigen Schmerzens abzuwarten. Bald darauf hiess er uns unten an seinem Lager niedersetzen, und zwar, wie Er diess immer gewohnt war, in derjenigen Stellung, worin er uns Beyde ganz im Gesicht hatte. Wir waren nicht im Stande, ein Wort zu sprechen, und überliessen uns, schweigend, unter abwechselnden Empfindungen, dem Anblick des leidenden, duldenden, dem Schmerz beynah erliegenden Mannes.

»Sollte ich« – fieng er endlich mit leiser, unnachahmlicher Stimme, langsam zu reden an – »sollte ich den Kelch nicht trinken, den mir der Vater darreicht? Freylich sag ich auch oft: Vater ist's möglich, so gehe dieser Kelch vor mir vorüber! Aber dann setz ich auch mit Jesus, meinem Herrn hinzu: Vater! nicht wie ich will, sondern wie Du willst!«

Diese Worte, unter beständigem Schmerzausruf: »Jesus! Jesus! Jesus!« geredet, bestimmten mich gleichsam unwillkührlich zu der Frage: »Ach, mein lieber Herr Pfarrer, wie ist es doch möglich, dass Gott Ihnen ein so bitteres Leiden auferlegt, und Sie mit so harten Prüfungen heimsucht! Was haben wir Andere verdient, wenn S i e so leiden müssen? Wie unerforschlich sind Gottes Wege!«

In unaussprechlich ruhigem, freudigem Ton erwiederte der Edle, seine Schmerzen darüber vergessend: »O, lieber Herr Pfarrer, das ist unaussprechliche Güte und Gnade von Gott, dass er mich würdigt, dieses Kreuz zu tragen. Kein Sterblicher hat eine solche Läuterung und Reinigung so nöthig, wie ich! Ach, wie danke ich Ihm alle Tage für jeden neuen Schmerz, den er mir auferlegt! Diess ist für mich der einzige Weg zum Heil und zur Seligkeit. Diese Wunde, die ich am Leib trage, o sie ist mein köstlichstes Kleinod; ich gäbe sie für alle Güter der Erde nicht hin! Ach der glückliche Mensch, der Engel von Gott gesandt, der mir diese Wunde durch einen Schuss beygebracht! Die Leute fragen mich in ihrer Tohrheit oftmals, ob ich ihm auch verzeihen könne? – Verzeihen blos? Ach Gott, käm' er doch heute zu mir! Um den Hals wollt ich ihm fallen, sein Gesicht mit Freudenthränen benetzen, und zu ihm sagen: Siehe, Glücklicher! Diese Krone, dieses Kleinod hast Du mir gegeben!«

»Aber«, sagte ich, »der Mensch, den Sie glücklich preisen, nach Ihrer edlen, unerreichbaren Grossmuth, ist im Grunde doch wohl ein Unglücklicher, der Ihrer Verzeihung bedarf. Wenn er auch gleich in der Hand Gottes das Werkzeug Ihrer völligen Vollendung geworden, so konnte seine Handlung an sich doch strafbar und verabscheuungswürdig seyn!«

Lavater lächelte. »Es kömmt uns nicht zu, zu fragen, warum er es that, oder ob er eigentlich wusste, was er that. Genug, er war Gottes Werkzeug zu meiner inneren Reinigung und Seligkeit. Noch einmal, ob ich ihm verzeihen wolle, kommt nicht in Frage: Aber vor dem Throne Gottes will ich niederfallen, und für ihn beten, dass er einst so selig werde, wie ich es zu werden hoffe!« – Hier überfiel Lavatern abermals der heftigste Schmerz, dass er nicht mehr weiterreden konnte.

Als Er sich wiederum etwas erholt hatte, fragte ich Ihn: Ob der heutige Tag ein ganz besonderer Leidenstag für Ihn sey, oder ob Er beständig von solch heftigem Schmerz gefoltert werde? »Ich klage nicht«, war seine Antwort, »ich bete Gottes Langmuth an, und danke. Aber ja, mein Schmerz ist anhaltend und heftig; und dann wissen Sie ja, dass mein Nervensystem mich für jeden Schmerz doppelt empfänglich macht. Ach, wenn meine Feinde wüssten, wie schrecklich sie mich schon leiden gemacht, sie hätten meiner gewiss geschonet! Itzt kommen mancherley Schmerzen auf einmal zusammen. Hier am Leib zwey peinliche Wunden, dort der Rücken entzwey, dann ein heftiger Katharr, Schmerz von der göldenen Ader, Wunden am Körper durch das ständige Ligen, Kopfschmerzen und vollends der Schwindel, bey dessen Anfall ich mich nicht bewegen darf, das Bewusstseyn verliere, und gleichsam lebendig todt bin! – Aber, wenn mir allemal Gott nur Einige von meinen sieben Plagen abnimmt, ach! Dann bin ich fröhlich und heiter, und fordere die Meinigen zur Freude auf, da ich nicht mehr an sieben, sondern nur an vier oder fünf Plagen leide. Noch kann ich bis auf den heutigen Tag, alle Tage für ein Viertelstündchen das Bett verlassen. Was soll ich mehr von Gott fordern?«

Wir kamen auf das Lehrreiche und Tröstliche seiner Krankheit für andere zu sprechen, bey welcher Gelegenheit ich ihn fragte: »Warum wir keine Krankheitsgeschichte von Christus in den Evangelien lesen?« Dieses mangle mir gleichsam noch zur Vollendung der Evangelien: denn eine Krankheitsgeschichte Jesu, und sein Betragen in derselben, müsste allen kranken Christen auf ihrem Lager über alles lehrreich und tröstlich werden. Lavater äusserte hierüber den wahren, befriedigenden Gedanken, »dass das Betragen Jesu während seinen Leiden und am Kreutze eine solche Krankengeschichte mehr als hinlänglich ersetze«.

Auf meine Äusserung hin, »dass Jesus, zumal er in einem Alter von einigen und dreyssig Jahren gestorben, sich durch seine nüchterne, mässige und edle Lebensweise vor jeder Krankheit verwahret habe«, war Lavater der Meynung: »Jesus habe im eigentlichen Sinne nicht krank werden können, indem er den Keim aller Krankheit, die S ü n d e, nicht in sich getragen. Dabey sei auch der Tod Jesu, dass er, der Unschuldige, habe sterben können, da der Tod der Sünden Sold ist, ein noch grösseres Wunder als seine Auferstehung, wie dieser Jesus mit den Worten bezeuge: Ich habe Gewalt, mein Leben zu lassen – und das ist eben die Gewalt, womit ich mir auch das Leben wieder geben kann.«

Ungeachtet ich hierin Lavaters Meynung nicht seyn kann, so ehrte ich doch den Ernst und die innere veste Überzeugung, mit der er dieses Paradoxon behauptete, so wie ich überhaupt hier bekennen muss, dass Lavater nicht nur von der Wahrheit aller seiner Religionsmeynungen vest überzeugt war, sondern dass auch in seinem Religionssystem ein Z u s a m m e n h a n g, eine E i n h e i t herrschte, wie sie kein noch so berühmter Theologe wird aufweisen können. [...]

Wie gerne wollte ich Lavatern ein kleines Denkmahl setzen! Aber ich fühle meine Unwürdigkeit, nur einen Versuch zu wagen. Andere, die dazu mehr Beruf und Würdigkeit haben, werden es schon thun. Und würde es auch Keiner thun, so bedarf der Verklärte des Menschenlobs nicht mehr. Sein Andenken bleibe ewig im Segen!

Embrach, den 26. I. 1801
J. S c h w e i z e r
P f a r r e r

Die andauernde, sich in revolutionären Zeiten wieder mit besonderer Dringlichkeit stellende Grundfrage, ob der Zweck die Mittel heilige, servierte Jakob den Lesern in der Form einer zeitkritischen Tierfabel auf. Damit paraphrasierte er treffend das politische Gezänk während der helvetischen Epoche.

Der Fuchs, ein Casuist

Wer eine Sache will, muss auch die Mittel wollen.
Ihr wollet freye Thiere seyn?
So stürzet dann den Thron des stolzen Löwen ein![89]
Jagt den Tyrannen fort, die Welt mag immer grollen.
Wie könnet Ihr euch sonst befreyn?

---

89 —— Anspielung wohl auch auf die alte Zürcher Regierung unter dem Wappenzeichen des Züri-Leu.

So sprach der Redner Fuchs, zu den verirrten Thieren.
Sie waren schon geneigt, die Sache auszuführen.

Da sprach der biedre Elephant allein,
erhob noch seine Donnerstimme:
Dein Satz, Reinecke,[90] führt zu weit.
Er billigt jede That; er huldigt jedem Grimme
und adelt Ungerechtigkeit.
Wir müssen doch zuvor, nach Recht und Billigkeit,
die Frage auseinandersetzen:
Des Löwen Thron ruht auf Gesetzen.
Wär keine Obermacht, so würden Tiger, Bär,
und Wolf, und Leopard, und solche Thiere mehr,
die Bürgerpflichten bald verletzen;
und jeder Starke wär dann Herr,
und würde Schwache unterdrücken.

Was: Recht? Was: Billigkeit? Versetzt Reinecke hier.
Das Volk ist Oberherr! Wir sind die Obern: Wir!
Ha! Sollen wir uns noch vor dem Tyrannen bücken?
Die Freyheit kann allein ein edles Volk beglücken.
Fort mit dem Löwen! Sag ich dir.
Der Zweck rechtfertigt alle Mittel.

Ein feiner Grundsatz, Herr Jurist.
Du scheinst ein grosser Casuist.
Bedenkst du aber auch, dass unter diesem Titel,
für Niemand Sicherheit in unserm Reich mehr ist?

So, unser Rüsselmann. Allein, der rothe Sprecher
ward immer lauter, stolzer, frecher.
Die meisten Thiere stimmten bey,
den alten Löwen zu entthronen.

Jetzt waren diese Herren frey;
das heisst: Ein Spiel von hundert Faktionen.
Nun herrschten Raub, und Mord, und Brand,
in diesem wildbedrängten Land.

90 —— Gängiger Fabelname für den Fuchs.

Kein Mittel war zu schlecht, in solchen Jauner Händen,
denn jeder Bösewicht war nur darauf bedacht:
zu bessrer Gründung seiner Macht,
Reineckens Grundsatz anzuwenden.

Und so befindet sich seit jener bösen Zeit,
das arme Thiergeschlecht in stetem Krieg und Streit.
Das übrige sagt die Geschichte.
Nun herrscht daselbst, anstatt der alten Redlichkeit,
der Grundsatz aller Bösewichte.

Dazu noch ein ebenfalls fabulistischer Seitenhieb – kaum verschlüsselt – an die Adresse des Basler Obristzunftmeisters Peter Ochs. Dieser war ja massgeblich am Entwurf der helvetischen Verfassung beteiligt gewesen und hatte in der Anfangszeit der Helvetik höchste Ämter besetzt, bis er dann am 25. Juni 1800 im Direktorium abgesetzt und aus der Politik entfernt wurde. Das Gedicht enthält aber auch einen Rüffel für die erst spät aus ihren Illusionen erwachende Politikerkaste, hier als Affe portraitiert:

Der Affe – eine Fabel

Ein Affe lag am Fieber krank,
und war sehr schwer zu heilen.
Ihm bracht' der Ochse einen Trank
die Krankheit zu vertheilen;
und kaum nahm unser Aff ihn ein,
so glaubt' er schon gesund zu seyn.

Allein, nach einer kurzen Zeit
gab's wieder neue Schmerzen,
der Kranke sah mit Bitterkeit
des Ochsen böses Scherzen,
und bracht' es im Congress dahin,
dass Ochs nicht dörfe Doktor seyn!

Der Affe fieng auf's Neue an
mit Ernst medizinieren,
und endlich fand er seinen Mann
geschickter zum Kurieren.

Der war das bisher scheue Reh,[91]
das sehr den Ochsen fürchtete.

Genug! Der Aff erholte sich,
fieng froher an zu leben,
und alle Thiere freuten sich
dem Reh das Lob zu geben:
»Dass es die Kunst weit mehr versteh'
und keines mehr zum Ochsen geh!«

Gerne vermittelte Jakob Geschichten aus dem Leben, oft in anekdotischer Aufmachung. Er offerierte seiner Leserschaft dazu gleich auch eine fundierte Einführung in diese verdichtete Erzählform:

Rechtfertigung des Anekdotenmachers vor denjenigen, die sie nicht gerne lesen

Anekdoten sind nicht nur satyrische Hiebe, welche man in unseren Tagen auf eine gewisse Klasse von Leuten führen und wiederholen muss, bis sie gefühlt werden; sondern sie sind eben so viele redende Charakterzüge unseres Volkes; sie zeigen und verrathen uns gleichsam die Denk- und Handlungsweise desselben, und je mehr wir solche besitzen, desto besser lernen wir es kennen.

Anekdote

Der ehemalige Äussere Stand von Bern,[92] eine Nachahmung des Inneren oder eigentlich regierenden Magistrats, hatte zu seinem Wappen einen Affen, der in dem ihm zugehörigen Gebäude, besonders aber in dem Versammlungslokal an verschiedenen Orten zu sehen war. Die Standesfarben seiner Bedienten als Läufer, Weibeln etc. waren r o t h, g e l b und g r ü n, unsere jetzigen Nationalfarben.

---

91 —— Gemeint ist möglicherweise der von Jakob hochgeschätzte Schwyzer Truppenführer und Politiker Alois Reding, der nach letztem Widerstand gegen die französischen Besatzungstruppen eine vermittelnde Politik betrieben hatte und dann ab Oktober 1801 für sechs Monate als Landammann der Republik amtieren sollte.
92 —— Name des Gesellschaftshauses der Anwärter auf politische Ämter in Bern zur Zeit vor der Helvetik; hier verkehrten die Söhne aus den regimentsfähigen Familien; die Ratsherren selbst trafen sich im Inneren Stand.

Bei Verlegung des Regierungssitzes von Luzern nach Bern erwählte
der Senat, gleichsam instinktmässig, dieses Gebäude und diesen Saal zu
seinen ewig denkwürdigen Sitzungen, befahl aber wohlweislich, zuvor
den auf einem Krebs (natürlich) rückwärts reitenden Affen wegzuschaf-
fen. D e c r e t u m   f a c t u m. Eine im Zerstören so wie der Senat im
Aufbauen geübte Hand vollzog den Befehl der erlauchten Versammlung,
welche nun dieses fatale Sinnbild nicht mehr ansehen musste, an einem
Morgen aber auf den Überbleibseln des jämmerlich ausgekrazten Affen
folgende rührende Grabinschrift zu lesen fand:

Hier liegt begraben, – Ochs sei Dank! –
ein alter Aff, der schwach und krank
hier seines Lebens Ende fand.
Sein roth und gelb und grün Gewand
ward zu des Vaterlandes Heil
lebend'gen Affen nun zum Theil.

Weitere Beispiele aus Jakobs anekdotischem Vorrat:

Der Agent[93] einer grossen Kirchgemeinde fragte den Pfarrer seines Orts,
warum er im Kirchengebet nicht auch der Agenten eingedenk sey und
Weisheit und Verstand vom Himmel herab für sie erflehe? – Weil ich
dem Höchsten Wesen nichts Unmögliches vorschreiben darf, erwiderte
der Pfarrer.

Ein Bauer, der als ein Aristokrat bekannt war, trat eben in eine Wirths-
stube, als eine Gesellschaft von Patrioten am Tische auf Oligarchen und
Aristokraten schalt. »Ha seht! Der ist auch einer von den alten Schel-
men«, sprach der Präsident der Gesellschaft. Ganz gelassen erwiderte
der Bauer: »Dem zufolg muss es auch neue geben!«

In einem Dorfe, wo es von einem Lügner zum Sprichwort geworden ist,
zu sagen: »er lügt wie ein P a t r i o t«, entzweiten sich zween Nachbarn, und geriethen in ernstlichen Wortwechsel. Der eine, der vor zwey
Jahren eben auch ein Patriot, d.h. ein von den Revolutionären bearbei-
teter Zieher am Narrenseil gewesen, seitdem aber zu besserer Einsicht
gekommen war, sagte dem anderen, einem Aristokraten, in der Hitze
nun eben auch: »Du lügst wie ein Patriot«! »Wie«, erwiederte jener,

---

93 —— Regierungsvertreter auf Dorfebene.

»so lügen denn die Patrioten? D u sagst das? Ist's Dir ernst mit diesem
Geständnis, so lass uns gut Freund seyn!« – Sie mussten lachen, gaben
sich die Hand und tranken den Frieden.

Zu O... sollte eine junge Person von einem französischen Dragoner ein
Kind haben. Man wusste den Namen dieses Dragoners nicht. Man be-
rathschlagte sich, wie das Kind nun heissen müsse; die Blutsverwand-
ten wollten nicht, dass es den Geschlechtsnamen der Mutter tragen
sollte. Die Sache gelangte endlich vor das Distriktsgericht B...., mit
der Bitte, dass die Richter dem Kind einen Geschlechtsnamen geben
sollten. Das Gericht erkannte, dass das Kind, das zur Welt geboren
würde, D r a g o n e r heissen sollte.

R a p i n a t,[94] der sich als Regierungs-Commissaire in Helvetien so
wohl befunden, dass er nach seiner Zurückberufung für achtzehn Millionen Nationalgüter kaufen konnte, hatte eine Tochter, an die er einen nicht geringen Theil seiner Kostbarkeiten verschenkte. Auf einem
Ball in Strassburg erschien dieselbe in Ketten von Gold und Brillanten. Ein junger Franzose, der sich neben sie gesetzt hatte, fragte: »Sind
Sie nicht Rapinats Tochter?« »Ja, mein Herr!« erwiederte sie, »ich bin
die Tochter von Reubells[95] Schwager, ehemaligem Commissair, der die
Schweiz glücklich und frey gemacht.« »Es muss folgen«, sagte der Franzose, »weil Sie alle ihre Ketten tragen!«

Ein alter, armer Taglöhner, der nur ein kleines Häusgen hatte, um da
zu wohnen, aber keine Kräfte mehr, um sich etwas zu verdienen, gieng
bey seinen Nachbarn betteln. Er bekam einige Eyer zum Geschenke, und
kehrte damit freudig nach Hause. Er wollte sich einen Eyerkuchen backen; aber jetzt hatte er kein Holz, um Feuer zu machen und Gluth zu erhalten. Was that er? Was ihr euch schwerlich einfallen lasset: Er schlug
Feuer, zündete sein Flecklein Schwamm, legte es an die dürren Brettlein
des Häusgens, und das Häusgen fasste allmählig Flammen, und brannte

---

94 —— Jean-Jacques Rapinat war von April 1798 bis Mai 1799 französischer Regie-
rungskommissar bei der französischen Armee in der Helvetischen Republik, dabei insbesondere verantwortlich für Fiskalpolitik und Requisitionen. Er veranlasste u.a. die
Beförderung der am aktivsten für die revolutionäre Umwälzung eintretenden helvetischen Politiker Ochs und La Harpe ins helvetische Direktorium.
95 —— Jean François Reubell, Schwager von Rapinat, war seit September 1798 Mitglied
des französischen Direktoriums und dort ein prominenter Befürworter der helvetischen
Umgestaltung in der alten Eidgenossenschaft.

ab. Nun war der Alte voll Vergnügen, weil er glühende Kohlen erhielt, und sich einen Eyerkuchen backen konnte. Ihr werdet sagen, der Mann war im Kopfe verrückt; und ich sage euch: Er war so weise als manche unserer grossen Politiker, die im Kriege Millionen Geld verschleudern, Menschenblut und Menschenleben hingeben, ganze Städte und Dörfer anzünden, und wenn sie für all dieses so viel erhalten, als ein Eyerkuchen gegen eines Taglöhners Häusgen werth ist, noch Freudenfeste und Illuminationen halten lassen!

Bisweilen konnte Jakob aber auch einen Ton von geradezu homerischem Pathos anschlagen:

Die Stimme der Wahrheit
An die Stifter und Beförderer der Revolution in Helvetien

Höret mich einmal an, Helvetiens kraftlose Männer,
die ihr, schwindelnd im Kopf, und stets unruhigen Geistes,
Arges im Herzen genährt; von Stolz und Ehrgeiz geblendet,
Flammen speiend, zu schaurichter Höh durch Gewalt Euch erhoben
und durch Hochverrath! – Lasst einmal beim hellen Mittagslicht
euer Werk und Kunst mein prüfendes Auge beschauen.
Doch ich halt es nicht aus – wie möcht ich den Anblick ertragen?
Wie verweilt ohne Thränen mein Aug auf blutiger Stätte?

Gott, wie dank ich Dir! Von allem vergossenen Blute,
das, entquollen der Freyheit Märtyrer, zum Himmel um Rach' schreyt,
liegt kein Tropfen auf mir: ich würde der Last unterliegen
und wie Kain, der Bruder-Mörder, umher irr'n, die Hände ringend,
in wilder Verzweiflung rufen: Weh dem Verbrecher,
dass unschuldiges Blut ich vergoss! In Ewigkeit wird mir
nicht erlassen die Schuld! – Wer reisst den nagenden Wurm aus?
Ach, wer dämpfet die Flamm, die all mein Innres verzehret? [...]

Kommt, und seht Euer Werk! Und Euer Auge verschliesse
sich nicht dem Jammergeschrey des armen, verwundeten Volkes!
Jene Freyheit – wo ist sie? Die edle Tochter des Himmels,
welche, treu dem Gesetz, erst Gott und die Religion ehrt,
dann bey Ordnung und Fleiss den Schutz des weltlichen Arms sucht,
und, im stillen Genuss des Erworbnen, geräuschlos einhergeht?

Ach, einst hatten wir sie, das Erbtheil würdiger Väter,
durch ihr Blut erkauft – und ihre schattigen Zweige
dekten das friedliche Land, vereinten die Herzen des Volkes!

F r e y h e i t, heiliger Name! Wie bist du schandbar entweihet!
Wie der Name des V a t e r l a n d s f r e u n d e s [96] mit Füssen getreten
und gedrückt in den Staub ist – Vaterland – deine Freyheit!
Aller Güter beraubt, an Sclavenketten geschmiedet
liegt das gebeugte Volk, dem Freyheit nur ihr versprachet!
Kraftlos, ohn eigenen Willen, bleibt nur die traurige Freyheit,
arm zu werden, ihm übrig, und grosses Leiden zu dulden!
Jene G l e i c h h e i t – wo ist sie? Die all' als Brüder verbindet,
wo nicht Gold und Geburt – Verdienst nur die Menschen adelt,
wo der Reiche sich nicht überhebt, der Arme geachtet,
und des Schwachen geschont, der Irrende selbst wird geduldet!
Ach, wir kennen nur eine, die traurige Gleichheit der Armuth
und des gemeinsamen Duldens fast unerträglichen Übels!

Als poetischer Schelm liess er es nicht an giftelnden Vierzeilern fehlen:

Die Läden auf, dass wir dem Sonnenschein,
dem Tageslicht entgegen lachen.
Nur werft, um alles hell zu machen,
uns nicht die Fensterscheiben ein!

Die Bürger im Distriktsgericht
sind ehrlich und sind klug.
Doch klug ist Bürger Ehrlich nicht,
nicht ehrlich Bürger Klug.

Auf ewig ist der Krieg vermieden,
befolgt man, was der Weise spricht;
dann halten alle Menschen Frieden,
allein die Philosophen nicht!

---

96 —— *Vaterlandsfreund* hiess auch eine dem *Wochenblatt* Jakobs vergleichbare politische Zeitschrift, die allerdings auf revolutionsfreundlicher Seite stand und Jakob regelmässig angriff.

Vor allem aber war es Jakob um Aufklärung der Leserschaft in Bezug
auf die zahlreichen, in ihren Auswirkungen bisweilen schwer erfass-
baren Massnahmen der neuen Regierung zu tun. So befand er etwa
zu der 1798 (vorübergehend) eingeführten Pressefreiheit, die ehemalige Zensur hätte den Vorteil gehabt, vor der Veröffentlichung eines Texts klare Verhältnisse zu schaffen; heute jedoch sei man nach
unzensierter Publikation der Willkür des Justiz- und Polizeiminis-
ters preisgegeben, und das erst noch bei hohen Gerichtskosten! In seinen Prozessen von 1800 hatte er es soeben am eigenen Leib erfahren
müssen.

Die Pressfreyheit

Die alten Regierungen setzten den Grundsatz fest, keine Schrift durch-
schlüpfen zu lassen, die wider die R e l i g i o n, wider die g u t e n
S i t t e n und das W o h l   d e s   S t a a t e s lauffe. – Die neue Regierung erlaubt dagegen: ü b e r und g e g e n die Religion (es ist auch
erlaubt, den Welterlöser einen Schwärmer, die Apostel Betrieger und die
Bibel einen Roman zu nennen), gegen gute Sitten und über und gegen
die Staatsverfassung zu schreiben, was einem freyen Bürger immer in
den Kopf steigt, nur mit gehörigem Respekt für das Palladium der Persönlichkeit der helvetischen Gesetzgeber, Vollziehungsräthe und Senatoren, die natürlich und von Rechtswegen wie ehemals der heilige Vater in Rom untrüglich und unfehlbar sind. (Man schliesse daraus, wie
viel die Menschheit und die Aufklärung mit dem Sturz des päpstlichen
Stuhls und Übertragung seiner Unfehlbarkeit auf Regenten und Richter gewonnen habe.) Unter der alten Regierung konnte und durfte ein
Schriftsteller, der sich vom bestellten Censor gekränkt glaubte, de iudice
male instructo ad iudicem melius instructum, nehmlich an den kleinen
Rath sich wenden, um zu wissen, ob seine Arbeit dem Publikum durch
den Druck bekannt gemacht werden dürfe.

In der neuen, f r e y e r n Republik hingegen ist der Schriftsteller
tod und lebendig, mit Haut und Haar der Willkür eines E i n z i g e n,
dem Orakelspruch des Justiz- und Polizeyministers, der schon unter der
Last seiner Geschäfte beynahe erliegen, und die Broschüren- oder Bü-
chercensur als Nebensache in Erholungsstunden behandeln muss, preisgegeben; – und, was dabey das Artigste ist: die Arbeit wird nicht etwa
im Manuscript, noch v o r dem Drucke, sondern erst, wenn sie schon
gedruckt in Jedermanns Händen ist, von diesem Censor geprüft und das

PROBATUM EST, oder das MARANATHA[97] darüber gesprochen, wogegen der Schriftsteller durch kein anderes Mittel als durch einen förmlichen Civilprozess, durch drey oder sechs Instanzen, wie es fällt, sich schützen kann.

Unter der alten Regierung war das Schlimmste, was einem Schriftsteller begegnen konnte, das Werk, an dem er vielleicht Wochen oder Monate lang gearbeitet hatte, nicht gedruckt, folglich seine Arbeit und Mühe verloren zu sehen.

In der neuen Republik dagegen steht es dem Schriftsteller frei, alles drucken zu lassen: allein wenn das Werk das Unglück hat, ein Paar Gesetzgebern oder Senatoren, die der Himmel mit einer lauten Kehle begünstigt hat, zu missfallen, so hat er das Vergnügen, sein ganzes Werk confiscirt, seine Person vor fünf oder sechs Instanzen herumgeschleppt, sich als einen Aufrührer oder Vaterlandsverräther criminaliter behandelt, von seinen Amtsverrichtungen suspendirt, ihm die Herausgabe aller künftigen Schriften über politische Angelegenheiten verboten, zu einer willkürlichen Geldbusse verfällt, und sich zu einem Gemeindsbezirks-Bannissement verurtheilt, folglich, ohne bestimmte Gesetze, die ihm zur Richtschnur seines Verhaltens dienen könnten, selbst im goldenen Zeitalter der Freiheit und Gleichheit, ausgedrückt durch Despotenmachtsprüche: tel est notre bon plaisir, SIC VOLO SIC IUBEO, STAT PRO RATIONE VOLUNTAS! die bey einem Könige Todesverbrechen wären, bey demagogischen Volksrepräsentanten aber zu Tugenden erhoben worden sind, – sich gerichtet zu sehen, ohne noch zu rechnen, dass durch Unterdrückung seines Werks – denn nicht alles, was gedruckt wird, sind Broschüren – er an seinem Vermögen für 100 und mehr Louis d'ors Schaden leiden kann. Der Gerichtssporteln, die seit unserer alleinseligmachenden Revolution auch keine Kleinigkeit sind, nicht zu gedenken – denn auch über diesen Punkt dehnte sich die Aufklärung unsers Zeitalters aus, um die helvetische Nation mit dem Gedanken, der ihr unter der alten Regierung ganz fremd geworden war, vertraut zu machen: Dass die Gerechtigkeit eine zu kostbare Sache sey, um gratis verwaltet zu werden.

An einem weiteren Beispiel, der Aufhebung des Zehnten und der Grundlasten für die Bewirtschaftung landwirtschaftlichen Bodens,

---

97 —— Aramäisch für *Unser Herr komme,* hier im Sinne von *So helfe uns Gott!*

bemängelte Jakob, dass diese Änderung ohne Ersatzmassnahmen für die vom Steuerausfall betroffenen Gemeinden erfolgt sei, die jetzt ihre Schulmeister und Pfarrer nicht mehr bezahlen könnten und auch keine Mittel für Armenpflege und sonstige Verwaltungsaufgaben hätten. Er verwies hierzu auf den Fall der Gemeinde Marthalen, welche 1754 die Steuerhoheit vom Kloster Rheinau für 30'000 Gulden gekauft hatte und sich nun entsprechend um eine sinnvolle Investition geprellt sah. Jakob veschweigt dabei diskret, dass auch er selbst viele Monate unbesoldet geblieben war. Als eigentliche Düpierung der Öffentlichkeit erschien ihm sodann die herumgebotene Begründung für die Konfiskation des Berner Staatsschatzes durch die französischen Invasoren: Man behaupte, das Geld werde zum Unterhalt der helvetischen Armee eingesetzt, doch diese bewege sich ja völlig nach dem Willen Frankreichs!

Jakob litt sehr an der sein Land durchziehenden tiefen Spaltung bezüglich der ihm am besten angemessenen Verfassungsform. Angesichts der durchwegs festgefahrenen Sichtweisen erfüllte es ihn

mit Wehmuth und Schmerz, die Bemerkung machen zu müssen, dass alle Freunde des Föderativsystems entweder als Unwissende, Verblendete, oder wol gar als Feinde des Vaterlands darin vorgestellt werden; als ob der Wunsch nach einer verbesserten föderativen Verfassung ein Hochverrath am Vaterland wäre, und als ob nur derjenige ein ächter Patriot seyn könne, der die Einheit der Republik zur Grundlage einer künftigen Verfassung wünschet.

Er sah die Einheit der Republik nicht im nivellierenden Sinn der Revolution, sondern als oberstes Ziel einer gesamtheitlichen Politik, das nur erreicht werden könne, wenn man sich ihm auf der Grundlage der vorgegebenen Umstände annähere, denen gegenwärtig das Föderativsystem am besten entspreche. Jakob ging selbstverständlich mit der Zielsetzung der revolutionären Zentralbegriffe *Freiheit* und *Gerechtigkeit* einig, warnte aber immer wieder vor unbedachter Verflachung bei der Umsetzung des dritten Axioms, der *Gleichheit,* denn diese müsse aus dem je eigenen Selbstverständnis der so verschiedenartigen politischen Kulturen in der Schweiz heraus gesehen werden, also nötigenfalls auch im Sinn des ›Andersseins‹ der jeweiligen Kantone. Allerdings – und Jakob hatte jetzt offensichtlich hinzugelernt – könne das nicht mehr in der alten, vorrevolutionären Form geschehen, denn:

Das alte Föderativsystem wünschen und wollen wir nicht. Wir kennen seine Mängel und schreiben ihnen einen grossen Theil unseres jetzigen Unglücks zu. Wir glauben aber, dass es sich verbessern lasse; wir haben auch die Mittel angegeben, wie es geschehen könne, – und eben in der Anwendung dieser Mittel glauben wir die wahre, auf das Bedürfnis von ganz Helvetien und aller einzelnen Cantonen genau berechnete, künftige Wohlfahrt des Vaterlands zu erblicken.[98]

Die Zeitschrift diente Jakob natürlich auch, um sich gegen Anfeindungen seiner politischen Gegner zu wehren, insbesondere, wenn jene ganz grundsätzliche Fragen aufwarfen oder ihm gar das Recht zur Meinungsäusserung absprachen. Genüsslich holte er da einmal aus seinem reichen Bestand an klassischen Parabeln ein römisches Beispiel hervor, das man heute als die Urform des amerikanischen *Filibuster* im Sinn einer Blockierung des Parlamentsbetriebs durch überlange Voten bezeichnen könnte:

Wer ist über politische Gegenstände zu sprechen befugt,
und wie kann man unbefugte Sprecher
zum Schweigen bringen?

Ich habe neulich von einem Ungenannten ein Schreiben erhalten, worin derselbe mit liebloser Härte über meine politischen Versuche losfährt, und sie alle, ohne einiche Ausnahme, als Produkte eines erhitzten, leidenschaftlichen Kopfes betrachtet. Ohne sie einer Prüfung zu würdigen, spricht er mir geradezu die Befugnis ab, über politische Gegenstände ein Wort mitsprechen zu dürfen, aus dem ganz einfachen Grund: weil ich ein Aristokrat sey; denn nur die Patrioten, meynt er, hätten das Recht über solche Dinge zu schreiben; jeden anderen sollte man nicht zum Reden kommen lassen. Ich finde diesen Grundsatz in frühern Zeiten in der wirklichen Welt schon einmal angewandt: Als Cäsar von seinen Siegen in Hispanien nach Rom zurückkehrte, in Hoffnung, zum Consulat zu gelangen, soll Cato, am Tage zur Consulswahl, einen ganzen Tag durch allein gesprochen haben, aus Furcht, dass sonst einer von Cäsars Freunden auch zu Worte kommen möge.

---

98 ——Aus *Bemerkungen von einem Vertheidiger des Föderativsystems als Grundlage einer künftigen Staatsverfassung für Helvetien*, Embrach, Kt. Zürich, den 22. Febr. 1801, von Jakob Schweizer, Pfarrer, in *Gemeinnüziges Wochenblatt*, Februar 1801.

Einmal gab Jakob ganz einfach seine *unmassgebliche Meynung* zur politischen Grosswetterlage bekannt, natürlich mit dem ihm eigenen ironischen Pfiff – hier wohl einzig zum Zweck der Aufheiterung in argen Zeiten:

Unmassgebliche Meynung,
wie der Krieg der Franzosen sich zuletzt endigen werde

F r a n k r e i c h befindet sich eine lange Reihe von Jahren hindurch im Kriege mit der halben Welt. Bey allen grossen Thaten, welche diese Republikaner zum Erstaunen der Welt verrichtet haben, hat dennoch kein Volk vergleichungsweise mehr Leute eingebüsst als Frankreich. Millionen Gattinen haben ihre Ehgatten, viele tausend Bräute ihre Bräutigame, und ebenso viele Mädchen ihre Liebhaber verloren. Wird der Krieg fortdauern, so bleiben am Ende in Frankreich nur noch Weiber und Mädchen übrig. Diese werden ihre angestammten Menschenrechte zu behaupten wissen, und den Raub der Sabinerinnen zu Romulus' Zeiten in umgekehrtem Verhältniss erneuern. Sie werden einen Einfall in die bevölkerte Schweiz wagen, unsre Männer und Jünglinge als Beute mit sich fort schleppen, dieselben wieder in den Besitz der geraubten Schätze einsetzen, den zurückgelassenen helvetischen Weibern und Mädchen das Neutralitätssystem wieder verschaffen, und sodann mit der ganzen Welt einen ehrenvollen Frieden schliessen. Weiber haben die Revolution angefangen, Weiber werden sie auch beendigen.

Nota bene: Mit dieser Aussicht wusste ein fränkischer General einen Ehmann in Zürich zu trösten, dessen Gattin dem Erstern einige Galanterien erlaubt hatte. »Fiat«! rief dieser in der grössten Entzückung aus – »und Gott erhalte mich bey Kraft und Gesundheit bis auf die Zeiten des helvetischen Männerraubs!«

3.5   PROFESSORALE NEIGUNGEN

Obwohl Jakob nie Absichten auf eine akademische Laufbahn bekundete, hätte er das Zeug dazu sicherlich gehabt. Unter seinen näheren Vorfahren gab es hierfür drei Beispiele: der in KAP. 2 erwähnte Pfarrer und Chronist Johann Heinrich Schweyzer (1553–1612),[99] sodann Hein-

---

99 —— Vgl. p. 35.

*Joh. Casparus Suicerus, Lingg. Hebraeae et Graecae
in Schola Tigurina Professor Publicus,* 1669, Öl auf Holz,
von Conrad Meyer (1618–1689), in Familienbesitz.
Hans Kaspar Schweizer (1619–1688) war
Ururgrossvater von Johann Jakob Schweizer.

richs Grossneffe, der Sprachgelehrte Johann Caspar Schweizer (1619–
1688), Chorherr am ›Carolinum‹, der altzürcherischen theologischen
Fakultät, sowie dessen einer Sohn, Jakobs Grossonkel Johann Heinrich
Schweizer (1646–1705), der seinem Vater nachgefolgt und schliesslich
vom Carolinum weg zum ordentlichen Professor nach Heidelberg berufen worden war.

Jakob, der einen überzeugenden Stil des wissenschaftlichen Ausdrucks beherrschte, zeigte in seinen Schriften verschiedentlich die
Fähigkeit zur klaren Durchdringung von Sachproblemen. Sie äussert
sich u. a. in seinen im vorherigen Kapitel wiedergegebenen, ausgereiften Vorschlägen für eine angemessenere helvetische Verfassung unter der Überschrift *Sammlung patriotischer Ideen und Wünsche aus
meinem Porte-Feuille,*[100] ferner etwa in seiner luziden Darstellung des
Phänomens der Revolution, wo er zwischen dem autochthonen Bedarf
im Ursprungsland Frankreich und der erzwungenen Anwendung in der
Eidgenossenschaft unterschied, um daraus allgemeingültige Schlüsse
zu ziehen. Dieses Lehrstück versteckte er listigerweise als Vorspann zu
seinem Bändchen *Zeit-Gedichte,* welches er 1802 veröffentlichte, nachdem ihm vom Gericht ein allgemeines Publikationsverbot für politische
Schriften auferlegt worden war. Der mit *Vorrede* betitelte Text hat geradezu das Format einer staatspolitischen Vorlesung:

Vorrede

*Über das beste Mittel, die helvetische Staatsumwälzung zu enden.
Geschrieben im November 1801*

*Unstreitig sehen sich alle Staatsumwälzungen ähnlich, und in dem
Gesichtspunkt kann diese, wie die anderen, nur in einem Plan, der
die verschiedenen Systeme miteinander verbindet, oder in einer Krisis,
welche die entgegengesetztesten Partheyen neutralisirt, ein glückliches
Ende finden.*

*Allein, ehe man diese Aufgabe auf eine entscheidende Art aufzulö-
sen versucht, wird es unumgänglich nöthig seyn, zu untersuchen, was
die helvetische Staatsumwälzung Eigenthümliches hat, und wodurch
sie sich vor allen anderen auszeichnet. Nicht weitläufig will man hier
wiederholen, was man anderswo schon gesagt hat, nämlich, dass kein*

---

100 —— Wiedergegeben auf p. 99–101.

Land in Europa weniger Gründe hatte, eine Staatsumwälzung zu verlangen, noch mehr Gründe, die Gefahr und die unausweichlichen Folgen derselben zu fürchten.

Wie allenthalben, gab es in der Schweiz alte und neue Missbräuche, ungereimte Gesetze, lächerliche Verordnungen; allein überhaupt vortreffliche Regierungs- und Verwaltungs-Maximen, kluge und väterliche Obrigkeiten, viel Sparsamkeit, viel wirkliche Freyheit, Ruhe und Sicherheit. Auch hat man es niemals dahin bringen können, die grosse Mehrheit des Volkes wirklich zu revolutioniren; und selbst derjenige Theil, der einst vom revolutionairen Geist am meisten berauscht schien, war es nur in Folge der Versprechungen, womit einige Unzufriedne im Lande, und einige fremde Propagandisten ihn zu verblenden, die Kunst erfunden und ausgeübt hatten.

Um die Landbewohner zu verführen, hatte man ihnen versprechen müssen, die reichen Schätze unsrer Städte unter sie zu vertheilen. Man hatte ihnen Abschaffung der Zehnden und Grundzinse versichern müssen. Und selbst diese Versprechungen wären nicht hinlänglich gewesen, wenn man nicht zu allen Arten von Mitteln Zuflucht genommen hätte, sie zu erschrecken: vorzüglich, wenn man ihnen nicht mit allen Siegeln der grossen Republik versehene Briefe gezeigt hätte, worin der Bürger Mengaud ihnen verbürgte, dass sie nur geschwind ihre alten Regenten verjagen dürften, dann würde niemals kein französischer Soldat die A a r e und hernach die R e u s s überschreiten.

Man weiss, von welcher kurzen Dauer alle diese schönen Täuschungen waren. Das betrogene Volk sah die Schätze, die man ihm versprochen hatte, durch französische Agenten unter seinen Augen wegführen. Die Zehnden und Grundzinse wurden bald durch weit lästigere Auflagen, vorzüglich für die dürftigste Klasse, ersetzt, und die Last bisher ganz unbekannter Steuern vergrösserte sich kurze Zeit hernach durch noch drückendere Requisitionen, und durch alle Plagen des Kriegs, wovon so viele Jahrhunderte des Friedens selbst das Andenken beynahe ganz verwischt hatten.

Es ist leicht zu begreifen, wie wenig diese Umstände die Staatsumwälzung, und Alle, die man beschuldigte, sie ins Land gelockt zu haben, geeignet waren, sie zu popularisiren. Da man anfänglich die Mitglieder der alten Regierungen, die beynahe allenthalben aus Männern von grosser Einsicht und Kenntniss zusammengesetzt waren, ausgeschlossen hatte, wurde der grösste Theil der Bedienungen, und selbst die wichtigsten, sogar die der Richter und Gesetzgeber, von untüchtigen Männern ohne einige Achtung, ohne einige persönliche Hülfsmittel bekleidet, und noch mehr: man musste sie alle theuer bezahlen, da hingegen unter der alten Ordnung die meisten öffentlichen Beamten entweder gar keine Art von Einkünften, oder wenigstens nur sehr mässige hatten.

Die nur allzugerechte Unzufriedenheit, die zahllosen Unordnungen, die aus einem solchen Zustand der Dinge entspringen mussten, sind bekannt genug, und wir finden es überflüssig, hier das traurige Gemählde desselben wieder zu schildern. Allein noch müssen wir daran erinnern, um desto deutlicher zu beweisen, dass selbst rücksichtlich auf die Umstände, die ihr vorgegangen sind, oder auch darauf gefolgt haben, die Staatsumwälzung in der Schweiz nicht so tiefe Wurzeln als anderswo habe schlagen können. Sie ist ein dem Boden, in welchen sie verpflanzt worden, ganz fremder Baum; und wenn er nicht entschlossen durch die Hand unterstützt wird, die ihn annehmlich machen wollte, und die vielleicht einen Augenblick zu viel Interesse hatte es zu wollen, so wird er bald von selber fallen.

Die fürchterlichsten Ausbrüche der Staatsumwälzung, ihre Verbrechen und ihre Unglücksfälle wurden in F r a n k r e i c h mit so viel Macht, mit so viel Siegen und Ruhm bedeckt, dass nur eine noch ausserordentlichere Macht, die des Genies und des Heldenmuths, sie hemmen, und in ihre gemessene Schranken zurückführen konnte. – In der S c h w e i z hat sie uns leider alles verlieren gemacht, selbst auch die Achtung, zu der wir schon so lang aus mehr als einem Grunde berechtigt waren. Sie hat uns nichts als Elend und Verachtung zugezogen; und was hier wohl zu bemerken ist, Elend und Verachtung den Privatpersonen wie dem Staate, und umgekehrt. Denn, ist's um unsre Schande zu vollenden, oder um einen Überrest von Achtung, den wir noch verdienen mögen, zu erbetteln, dass wir es sagen müssen? Unsere Staatsumwälzung hat keinen wirklich grossen Charakter, ja nicht einmal ausgezeichnetes Talent hervorgebracht. Diejenigen, die man noch als glückliche Ausnahmen anführen könnte, sind nichts weniger als Revolutions-Männer. Schon vor diesem unglücklichen Zeitpunkte hatten sie sich berühmt gemacht, und sie haben seither die Stärke und Erhabenheit ihres Charakters nur dadurch entwickeln können, dass sie mit allen ihren Kräften gegen die Verheerungen des revolutionairen Stroms stritten.

Unstreitig kann man sich nicht verheelen, dass von allen unglücklichen Folgen einer durch fremden Einfluss veranstalteten Staatsumwälzung die u n g l ü c k l i c h s t e ist, dass sie, wenigstens für einige Zeit, die besten Kräfte des revolutionirten Volks lähmt. Wenn sie von einer inneren und nationalen Bewegung erzeugt wird, so zieht sie, leider! auch die schrecklichsten Übel nach sich: allein wenigstens wird ein Theil dieser Übel durch die Schnellkraft vergütet, zu welcher diese gefährliche Krisis alle Hülfsmittel erhöhen, alle Kräfte der Nation spannen kann, und noch sicherer, wenn diese Nation selbst durch ihre eigne Masse, durch ihr eigen Vermögen, durch alle Wohlthaten des glücklichsten Bodens, durch alle Gaben des Verstandes und des thätigsten, erfinderischen Kunstfleisses mächtig ist.

In der Schweiz hat sich durch die Staatsumwälzung Niemand weder Ruhm noch Vermögen erworben. Keiner der vorgegebnen Revolutionsmänner hat sich bereichert. Viele haben sich selbst dadurch völlig zu Grunde gerichtet. Wahr ist's, keiner ist ein Schlachtopfer des Verderbens geworden, das er über sein Land gebracht hat; aber an mehr als Einem hat die öffentliche Verachtung die strengste Gerechtigkeit ausgeübt.

Wir haben wirklich nie, was man H ä u p t e r e i n e r P a r t h e y nennen kann, gehabt. Die kleine Zahl von Schwärmern und von Ehrgeizigen, die derselben Rechte sich aneignen wollten, hatten – wenn wir gerecht seyn wollen, werden wir's eingestehen müssen – weder Laster noch Tugenden, noch Talent genug dazu. Wir haben nicht einmal, was man im strengsten Sinn eine revolutionaire Parthey nennen könnte, obgleich unsre systematischen Philosophen in dieser Rücksicht wenigstens eben so hartnäckig, als heut zu Tage ihre Muster in Frankreich sind, obgleich ohne Zweifel viele Intriganten die Würden bereuen, die sie bekleidet haben, oder die sie zu erhalten hofften, wenn schon eben jetzt noch nicht eine grosse Anzahl Betrogener die Erfüllung aller Versprechungen, womit man ihrer Unwissenheit oder ihrer Habsucht geschmeichelt hatte, entsagt.

W e n n F r a n k r e i c h w i l l, so wird sein blosser Wille hinreichen, die Revolution zu enden. Unsre unruhigsten und geschicktesten Revolutionairs werden nicht mehr Mittel haben zu handeln und zu schaden, wenn die Unterstützung, die sie von Frankreich zu erwarten vorgeben, ihnen feyerlich versagt wird. Die Schweiz hat keinen Helden, dessen Ruhm alle Partheyen in Schranken halten kann. Allein die Schweiz bedarf seiner auch nicht so sehr wie Frankreich. Eine einige, sehr entschiedene Äusserung des Zutrauens und der Achtung von Seite der französischen Regierung gegen die helvetische, und diess ist genug, ihr alle Gewalt zu geben, deren sie jetzt noch bedürfen kann: Die einige Kraft, nach welcher sie sich nur darum allein sehnt, um Ordnung und Ruhe wieder herzustellen.

Die *Spaltungen* von Interessen und Meynungen, die ohne Zweifel noch lange unser unglückliches Vaterland beunruhigen werden, können nur durch einen Verfassungs- und Verwaltungsplan, der auf unsre wirklichen Bedürfnisse und auf die wahren Grundsätze einer weisen Freyheit berechnet ist, gedämpft werden. Die allgemeine Vernunft muss zuletzt den, dem Anschein nach unversöhnlichsten, persönlichen Absichten und Privatinteressen gebieten. Sind einmal diese Interessen auf eine vernünftige Weise befriedigt, so werden unvernünftige Forderungen und Drohungen des Partheygeists von selbst verschwinden, und die Art von Widerstand, die noch wird fortdauren können, wird sich bald auf eine ganz ohnmächtige Minderheit eingeschränkt sehen.

Allein der glückliche Erfolg des neuen Verfassungsplans muss durch die Wahl derjenigen gesichert seyn, denen aufgetragen ist, ihn in Wirklichkeit zu setzen. Allzugefährlich würde es seyn, die Wahl dieser ersten Ernennungen den Volksversammlungen zu überlassen, so vernünftig auch die Verordnungen ihrer Organisation seyn möchten. Jede Regierung, wenn sie nicht eingerichtet wird, ist eine zusammengesetzte Maschine, für deren Würkung nur die möglichst vollkommene Übereinstimmung aller Theile und aller Triebfedern, woraus sie besteht, Gewähr leisten kann. Der Gedanke also, in einer neuen Regierung die Häupter der verschiedenen Partheyen zusammen zu schmelzen, muss, nach den obigen Betrachtungen, eben so schwer auszuführen, als unnütz scheinen. Die entschieden revolutionaire Parthey in der Schweiz ist nur aus Metaphysikern oder Intriganten, und aus einer Menge gänzlich untüchtiger, von Talenten eben so sehr als von Glücksgütern entblösster Menschen zusammengesetzt, deren Armuth und Unfähigkeit die Republik zu besolden zu arm ist.

In der kleinen Klasse der Anführer sind wenige übrig geblieben, die mit den Einsichten, und der Erfahrung, welche die Bedienungen erfordern, zu denen man sie berufen könnte, versehen, während die meisten (nicht unglücklicher Weise) im Lauf der Staatsumwälzung alles Zutrauen verloren haben. Die Männer, die der 28ste Weinmonat 1801 wieder an die Spitze der Regierung gestellt hat, zeichnen sich eben so sehr durch die Mässigung ihrer Grundsätze, durch ihre Anhänglichkeit an liberale Ideen, als durch ihre Einsichten, durch ihre Erfahrung in Geschäften, und durch die Achtung, die ihnen ihre persönlichen Verdienste erworben haben, aus. Die Männer von Verstand und Talenten, die sich in diesem letzten Zeitpunkt entfernt haben, oder die man geglaubt hat entfernen zu müssen, sind seit dem 7ten Jenner und dem 7ten August

1800 der revolutionairen Horde verdächtig geworden, und konnten selbst die Gunst dieser Parthey nicht wieder gewinnen, ohne ihre eigenen Grundsätze aufzuopfern, ohne solche Versprechungen zu erfüllen, die dem allgemeinen Wohl am geradesten zuwider liefen, die die zerstöhrendsten waren für jede regelmässige Regierung, für jeden vernünftigen Verwaltungsplan, und für die einzig möglichen Maassregeln, die die nicht zu berechnenden Übel hätten vergüten können, die der Krieg und die Staatsumwälzung auf eine, ungeachtet ihrer sehr mässigen Hülfsmittel, dennoch der glücklichsten Gegend Europas, so lange sie unabhängig und ruhig war, gehäufft hatten.

Jakob traute also den über Wahlmänner und auf Parteibasis gewählten Volksvertretern nicht über den Weg. Schon anfangs 1801 hatte er in seinem Wochenblatt den originellen, wenn auch praktisch kaum umsetzbaren Vorschlag gemacht, von dem sich aber immerhin Elemente in dem noch heute einzigartigen Verfahren für die Bundesratswahl durch das gesamte Parlament, nach Massgabe der Sitzverteilung, verwirklicht haben:

Sollte es in unserem Vaterland je wieder dazu kommen, dass die Regenten vom Volk gewählt werden, so wäre mein Wunsch, dass sich ein gedoppeltes Wahlkorps bilde, ein demokratisches und ein aristokratisches, wo dann jedes die Hälfte der Regenten aus der Mitte der anderen Parthey wählen müsste. Auf diese Weise bekämen wir ein Regentenkorps, das aus den mässigsten Demokraten und den weisesten Aristokraten bestehen würde.[101]

In einer viel späteren Lebensphase, als sich Jakob längst vom politischen Aktivismus abgewendet und ins Bernische ›Exil‹ begeben hatte, widmete er sich intensiv der Betrachtung von Naturphänomenen und den sozialen Umständen in den jeweiligen neuen Kirchgemeinden. Während seiner Zeit als Pfarrer im bernischen Nidau (1809–1821) erlebte er das durch einen gigantischen Vulkanausbruch in Indonesien bewirkte ›Hungerjahr‹ von 1816/17 und hielt darüber eine weiterum beachtete Synodalpredigt zum Thema *Pflichten und Verhalten christlicher Lehrer zur Zeit einer ausserordentlichen Teuerung*.[102]

101 —— *Gemeinnüziges Wochenblatt*, erstes Heft, zweyter Bogen, Januar 1801.
102 —— Dazu weitere Angaben in KAP. 4.2, p. 202.

Vom seeländischen Nidau dann in die Hochgebirgswelt des Oberen Haslitals versetzt, fesselte ihn die majestätische Pracht der alpinen Eisriesen sowie der sie charakterisierenden Naturphänomene. Durch den Kontakt mit einem in Meiringen wirkenden Berufskollegen angeregt, besuchte er zweimal das hoch oben zwischen Meiringen und Grindelwald gelegene Rosenlaui-Bad, über dessen Entstehung und Heilerfolge er 1825 in Bern eine Beschreibung veröffentlichte. Einmal mehr kommt hier Jakobs umfassende Begeisterungsfähigkeit für eine ›gute Sache‹, aber auch seine darstellerische Kraft und letztlich die Eleganz seines Stils zum Ausdruck, ausser dass uns heutigen Lesern die damals übliche Länge der Sätze bisweilen Mühe bereiten kann.

Das Rosenlaui-Bad im Oberhasle
Eine topographische Zeichnung

Der Rosenlaui-Gletscher ist für alle diejenigen, welche auf Reisen durch die Schweiz auch das interessante Hasliland besuchen und für erhabene Naturschönheiten Gefühl haben, der Gegenstand einer vorzüglichen und immer höher steigenden Bewunderung. So oft ich an heissen Sommertagen schon mit Aurorens Erwachen aus dem gastfreundlichen Pfarrhofe zu Meyringen diesem Prachteisgebirge meinen Morgengruss brachte, war mir auch, als säh ich eine Familiengruppe vor mich hingestellt, deren königlicher Ahnherr, umgeben von seinen fürstlichen Söhnen und Enkeln und von ihnen allen hochverehrt und geliebt, Lehren der Weisheit und der Tugend ausspricht, und solche zugleich den Herzen gefühlvoller Zuschauer mit jener stummen Beredtsamkeit, die nur der schönen, heiligen Natur eigen ist, einprägt, dass sie eben so bleibend und ewig werden, wie der, der sie so nachdrücklich, so wahr und so überzeugend in Menschenseelen zu legen und wirksam zu machen versteht. Er selbst, der ungefeyerte Held, thürmt sich, im Hintergrunde stehend und von dem ihn überragenden Wetterhorn wie von einem Gotte bewacht, himmelan, und das Hellblau des Olympgewölbs drückt sich so rein und herrlich seinem ganzen Wesen ein, dass es wie aus einem Spiegel wiederglänzt und die Reinheit und Majestät des Unerschaffenen daraus hervorzustrahlen scheint, indess seine zu Männern gereiften Söhne (das Toffenhorn zur Rechten, mehr zur Linken das Wellhorn – hier Hasli-Jungfrau genannt, da es eigentlich nur ein Kegel des Wetterhorns ist) und zu seinen Füssen das Hohe Jägi – alle bedeutungsvoll die E n g e l h ö r n e r genannt –, in Feyerstille die Aussprüche

Das

Rosenlaui-Bad

im Oberhasle

mit seinen schönen Umgebungen, in seiner jetzigen
bequemen Einrichtung und nach seinen besitzenden
Heilkräften.

―――――

Eine topographische Zeichnung

von

J. Jakob Schweizer,

Pfarrer zu Guttannen.

―――――

Bern,
in der Stämpflischen Buchdruckerey, Nro. 44 an der Postgasse.
1825.

Das Rosenlaui-Bad im Oberhasle mit seinen schönen Umgebungen,
in seiner jetzigen bequemen Einrichtung und nach seinen
besitzenden Heilkräften: Eine topographische Zeichnung
von J. Jakob Schweizer, Bern: Stämpfli, 1825,
Zentralbibliothek Zürich, Alte Drucke, Md U 1495.

Kurze Predigten

über die christliche

Glaubens- und Sittenlehre,

nach der Ordnung

des heidelbergischen Catechismus

in biblischen Geschichten, Parabeln und Bildern,

von

J. J. Schweizer, Pfarrer zu Trub.

———

Erstes Bändchen.

———

Bern, bey L. A. Haller, Buchdrucker. 1828.

Kurze Predigten über die christliche Glaubens- und Sittenlehre,
nach der Ordnung des heidelbergischen Catechismus, in biblischen
Geschichten, Parabeln und Bildern, von J. J. Schweizer, Pfarrer zu
Trub, Bern: bey L. A. Haller, Buchdrucker, 1828, in 2 Bändchen,
Zentralbibliothek Zürich, Alte Drucke, TT 826.

des Vaters, die aufblühenden Enkel aber (jene Schaaren von grünenden, balsamduftenden Alpen), die Lehren und Räthe des erfahrnen Ahnherrn mit ehrfurchtvollem Schweigen vernehmen. In seinen Silberlocken zwar dem ehrwürdigen Greisen gleich, der mit heiterm Blick auf die zurückge-legte Laufbahn hinschauend, immer mehr himmelwärts strebt und, über alles Vergängliche sich erhebend, nur das Ewige festhält, mischt sich gleichwohl kein Trauergefühl von naher Trennung oder von Tod in die Feyerscene, da der Gottgeschaffene in dieser Hinsicht mehr als Mensch, an seinem sich immer gleichen Leben und Wirken die Ewigkeit seines Schöpfers sowohl als die Unsterblichkeit der Seele bis zur vollesten Ge-wissheit veranschaulicht und, vom Zahne der Zeiten unbenagt, nach dem Abflusse von Jahrtausenden heute Ebenderselbe noch ist, der er in seinem Entstehen war. [...]

Andreas von Bergen auf dem Sand in Oberhasle, im Brachmonat 1771 am Fusse des Tossenhorns Holz fällend und nach strenger Arbeit von heftigem Durste zum Reichenbach getrieben, sah ein reines lauteres Wässerchen unter den Felsen hervorrieseln und dem Bache zufliessen, wovon ihn zu kosten gelüstete, und das im Trinken einen Pulvergeruch, beim Wiederaufsteigen aus dem Magen aber denjenigen von einem fau-len Ey hatte. Da nun seiner Ehefrau ein wundes, von den Ärzten unheil-bar erklärtes Bein sollte nach wenigen Tagen abgenommen werden, so kam der Mann auf den Gedanken, sie noch vor der Operation in diesem Wasser baden zu lassen. Die Patientin wurde nach einer nahen Senn-hütte getragen und in einem mit dem Mineralwasser angefüllten Züber fleissig gebadet. Der Erfolg war, dass einzig durch den fortgesetzten Gebrauch dieses Bades, ohne irgend ein anderes Hülfsmittel, das wunde Bein gänzlich geheilt wurde und die in den elendsten Umständen nach Rosenlaui getragene Kranke nach Verfluss von drey Wochen wiederge-nesen heimgeführt werden konnte.

Jakobs Schrift, in der er noch weitere Heilerfolge anführt, muss eine beachtliche Resonanz erzeugt haben. Heute liest man in der Website des an gleicher Stelle errichteten Hotels Rosenlaui:

»Die zunächst einfache Gastwirtschaft im Rosenlaui entwickelte sich weiter: Nach einem verheerenden Brand entstand 1862 ein neues Gasthaus, das in der Folge etappenweise erweitert und komfortabler ausgestattet wurde. 1904 kam ein prächtiger Ju-

Topographie

der emmenthalischen Alpgemeinde

Trub,

Oberamts Signau, Cantons Bern,

von

J. J. Schweizer, Pfarrer.

Mit der geographischen Karte des Trubthales, gezeichnet
von Studer in Bern.

Bern, 1830.
Im Verlage von C. A. Jenni, Buchhändler.

Topographie der emmenthalischen Alpgemeinde Trub, Oberamts
Signau, Cantons Bern, von J. J. Schweizer, Bern: C. A. Jenni, 1830,
ETH-Bibliothek Zürich, Rar 27290, DOI 10.3931/e-rara-64248.

gendstilbau hinzu. Im Jahr 1912 zerstörte ein Erdrutsch die Quellfassung, was dem Badebetrieb ein Ende setzte. Das Hotel konnte jedoch überdauern. Es wird seit einigen Jahren schrittweise und sorgfältig renoviert und zieht mit Mobiliar und Komfort aus der Belle Époque (1886–1913) Gäste an, die einen Sinn für Stil und Romantik haben.«

Im Jahr 1828, wie zum Beweis, dass ihm trotz aller vielseitigen Interessen die praktische Theologie noch immer ein vordringliches Anliegen war, publizierte Jakob von seinem letzten Einsatzort Trub aus einen umfangreichen, zweibändigen Katechismus zum Zweck der Anleitung von Religionslehrern in Kirche und Schule. Darin gab er einfache didaktische Anweisungen sowie Zitate der sich zu bestimmten Lebensfragen äussernden Bibelstellen nach dem Muster des unter dem *ancien régime* weitverbreiteten *Heidelberger Katechismus* von 1563. In jene europaweit benutzte Predigt-Sammlung – ein Exemplar davon befand sich z. B. auf jedem Schiff der Niederländischen Ostindien-Kompanie – waren die Wesensmerkmale der zwinglianisch-calvinistischen Lehre gegenüber derjenigen von Luther eingeflossen. Und nun also passte Jakob die nämliche Lehrquelle an die Verständniswelt der bernischen Jugend an. Eine erste Predigt behandelt beispielsweise König *Davids demuthsvolle Reue über seine Sünden, sein Verlangen nach Erlösung und seine Dankbarkeit.*

1830 veröffentlichte Jakob von seinem letzten Einsatzort Trub aus eine durchaus wieder wissenschaftlich konzipierte *Topographie der emmenthalischen Alpgemeinde Trub.* Weit über rein topografische Aspekte hinausgehend beschreibt er darin ebenso minutiös die Geschichte, Wirtschaft, demografische Entwicklung sowie die gesellschaftliche Prägung dieser Gemeinde. Das auf ihrem Boden gestiftete, seit 1127 dokumentierte und vom römisch-deutschen König (und späteren Kaiser) Lothar[103] sowie von Papst Innozenz II. protegierte *Kloster Truoba* genoss in Anbetracht seiner zahlreichen Güter im weiteren Mittelland eine überregionale Ausstrahlung, bis es 1528 im Zug der Reformation aufgelöst wurde. Im Hinblick auf Jakobs hier noch einmal entfalteten flüssigen Stil, aber auch auf sein gewissenhaftes Aufarbeiten der Quellen und historischen Zusammenhänge, könnte man darin ein Werk sei-

---

103 —— Lothar III. (1073–1135), Herzog von Sachsen sowie ab 1125 deutscher König und ab 1133 Kaiser des Römisch-Deutschen Reiches.

131

nes Enkels, des späteren Zürcher Staatsarchivars und Geschichtspro-
fessors Paul Schweizer, erkennen, der allerdings erst neun Jahre nach
Jakobs Ableben zur Welt kam.

Noch immer sitzt dem nun fast 60-jährigen Jakob der Schalk im Nacken, wenn er beispielsweise über volkstümliche Namensdeutungen
schreibt:

> Nicht wohl abzuleitende Ortsnamen werden dann etwa auf der etymo-
> logischen Folterbank zerlegt, und die Angaben sind höchst lächerlich.
> So muss S c h a r t e n e l l aus dem F r a n z ö s i s c h e n stammen,
> und T a g e s l ä n g e (warum nicht gar j o u r é t e r n e l?) bedeuten.
> [...] Mit den Geschlechtsnamen gehen die Truber noch unbarmherzi-
> ger um, da die U h l m a n n aus U l m, die Z a u g g e r aus Z u g,
> und die W ü t h e r i c h e etwa gar aus U t r e c h t stammen sol-
> len – ein wahres Gegenstück zu den niederemmenthalischen K ä s e r n,
> die nach C ä s a r so wollen genannt sein;[104] [...] genealogische Eitel-
> keit, die sich selbst unter die Natursöhne des Trubthales einzuschlei-
> chen vermochte.[105]

Da durfte natürlich eine Herkunftsdeutung des Ortsnamens *Trub* nicht
unterbleiben. Jakob folgert, dass der gleichlautende, das Gemeinde-
gebiet durchfliessende Bergbach *Trueb* mit dem auf der luzernischen
Gegenseite des Napfmassivs in umgekehrter Richtung talwärts eilen-
den Gewässer *Luthern* in Beziehung zu bringen sei, das eine trüb, das
andere ›lauter‹, also klar. Nun verhielten sich aber beide Bäche recht
ähnlich: klar bei gutem Wetter, trüb nach Regenfällen. Der Unterschied
müsse daher im feuchten Talgrund auf der Truber Seite liegen, wo sich
vor der landwirtschaftlichen Bebauung nebelbildende Sumpfgebiete
befunden hätten.[106]

Jakob widmet sich auch ausführlich der demografischen Entwicklung der zu seiner Zeit an die 2'700 Einwohner zählenden, weitver-
streuten Gemeinde. Eine Truberfamilie brächte es im Durchschnitt auf
sechs Kinder im Erwachsenenalter. Entsprechend sollte die Einwoh-
nerzahl bei etwa 10'000 liegen, wenn nicht aufgrund des eigenartigen
Berner Erbrechts, wonach stets der jüngste Sohn das elterliche Anwe-

---

104 —— *Topographie*, p. 77.
105 —— Ebd., p. 5.
106 —— Die Ableitung von *trüb* wird noch heute für zutreffend gehalten.

sen erbe, die weiteren Geschwister in der Regel zur Auswanderung gezwungen wären.[107] Dieser demografisch an sich nicht ungesunde Aderlass konnte aber nachträglich zum Problem werden, wenn nämlich die Ausgewanderten verarmten und nach damals geltendem Recht Anspruch auf Unterstützung in der Heimatgemeinde erheben konnten. So verzeichnete man im Jahr von Jakobs Untersuchung 676 Armengenössige, die zum Teil im *Spital* verpflegt wurden, dazu 30 Verdingkinder, für die man den sie aufnehmenden Bauernfamilien Unterhalts- und Schulbeiträge bezahlen musste – insgesamt also eine schwere Bürde für die ländliche Gemeinde. Dazu sei vor wenigen Jahren das für 200 Personen konzipierte Spital abgebrannt; ein neues, etwas kleiner ausgelegtes habe indessen dank ausreichender Versicherungsdeckung bald errichtet werden können. Als vielversprechende Finanzierungsquelle für den Armenfonds erweise sich nun die neu eingeführte *Heiratssteuer für auswärtige Weibspersonen mit trubischen Bürgern*, die in Zukunft eine angemessene Armenunterstützung ermögliche. Auf den Spitalbetrieb eingehend findet Jakob die Verköstigung *mit nahrhaften Suppen von Bohnen, Erbsen, Haberkernen usf. mit genugsamem Brote* ausreichend, und er fügt bei: *Es giebt auch Fleischtage!* Auf der anderen Seite würden die arbeitsfähigen Spitalinsassen auch zum Arbeiten angehalten, sei es im *Feldbau, Spinnen, Weben und Lismen*. Das Spital produziere so seine eigene Leinwand für die Bekleidung der Insassen.

Über die Vermögensverhältnisse in der an sich produktiven, jedoch kaum über Ersparnisse verfügenden Gemeinde lässt er Folgendes verlauten:[108]

Der Vermögenszustand der Truber ist, zwey oder drey Partikularen abgerechnet, sehr gering, und kaum giebt es ihrer fünf Bauern, deren Güter ganz schuldenfrey wären. Einer, der ein Vermögen von 3000 Bernerkronen (L. 7500), aufweisen kann, wird hier schon für einen reichen Mann gehalten. Sehr Viele haben gar kein Vermögen, selbst mehrere Liegenschaftbesitzer nicht, da sie so viel darauf schuldig sind, als das ganze Gut werth ist. Die Hauptursache des w e n i g e r a l s m i t t e l-

---

107 —— Im August 2020 zählte Trub nach Auskunft der Gemeindeverwaltung 1330 Einwohner, also halb so viele wie in Jakobs Statistik von 1830, dafür soll es jetzt um die 50'000 auswärts wohnende Heimatberechtigte geben.
108 —— *Topographie*, p. 97 f.

m ä s s i g e n Vermögens der Güterbesitzer und Lehenmänner liegt in
der fast ausser allem Verhältnisse mit anderen Gemeinden hier anstei-
genden B e v ö l k e r u n g. Das rauhe Klima hat eine sehr gesunde Luft,
bey deren Einathmung die Kinder nicht wie in flächeren Gegenden beynahe zur Hälfte dahinsterben. [...] Werden nun noch einerseits der geringe Ertrag des mit der grössten Mühe zu bearbeitenden Bodens, die öf-
tern verwüstenden Hagelschläge, und endlich die von den Vortheilen des
Handels abgeschnittene Lokalität hinzugezählt, so wird sich Niemand
darüber verwundern, dass die Truber nur ein sehr kleines Vermögen besitzen, wohl aber darüber, dass noch jemand unter ihnen Vermögen hat.
Und wäre nicht vor Altem durch die emmenthalischen Statutenrechte
dafür gesorgt worden, dass die ohnehin kleinen Heimwesen nicht mehr
vertheilt, sondern dem jüngsten Sohne überlassen werden sollen, der
sich dann mit seinen Geschwistern abzufinden hat, so wäre auch das
ganze Territorial schon längst verarmt. Aber der Truber Arbeitsamkeit
und haushälterisches Wesen ist denn doch ihr wahrester Schutzengel.
[...] Bei Festivitäten werden keine grossen Umstände gemacht, und die
haushälterischen Truber vermeiden auch jeden kostspieligen Aufwand.
An Hochzeiten werden zuweilen die nächsten Anverwandten der Braut-
leute zu einem Mittagessen in die Wohnung des Bräutigams eingeladen.
Die Mahlzeit besteht aus Suppe, Fleisch, Gemüse, Brot, Käse, Kuchen
und Wein. In weit den meisten Fällen wird diess alles vermieden, und
die Neuverlobten gehen nach der Copulation[109] ohne irgendein Begleit
ins Wirtshaus, um ein ganz einfaches Mahl, oder auch nur ein Glas
Wein zu geniessen.

3.6 DAS VERHÄNGNISVOLLE MEMORIAL

Parallel zum dichterischen Karikieren und journalistischen Hinter-
fragen der politischen Lage reihte sich Jakob bereits im zweiten Helvetik–Jahr unter die Schar kritischer Zeitgenossen, die mit Begehren
und neuen Verfassungsvorschlägen an die Obrigkeit gelangten. Der
Kirchenhistoriker Paul Wernle berichtet hierüber ein gutes Jahrhundert später:[110]

---

109 —— Damals gebräuchlicher Ausdruck für den Akt der kirchlichen Eheschliessung.
110 —— Wernle, Zweiter Teil, p. 155.

Er hängt mit ganzer Seele an der alten Regierung und zeigt ihr Anhänglichkeit und Dankbarkeit, so oft sich dazu Gelegenheit bietet. Daneben betrachtet er die Revolution als von Gott geschickt und die neuen Regenten als Werkzeuge Gottes. An die grosse Öffentlichkeit tritt er zum ersten Mal im Dezember 1799 in dem berühmt gewordenen ›Schreiben an das Helvetische Vollziehungs-Direktorium namens der Zürcherischen Geistlichkeit‹. [...] Die Ermächtigung, namens der Zürcherischen Geistlichkeit zu schreiben, hat sich der Mann mit dem starken Selbstbewusstsein aller Wahrscheinlichkeit nach selbst gegeben.

Jakob kritisierte in seiner Eingabe nicht nur den *schlechterdings ungerechten und abgeschmackten Artikel 26 der Konstitution, nach welchem wir Geistliche von allen politischen Verrichtungen ausgeschlossen sein sollen,* sondern allgemein auch die daraus fliessende Geringschätzung weiter Bürgerkreise für den geistlichen Stand, was von oberster Stelle unkritisch toleriert werde. Und selbstverständlich wies er auf die dramatische finanzielle Lage hin, in welche die ersatzlose Abschaffung von Zehnten und Grundlasten vor allem die Landgemeinden, folglich die bisher von ihnen entlöhnten Pfarrer und Lehrer, gebracht hatte – nicht zu sprechen von den unterstützungsbedürftigen Gemeindebürgern. Schon Lavater hatte einen Monat zuvor hierüber geradezu ultimativ an das Helvetische Direktorium sein *Wort der Warnung eines freyen Schweizers* ergehen lassen, das er dann auch als Flugschrift verbreitete, was ihm von der Obrigkeit sehr übel genommen wurde.

Im Januar 1800 kam es zu einem auch in der weiteren Öffentlichkeit zirkulierenden Briefwechsel zwischen Jakob und dem zuständigen Minister für Wissenschaften und Künste, Philipp Albert Stapfer (1766–1840). Der Minister teilte zwar die Sicht des Embracher Pfarrers weitgehend, musste jedoch durchblicken lassen, dass die helvetische Kasse aufgrund der schweren Kriegsverwüstungen und der zusammengebrochenen Wirtschaft praktisch leer sei. Jakob hatte aber auch die politische Kaltstellung der Seelsorger kritisiert und sich dabei über ungetadelt gebliebene Voten von Parlamentariern aufgehalten, die dahin gingen,

dass die christliche Religion und die Lehrer derselben für die neue Ordnung der Dinge nicht mehr taugen, dass dieser Stand als unnütz aufgehoben und am Ende die Geistlichen um die Einkünfte gebracht werden müssten, [...] dass das Christentum eine Sache sei, die ins Schlaraffen-

*land gehöre; die Pfarrer bräuchten keine Einkünfte mehr, weil sie von
den Bauern genug Schinken bekommen; sie seien die Spione der Oligarchen gewesen, sie seien alle Aristokraten und darum per se zur Aufsicht
über die Schulen untüchtig.*[111]

Gleichzeitig war nun aber im Hinblick auf die helvetische Befindlich-
keit eine fundamentale Veränderung eingetreten: Ein Staatsstreich
hatte am 7. Januar 1800 zur Auflösung des Direktoriums und zum politischen Sturz von dessen autoritär regierendem Chef, Frédéric-César
de La Harpe, geführt. Anstelle des fünfköpfigen Direktoriums wurde
ein Vollziehungsausschuss mit sieben regierungserprobten Mitgliedern
geschaffen. Zehn Tage darauf erklärten die gesetzgebenden Räte die
geltende Verfassung als *»unzweckmässig und aufgedrungen«* und stell-
ten die Ausarbeitung einer neuen in Aussicht, wozu eine paritätisch
von beiden Kammern beschickte *Zehnerkommission* geschaffen wurde.
Hier nun schlug Jakob, *»den durch seinen Briefwechsel mit Stapfer nicht
nur eine grosse Schreiblust, sondern auch ein grosses Selbstbewusstsein gepackt hatte, das sich gelegentlich bis zum Gefühl einer göttlichen
Sendung steigerte«,*[112] erneut zu, wobei er auf eine ausgewogenere Zu-
sammensetzung der neuen Behörden baute. So erschienen von ihm im
gleichen Monat Februar 1800 kurz nacheinander der *Zuruf eines Helve-
tiers an alle warmen Vaterlandsfreunde* sowie *Vorschläge zur Rettung
des Vaterlandes*. Während er im *Zuruf* die Mitbürger zum gemeinsamen
Nachdenken über eine genuin-schweizerische, nicht von leeren revolutionären Losungsworten geprägte Verfassung einlud, präsentierte er
in seinen eigenen *Vorschlägen* zuhanden der neuen Regierung – nach
einem etwas grossspurigen Einstieg – eine erstaunlich vielseitige Palette von Anregungen zu innen- wie auch aussenpolitischen Fragen.
Und weil der anstehende konstitutionelle Neubeginn Jakob tatsächlich
in Fahrt gebracht hatte, schüttete er den angesprochenen Regierungs-
männern zuerst einmal so richtig sein patriotisch-pastorales Herz aus,
um alsbald in den professoralen Modus überzugehen.

111 ——Wernle, Zweiter Teil, p. 156.
112 ——Ebd., p. 159.

136

Vorschläge zur Rettung des Vaterlandes,

der Zehner-Kommission im Gesetzgebenden Korps
und dem neuen Vollziehungsausschusse
zur Beherzigung vorgelegt,
geschrieben im Hornung 1800
von Jakob Schweizer
Pfarrer zu Embrach,
Cantons Zürich[113]

Freiheit   Gleichheit
            Väter des Vaterlandes!

Mein Herz wallet vor Freude, indem ich, sint dem Ausbruch der Revolution, jezt zum erstenmal wieder den Namen »Väter des Vaterlandes«
nenne, und Männer finde, die dieses Namens würdig sind!

Welche Regenten sind Väter des Vaterlandes? – Nicht diejenigen,
welche in der allgemeinen Verwirrung nur die Befriedigung ihres Ehr-
geizes und anderer finsterer Leidenschaften suchen; nicht solche, die
mit jener Zerstörungs- und Verbesserungswuth, hinter welcher sich oft
Stolz und Eigennuz verbergen, zu den Geschäften kommen, und ohne
zu wissen was sie wollen, Feuer und Kraft verschwenden, ohne etwas
von Wichtigkeit ausgerichtet zu haben; nicht diejenigen, die bey Regierungsgeschäften alles nur auf ihren vermeinten gesunden Verstand und
ihre geschwäzige Zunge ankommen lassen; am allerwenigsten solche,
die sich auf den Trümmern der Freyheit und der Geseze erheben, durch
Gewalt und Ungerechtigkeit emporsteigen, und durch Bedrükung des
Volks eine Überlegenheit über dasselbe behaupten. Nein, Väter des Vaterlandes sind Regenten, die das Gute – das ist Ordnung, Ruhe, Sicherheit – und den daraus erwachsenden öffentlichen Wohlstand bewürken
wollen, Männer, die sich mit Fleiss und Studium Kenntnisse und Fer-
tigkeit in Regierungsgeschäften erworben haben; denen Menschenwohl
und Menschenrechte heilig sind; die nach den Grundsäzen der Gerechtigkeit handeln und nicht eine Menge Goldes und Silbers auf ihre dem
Vaterland zu leistenden Dienste sezen, sondern sich begnügen, die Billigkeit ihres Verhaltens, die innere Erkenntlichkeit und die Segnungen
des Volkes als den schönsten Theil ihrer Belohnungen anzunehmen. Mit
solchen Männern wünsch ich mich über die Mittel, wodurch das Vater-

---

113 —— Zentralbibliothek Zürich, DU 1145.

*land im gegenwärtigen Zeitpunkt gerettet werden kann, zu besprechen.
[...] Schon manche heilsame und erwünschte Veränderung ist durch
Euere Bemühungen, Väter des Vaterlandes, zu Stande gekommen. Alle
wohlgesinnten, Ordnung und Ruhe liebenden Bürger fangen an, Hofnung und Muth zu schöpfen, indem sie in so glüklichen Anfängen den
Keim zu wichtigern und grössern Reformen ahnen. [...] Aber noch sind
diese nicht erfolget: noch wartet das helvetische Volk auf solche kühne
und entscheidende Schritte. Nicht immer sind die langsam gemachten
Veränderungen die besten. Es giebt Zeiten, wo man den günstigen Augenblik benuzen und in wenigen Tagen schnell und krafvoll schaffen
muss, was nachher in ganzen Jahren nicht mehr erzwekt werden kann,
weil der günstige Augenblik unwiederbringlich entflohen.*

*Soll das Unglük, das Helvetia betroffen hat, erleichtert und gehoben
werden, so müssen wir die Quellen kennen, woraus es geflossen. Diese
finden wir theils innert dem Vaterlande, theils ausser demselben. Man
muss also gedoppelte Mittel anwenden, um die Quellen des Unglüks
zu verstopfen.*

Jakob geht nun zunächst auf die beschränkten *aussenpolitischen* Op-
tionen der Schweiz ein, die ja angesichts des vertraglichen Abhängig-
keitsverhältnisses sowie der französischen Armee-Präsenz tatsächlich
eingeengt waren. Er erachtet die Wiederherstellung der Neutralität
für das Überleben einer souveränen Schweiz als unabdingbar. Sie war
durch den von Frankreich am 9. August 1798 aufgezwungenen Bei-
standspakt verloren gegangen, was die Schweiz dann bald in die europäischen Kriegswirren hineingezogen hatte.

*Von Frankreich scheint es gegenwärtig abzuhangen, ob die Schweiz
neutral erklärt werden solle oder nicht. Diese Neutralität halte ich mit
tausend wohldenkenden Vaterlandsfreunden für unser einziges Rettungsmittel: oder vielmehr, auf diese gründe ich die Wiederherstellung
des öffentlichen Wohlstandes, und ohne diese scheint mir jedes Mittel
zu neuer Bildung und Veredelung unsers Volkes zu fehlen.*

Er fordert demgemäss die neu bestellte helvetische Regierung zu einer beherzten diplomatischen Kampagne in Paris auf, dessen Führung
durch eine Demonstration des geeinten Volkswillens wieder von der Bedeutung der Neutralität als einer traditionell eingenommenen Haltung
der bisherigen Eidgenossenschaft überzeugt werden soll. Nach Jakobs

Überlegungen zur Neutralität, die sich für die Schweiz seit Jahrhunderten bewährt hatte, riskiert das nicht neutrale Land eine Verwicklung in die europäischen Kriege und setzt sich auch ohne Krieg ernsthafter Behinderung des Aussenhandels durch Blockaden aus, wie man es eben erleben musste. Zu Recht bezweifelt Jakob die verbreitete Sicht, dass ein baldiger Friedensschluss oder gar ein Sieg von Frankreich bevorstehe; falls aber die Gegenseite gewänne, so urteilt er, würde die mit Frankreich verbündete Schweiz gleich wie ein besiegter Feind behandelt. Um sich international durchzusetzen, gehe es nun darum, eine eigentliche Neutralitätspolitik zu formulieren und diese durch das Volk in einer Urabstimmung absegnen zu lassen. Dabei erkennt er durchaus die Schwierigkeiten, Frankreich zur Auflösung des der Schweiz vor zwei Jahren aufgedrängten gegenseitigen Schutzbündnisses zu bewegen, da ja

die Franken unsere gebirgte Schweiz als die vortheilhafteste Stellung gegen den Feind kennen gelernt haben. Mir war es, seit dem Ausbruch der Helvetischen Revolution, unbegreiflich, wie die Gesezgebenden Räthe und das Direktorium die Aufhebung des glüklichen Einverständnisses mit den verbündeten Mächten, und Maassnahmen, die einer förmlichen Kriegserklärung gleich kamen, da wir uns geradehin als Feinde des Kaysers und Engellands ankündigten, mit dem Heil des Vaterlandes, und mit der Erhaltung unserer Freyheit vereinbar finden konnten. Unbegreiflich war mir die Willkürlichkeit einiger Regierungsglieder, die mit den unbesonnesten Ausfällen auf den Deutschen Kayser und seine Armeen, dieselben gegen die Schweiz reizten, und in eben dem Augenblik, da uns von daher ein Einfall drohte, durch einen lächerlichen Stolz Troz boten. Wahrscheinlich hatten diese tapferen Männer, die so gross im Sprechen und so klein im Handeln sich zeigten, schon damals im Sinne, beym Einrüken der Oestreicher auf unsern Boden Vaterland und Stelle zu verlassen und uns arme Übriggebliebene den Zorn der recht aufgebrachten Armee für diese ihre dummen Streiche fühlen zu lassen. Genug, der Einfall der verbündeten Mächte[114] in einen Theil der Schweiz, und die dadurch veranlassten Ereignisse, zeigen deutlich und überzeugend, dass dieselben, als Feinde, eine furchtbare Macht für Helvetien sind, und dass die Franken, truz

---

114 —— Gemeint sind die gegen das revolutionäre Frankreich alliierten europäischen Monarchien.

ihrer Kriegslist und Tapferkeit, ja truz ihrer heiligsten Versprechungen, die Unantastbarkeit des Vaterlands, von Seite eines solchen Feindes wenigstens, nicht garantieren können.

Ich glaube auch an meinem Vaterland keinen Hochverrath zu begehen, sondern ihm einen wesentlichen Dienst zu leisten, wenn ich dahin anrathe, dass an der Herstellung eines guten Einverständnisses mit den verbündeten Mächten, besonders mit dem Kayser, durch das Verlangen nach dem Neutralitäts-System gearbeitet werde. Ein Bündnis mit diesen suche ich so wenig als ein Truz- und Schuzbündnis mit den Franken: auch möchte ich das gute Einverständnis mit dem Kayser nicht mit der Aufopferung auch nur des kleinsten Theils unserer Freyheit erkaufen. Ich seze vielmehr als unablässiges Bedingniss der zu suchenden Neutralität fest, dass überall keine auswärtige Republik oder Monarchie sich, unter welchem Titel es immer seyn möchte, in unsere inneren Angelegenheiten mischen oder unsere Freyheit auf irgend eine Weise beschränken sollte. Dennoch scheint mir auch bey solchen Voraussezungen, die mich hoffentlich bey jedermann ausser den Verdacht eines ausschliesslichen Kayserfreundes sezen werden, die Herstellung der Neutralität in der Schweiz thunlich und möglich. Von unserer Seite bedarf es weiter nichts als einer ernsten, festen Deklaration, so wie an die Franken, also an die verbündeten Mächte, dass wir das ehemalige Neutralitäts-System, wie es vor dem Ausbruch der Revolution war, für das einzige Rettungsmittel unsers Vaterlands halten, und zu allen denjenigen Massnahmen der Krieg führenden Mächte, welche dahin abzielen, unsere Hand bieten wollen. Diese Neutralität zu bewerkstelligen, ist dann weiter nicht unsere Sache: wir haben unsre Pflicht gethan, wenn wir uns fest erklärt haben, sie zu wollen.

Alsdann kommt Jakob auf die Notwendigkeit eines die Neutralität bestärkenden Grenzschutzes zu sprechen, welcher angesichts der gegenwärtigen Verarmung des Landes kaum im erforderlichen Mass zu bewerkstelligen wäre. Er glaubt aber, dass diese Anforderung durch gegenseitige Gewährleistung der letzlich an einer Friedensinsel in ihrer Mitte interessierten Mächte zurückgeschraubt werden könne. Wie recht sollte er dann 15 Jahre später angesichts der vom Wiener Kongress beschlossenen allseitigen Neutralitätsgarantie für die Schweiz innerhalb sicherer Grenzen haben!

Zum *innenpolitischen* Teil seiner Anregungen übergehend nennt Jakob als Quelle der gegenwärtigen Probleme des Landes die von Frankreich aufgedrängte Einheitsverfassung, welche ja erst kürzlich vom Parlament selbst als für die vielgestaltige Schweiz untauglich erklärt worden war. Er orientiert sich zunächst an den mit der Revolution in neuem Sinn aufgekommenen Begriffen von *Freiheit* und *Gerechtigkeit*, die er an sich übernimmt, geht dann aber kritisch auf den weiteren Grundsatzpfeiler der *Gleichheit* ein. Diese dürfe sich nicht gleichmacherisch auf das Gerechtigkeitsempfinden in den verschiedenen Gegenden der Schweiz auswirken, sondern müsse den Wunsch und den Willen der dortigen Bevölkerung berücksichtigen.[115]

Gerechtigkeit ist die Grundlage aller glüklichen Verfassungen, selbst in Monarchien, Freyheit ist die Grundlage aller Republikanischen Verfassungen; allein die Gleichheit, welche verlangt, dass alle Bürger, nach Verhältnis des Vermögens, zu den Lasten des Staates gleichen Beytrag geben, und dass jeder zu dem Posten im Staat, wozu er sich tüchtig gemacht hat, eben sowohl Zutritt haben soll, als irgend ein anderer, verlangt auch in ausgedehnterem Sinn, dass alle Bürger unter einerley Gesezen stehen, und diese Gleichheit kann erst dann in einer neu zu entwerfenden Verfassung als Grundlage dienen, wenn alle Bürger sich erklärt haben, unter einem Geseze stehen zu wollen.

Diese Überlegungen führen Jakob dann zur Betonung der Verschiedenheit im Nationalcharakter des von jeher einheitlich ausgerichteten Frankreichs und der in mancher Weise vielgestaltigen Schweiz. Einheit und Unzerteilbarkeit habe sich in Frankreich bewährt, aber das sei auch schon vor der Revolution der Fall gewesen. Jakob gibt zu bedenken, dass diese kaum mit gleichem Erfolg hätte stattfinden können, wenn die verschiedenen Départements vor Ausbruch der Revolution ganz verschiedene politische Traditionen und Regierungsformen gekannt hätten. In Frankreich habe in der Tat nur *ein* Nationalcharakter die Einwohner geprägt – zum auffallenden Unterschied von anderen Nationen Europas. Für eine gesamthaft revolutionäre Umgestaltung erscheint ihm die Schweiz unter allen Republiken als am wenigsten geeignet, indem die vormals unter sich verbündeten Orte in ihren inneren Angelegenheiten völlig frei und voneinander unabhängig gewesen seien, was sich auch in ihren teils ›aristokratischen‹ (bzw. oligarchischen), teils demokratischen Verfassungen, und darüber hinaus in

---

115 —— Dazu auch Schlag, p. 246.

der konfessionellen Verschiedenheit ausgedrückt habe. Entsprechend der Verschiedenheiten in Lebensart, Sitten, Gebräuchen, Kultur, Wohlstand und Charakter hätten sie auch kein gemeinsames Finanzwesen und keine gemeinschaftliche Armee gehabt. Dies alles in einen Einheitsstaat zusammenzuschmelzen, könne nur mit Zwang, Arglist oder lügenhafter Überredungskunst geschehen. Die soeben erledigte erste Phase der Helvetik beweise das ja zur Genüge. Jakob regt daher im Sinne der Volksaufklärung ein wahrhaft modern anmutendes Vorhaben an, nämlich das Ausschreiben eines Preises

auf den besten republikanischen Volkscatechismus, der an Simplizität und Popularität, so wie an Wahrheit und Richtigkeit der Begriffe alle bisher erschienenen weit hinter sich lassen müsste, worin eben ganz besonders die Worte Freiheit, Gleichheit, Gerechtigkeit usw. erklärt wären – ein Büchelgen, dessen sich jeder Lehrer oder Schulmeister beym Unterricht bedienen sollte.

Danach geht er auf die Art der Volksvertretung ein, welche von direkter Konsequenz für die freie Selbstbestimmung der Bürger sei. Er gibt zu, ursprünglich ein Verfechter des Repräsentativsystems gewesen zu sein. Dieses habe sich aber wegen der grossen Zahl der Abgeordneten als zu teuer für das verarmte Land erwiesen; Entschädigungen müssten gesetzlich zwingend vorgeschrieben und auch an die durchschnittlichen Lebenskosten im jeweiligen Vorort angepasst sein; kantonale Verwaltungen seien letztlich ja gleichwohl vonnöten. Das heutige, zentralisierte System der Ämterbesetzung führe zu Intrigen und Parteisucht bei der Auswahl, wogegen das alte System weitgehend auf entschädigungsloser Dienstleistung für die jeweilige Kantonsregierung beruht habe. Darüber hinaus führe das indirekte Verfahren über ein Wahlgremium als Zwischenglied zu Verfälschungen. Jakob schätzt, dass in Zürich von zwanzig so bestellten Repräsentanten nur deren drei gemäss eigentlichem Volkswillen gekürt worden seien:

Dann ist mir geradehin unbegreiflich, wie die Wahlmänner im Stande waren, den Willen des Volkes auszudrüken, das ihnen nur den Auftrag ertheilte, an seiner Stelle zu wählen, nicht aber die Männer in Vorschlag geben durfte, welche es sich zu Regenten wünschte; woraus denn folgt, dass, von zwanzig durch die Wahlmänner erwählten Regenten, vielleicht drey es nach dem Willen des Volkes geworden! Ich sage kein Wort von dem lächerlichen Umstand, dass der grösste Theil der Wahlmänner, besonders bey Ernennung der Kantonsobrigkeiten und Distriktsrichter, die Vorgeschlagenen nicht einmal dem Namen nach kennt, und von ihrer Würdigkeit nicht unterrichtet sein kann, welches allein schon hinreichend ist, das Zwekwidrige einer solchen Wahlart zu zeigen. – Was den andern Punkt betrifft, dass nemlich diese Wahlart den Familien-Regierungen oder dem Emporstreben irgendeiner Parthey ein Ende machen könne, so hat die Erfahrung gerade das Gegentheil gezeigt. Unter der alten Verfassung gestattete das Gesez nicht, dass z. B. zwey Brüder in den gleichen halbjährlich besezten Rath kommen konnten; bey der neuen Helvetischen Republik aber waren zur gleichen Zeit drey Söhne eines Vaters an den ersten Stellen im Staate, der Eine Regierungs-Statthalter, Senator der Andere, Regierungs-Commissar der Dritte, und hatten als solche unstreitig mehr Gewalt, als der Kleine Rath in Zürich kaum ausüben durfte. Ebenso wenig wird jemand läugnen wollen, dass bey der Wahl der Regenten leidenschaftliche Partheylichkeit alles regiert habe, daher es auch unmöglich ward, dass solche Männer zu Regenten hätten gewählt werden können, die einer gewissen Faktion nicht anstuhnden. Bey dem lezten Zusammentritt des Zürcherischen Wahlkorps brachte es die gemässigte Parthey der sogenannten Aristokraten bey der Stimmenzählung allemal höchstens auf achtzig, da die patriotische Parthey es immer auf hundert und mehr bringen konnte; und so war bey jeder Wahl zum voraus gewiss, dass die Ersteren, auch wenn Männer vorgeschlagen wurden, die das Zutrauen des Volkes im höchsten Grad genossen, immer die Minorität, und die leztern die Majorität ausmachen würden. Bey einer anderen Besammlung der Wahlmänner fand es sich, dass die Zedul, auf denen die Namen der zu Richteren in den verschiedenen Distrikten vorgeschlagnen aufgezeichnet werden mussten, grösstentheils von der nemlichen Hand geschrieben waren, und die Schreiber waren dabey so unneigennüzig, zum Lohn dieses mühsamen Dienstes weiter nichts zu begehren, als die Erlaubnis, ihre eignen Namen ebenfalls auf die Zedul schreiben zu dürfen!

Zum gewichtigen Abschluss bricht Jakob eine Lanze für das Föderativ-System, das der Schweiz während Jahrhunderten gedient habe. Wie jedes politische System müsse es allerdings auch stets an die sich ändernden Gegebenheiten und Bedürfnisse angepasst werden. In der so lange von Kriegen verschont gebliebenen Schweiz sei letztlich zu wenig auf die Stärkung des inneren Zusammenhalts geschaut worden. In den nun wieder zu schaffenden Föderativ-Einheiten, wie auch immer diese unter den gegebenen Umständen abzugrenzen wären, sollten Kommissionen zur Ausarbeitung einer neuen Verfassung gewählt und deren Vorschläge dem Volk zur Abstimmung vorgelegt werden. Den Kommissionen seien keine weiteren Vorgaben als die Grundsätze der Freiheit und Gleichheit – nach der jeweiligen gebietseigenen Auffassung – zu machen, denn:

allen Kantonen die nemliche Regierungsform aufdringen zu wollen, hiesse ebensoviel als verlangen, dass alle Haushaltungen in einem Dorf gleich eingerichtet seyn sollen.

Als gemeinsame Organe der Föderation postuliert Jakob:

Einen Generalkriegsrath zur Repräsentation der bewaffneten Macht sowie zur Verwaltung der Zeughäuser, Magazine und der Kriegskasse;

einen Nationalrath, der aus je einem Mitglied pro Kanton bestehen und ständig am Hauptorte der Republik residieren soll.
Dessen Aufgaben seien:
— Überwachung der inneren Einheit im Bund.
— Prüfung bzw. Genehmigung der kantonalen Verfassungen und Gesetze hinsichtlich ihrer Vereinbarkeit mit der inneren Einheit des Bundes.
— Streitschlichtung zwischen den Kantonen in letzter Instanz.
— Planung der Aussenpolitik, diplomatische und militärische Vertretung nach Aussen.
— Oberbefehl über die bewaffnete Macht und die Tätigkeit des Generalkriegsrats.
— Festsetzung des Münzfusses sowie der Masse und Gewichte.
— Erhebung einer Bundessteuer zum Bestreiten der erwähnten Aufgaben.

Darüber hinaus soll sich der Nationalrat aber nicht in die inneren Angelegenheiten und die Gestaltung der Wirtschaft in den Kantonen einmischen.

Die Antwort der so vertrauensvoll und mit bedenkenswerten Vorschlägen angeschriebenen Regierung musste den Einsender allerdings enttäuschen: Man teilte Jakob am 27. Februar 1800 lediglich mit:

*Schreiben des Vollziehungs-Raths in Bern
an den Bürger Pfr. Jakob Schweizer zu Embrach
betreffend seine Vorschläge für eine verbesserte Verfassung*

*Durch das Resultat Eures Nachdenkens und patriotischen Wunsches
für Helvetiens Vielfalt habt Ihr Euch die Achtung und das Wohlge-
fallen der Regierung erworben, die Euch hiermit einlädt, unermüdlich
fortzufahren und dank Eurer Talente Euch fernerhin um das Vaterland
verdient zu machen.*
Republikanischer Gruss,

*Der Präsident des Vollziehungsausschusses: Dolder
Der Generalsekretär: Mousson*

Eine solche Quittung in höflichem Amtsstil konnte Jakob natürlich
nur verärgern. Ihm war es letztlich um eine gemässigt-föderalistische
Lösung für die Zukunft des Landes gegangen, was allerdings nicht
im offiziellen Sinn der noch keine zwei Jahre alten Helvetik lag. Doch
der leidenschaftliche ›Influencer‹ liess sich schon nach Monatsfrist
noch einmal und mit noch leidenschaftlicheren Eingangszeilen zu einer
Mahnung an die Regierenden hinreissen, diesmal allerdings mit Wen-
dungen, die als Beleidigung aufgefasst werden konnten:

*Freymüthiges Wort eines freien Schweizers
an die helvetische Regierung in Bern und an die Männer,
welche dem Vaterland eine neue Verfassung geben werden.*

*Es ist hohe Zeit, dass jeder wohldenkende, unerschrockene Republikaner
seine Stimme erhebe, um der Helvetischen Regierung zu zeigen, in welche Abgründe des Elends wir alle in kurzem gerathen müssten, wenn
dieselbe noch länger fortfahren sollte, durch die ungerechtesten Mittel,
durch Betrug und Verläumdung, durch einen unseligen Partheygeist
und durch Unternehmungen, die dem Beginn eines zur Raserei und Verzweiflung gebrachten Menschen gleichen, der Rettung des Vaterlandes
die mächtigsten Hindernisse absichtlich in den Weg zu legen und, von
Ehrgeiz und Egoismus verblendet, einer Parthey wiederum emporzu-
helfen, die, wenn sie die Oberhand gewinnen sollte, alles vorhandene
Gute ausrotten, den ausgestreuten Samen der Ruhe, der Ordnung und
des wiederkehrenden Wohlstandes im Keime ersticken und durch einen
unerhörten Terrorismus ihre Gewalt befestigen würde.*

Wiederum wartete Jakob mit einigen konkreten Vorschlägen auf, doch diese waren jetzt nur für eine provisorische Übergangsfrist gemeint. Namentlich sei das Parlament bis zum Erlass einer neuen Verfassung aufzulösen und die volle Staatsgewalt müsse allein beim Vollziehenden Ausschuss liegen. Dieser wiederum soll mit den fähigsten Männern der Nation einen Ausschuss bestellen und mit ihm gemeinsam den neuen Verfassungsentwurf ausarbeiten, wobei die endgültige Verabschiedung des Texts ohne Parteibindung zu erfolgen habe. Alle Bürger sollten frei ihre Vorschläge einbringen können.

Diesmal blieb eine behördliche Antwort gänzlich aus – wohl zum Glück für Jakob, denn die einleitenden Passagen seiner Eingabe hatten sich ja geradezu inkriminierend ausgenommen.

Doch nun entschloss er sich, die Behörden durch eine direkte Aktion an der Basis wachzurütteln. Am 5. Mai 1800 verschickte Jakob an alle Gemeinden im Kanton Zürich den Entwurf für getrennte Petitionen an den Helvetischen Vollziehungsausschuss einerseits und die gesetzgebenden Räte andererseits, das Ganze zur Prüfung und Unterzeichnung durch die Bürgerschaft.

Das als *Memorial*[116] bezeichnete Paket enthielt eine noch herbere Kritik an den gesetzgebenden Räten und gipfelte wiederum in der Forderung nach deren Auflösung bzw. Übergabe der vollen Regierungsgewalt an den Vollziehungsausschuss, hier *Vollziehungs-Commission* genannt, mit der zusätzlichen Drohung, der Kanton werde im Weigerungsfall seine Zahlungen einstellen! Das nunmehr aus sieben Mitgliedern zusammengesetzte Exekutivgremium wurde von Jakob für allein fähig und gewillt befunden, die Geschicke des Landes umsichtig zu leiten. Es solle sich darin inskünftig von höchstens 20 bis 30 von ihm selbst ernannten Administratoren assistieren lassen.

Jakobs Stimme war übrigens bei weitem nicht die einzige, die sich damals für eine Auflösung des kostspieligen und ineffizienten Parlaments einsetzte, nachdem jenes ja selbst die zu seiner Grundlage dienende Verfassung als *unangemessen und aufgedrungen* bezeichnet hatte. Ein gewichtiger Vorstoss war schon im April seitens der Gerichtsbehörden und Gemeinden des Kantons Thurgau an die Gesetzgeber erfolgt, aus einem durch die Helvetik eben erst aufgewerteten Landesteil also, dem sicherlich nichts Reaktionäres anhaftete, der aber wie

---

116 —— Der Ausdruck stand damals für eine an die Obrigkeit gerichtete Petition. Siehe dazu KAP. 2, p. 19, 21; ferner Dändliker, p. 79, sowie Jagmetti, p. 115–116.

viele andere den bisherigen Parlamentsbetrieb durch parteipolitisches Gezänk blockiert sah. Auch etwa der aus vergleichbarer Situation entstandene Kanton Léman,[117] ferner die Munizipalität Herisau, stiessen ins gleiche Horn. Sie alle drückten sich jedoch in höflich-angemessener Weise aus, während bei Jakob einmal mehr das Temperament durchgegangen war, indem er die Volksvertreter in den Räten letztlich als Kriminelle hinstellte.

Entwurf eines Memorials

*an die Vollziehungs-Commission
und die Helvetische Regierung in Bern
namens der Gesammtheit der Bürger im Canton Zürich,
nebst einer Zuschrift an die Munizipalität und Bürgerschaft
jeder einzelnen Gemeinde im Canton
aus dem neuen Helvetischen Volksblatt besonders herausgezogen,
geschrieben von*   J a k o b   S c h w e i z e r
zu Anfangs Mai 1800   *Pfarrer zu Embrach*

Nro. 1

*Zuschrift an Vorsteher und Bürgerschaft
jeder einzelnen Gemeinde im Canton Zürich*

Theuerste Freunde und Mitbürger! [...]

Das Elend, welches unser Vaterland von Aussen her, durch das Einrüken kriegender Heere und die traurigen Folgen der Kriegsbegebenheiten niederdrükt, aufzuheben oder zu tilgen, das steht leider nicht in unserer Macht; es hängt einzig von dem Frieden der mit uns verbündeten Nation ab, oder lasst mich lieber sagen: Das steht in der Hand des Allmächtigen, der die Herzen der Menschen lenket, wie Wasserbäche, wohin er will, und das Schiksal der Völker und Reiche bestimmt. Da können wir weiter nichts thun, als die Noth der Menschheit und des Vaterlands Ihm in demüthigem Gebeth empfehlen, uns durch Seine straffenden Gerichte warnen und bessern lassen, und unterdessen fortfahren, mit allen unseren Kräften und Vermögen den unverschuldeten Armen durchzuhelfen, die Verwundeten zu heilen und durch Werke der

---

117 —— Der heutige Kanton Waadt.

Liebe und Barmherzigkeit uns der ferneren Erweisung der göttlichen Schonung und Langmuth und der baldigen Befreyung von den obschwebenden Gefahren und Plagen empfänglich zu machen.

Aber in Ansehung unserer inneren Angelegenheiten und des innerlichen Wohlstandes, können und sollen wir mit aller Kraft und Weisheit dahin arbeiten, dass das Vaterland wohl regiert werde, dass weise und gerechte Geseze gegeben, dass die Eintracht der Gemüther befördert und das unglükliche Vaterland nicht noch völlig ausgesogen und von Lasten gedrükt werde, die es nicht ertragen mag.

Ihr wisst es, theuerste Mitbürger und Freunde, dass der Wohlstand eines Landes nicht bestehen kann, wenn es schlecht regiert wird, wenn die Irreligiosität und das Sittenverderben durch die Geseze und das Beyspiel der Regenten begünstigt wird, wenn diejenigen, welche das, in seinen Meynungen getheilte, Volk zurechtweisen und in den gleichen Gesinnungen vereinigen sollen, selbst unter sich im Denken und Handeln entzweyet sind, und dass ein verarmter Staat eine kostspielige Regierung nicht zu besolden vermag.

Und doch ist unser Vaterland in diesem bedaurungswürdigen Fall! Wir haben eine Constitution, die uns aufgedrungen ward, von der wir nun Alle gleich überzeugt sind, dass sie weder für unsere Lage noch für unsere Bedürfnisse passe! Wir haben ein Heer kostspieliger Beamteter, welche zu besolden wir – auch bey dem besten Willen – ausser Stand sind, wenn unser Staat nicht zum Bettelstaat herabsinken soll! Wir haben Stellvertreter der Nation, welche – dem grössten Theil nach – die Kunst zu regieren nicht verstehen, weil sie es nie gelernt haben. Sie geben Geseze und Verordnungen, wodurch alle Moralität untergraben, und der noch übrige Keim von Religion im Land und in den Herzen der Bürger erstikt wird; und sie verstehen nichts besser, als die Immoralität in Helvetien durch ihr eigen Beyspiel zu erhöhen! Ihre Versammlungen, worin sie das Heil des Vaterlandes berathen sollten, sind Zankplätze, wo die Leidenschaft, die Partheylichkeit, der Lügengeist freien Spielraum hat! Sie geben vor, eine neue Constitution zu bearbeiten, und haben kaum das A,B,C dazu entworfen, zu geschweigen, dass die vorhandenen Hauptgrundsäze derselben ebensowenig für unser Vaterland passen, als die Grundartikel der uns von den Franzosen aufgedrungenen Verfassung! Unterdessen rauben sie der Kirche, den Armen, dem Bürger sein Eigenthum, bestimmen sich selbst eine reichliche Besoldung, und lassen die Armuth hülflos und den treuen Arbeiter ohne Brod! Sie geben vor, das Vaterland retten zu wollen, und machen seine Lage immer verworrener und die allgemeine Noth immer grösser! Sie suchen die Gerechten, die Weisen, die Guten zu stürzen, und diejenigen zu fällen, welche den rechten Weg gehen; sie suchen nur die Ungerechten, die Herrschsüchtigen, die Ehrgeizigen, das ist, sich selbst auf den Thron zu bringen! Sie geben vor, dem Vaterland zu dienen, und machen es dienstbar, sie wollen es von seinen Tyrannen befreyen, und werden selbst seine Tyrannen! Sie geben Geseze, und halten sie nicht; sie treiben mit dem geheiligten Namen Vaterland ein schändliches Spiel. Sie sind Feinde einer jeden Regierungsverfassung, wo sie nicht herrschen, und lieben in der Gewalt nur die Macht, zu unterdrücken und zu schaden! Sie wollen einem unseligen Terrorismus oder Schrekenssystem aufhelfen, wo kein ehrlicher, gerader, wohldenkender, freymüthiger Mann weder seines Eigenthums noch seines Lebens länger gesichert ist! Alles, alles opfern sie ihrem Eigennuz, ihrem Ehrgeiz auf, und keine Gewaltthätigkeit, keine Ungerechtigkeit ist zu gross, zu abscheulich, deren sie sich nicht zu diesem Zwek bedienen würden.

So, theuerste Freunde und Mitbürger, ist die Regierung beschaffen, unter welcher wir zu stehen das Unglük haben. Meynet nicht, dass ich mich zu stark ausgedrükt, oder der Wahrheit das mindeste vergeben habe. Tausende unserer besten, aufgeklärtesten Mitbürger sehen dies deutlich mit mir ein. Viele haben es schon öffentlich gesagt und geschrieben; ja gerade die würdigsten unter den Repräsentanten selbst sind mit mir der gleichen Meynung. Ich stehe zu dem Gesagten; ich anerbiete mich, alles, so wie es hier geschrieben ist, mit unwiderleglichen Thatsachen zu beweisen. Ich werde dieses auch unter allen Umständen, und so lang ich kann, bekennen; welches Opfer es mich auch immer kosten sollte! Und was ist nun zu thun? Theuerste Mitbürger und Freunde! Wir haben einen Vollziehungsausschuss von sieben Männern, welche die Stellvertreter der Nation, veranlasst durch das Ereigniss vom 7. Jenner 1800, selbst gewählt und in einer Anrede an das helvetische Volk als die Weisesten und Besten im Vaterland angepriesen haben. Mir geziemt es nicht, diesen Männern eine Lobrede zu halten. Ihre Werke zeugen für sie! Ich sage nur soviel: »der Vollziehende Ausschuss ist« – nachdem die Räthe die neue Constitution aboliert und abgeschafft haben – »die einzige rechtmässige Gewalt in Helvetien, wird auch von Frankreich dafür erkennt, und steht unter seinem besondern Schuz«.

Diesem Ausschuss vorzüglich liegt die Rettung des Vaterlands ob. Voll des besten Willens, verbunden mit Klugheit und Würde, würket er

Gutes, kann aber nicht kräftig würken, weil der grössere Theil der Räthe ihm beständig Hindernisse in den Weg legt und ihn zu stürzen sucht.

Empfindet und sehet es mit mir ein, theuerste Mitbürger, dass die Regierung in Bern ihre Stelle in den Schoos der Nation niederlegen muss. Von allen Seiten wird den gesezgebenden Räthen diese heilsame Maassregel angerathen. Aber sie wollen es nicht merken! Sie arbeiten vielmehr rastlos daran, ihre Gewalt aufs Neue fest zu gründen, um dem Vaterland seinen Ruin zu bereiten!

Das Volk, die Mehrheit der Bürger, muss diess nun bewürken. An ihnen steht es nun, die Auflösung der helvetischen Regierung zu wünschen, zu wollen, zu fordern. Ihr habt sie gewählt, Bürger, dass sie das Wohl des Vaterlands berathen; und, da sie euerm Auftrag nun nicht mehr zu entsprechen vermögend sind, und Euer Zutrauen verdienter Maassen verlohren haben, so geziemt es nun Euch, sie wieder zurückzuberufen.

Ich trage daher darauf an, dass im Namen der Gesammtheit, oder – im verweigernden Fall – im Namen der Mehrheit der Bürger im Canton Zürich, eine gedoppelte Adresse ausgefertigt, von allen denjenigen, welche freywillig dazu Hand bieten wollen, unterschrieben und sofort nach Bern abgeschickt werde, die Eine an den Vollziehungs-Ausschuss, die andere an die helvetische Regierung in Bern.

Jakob Schweizer
Pfarrer zu Embrach

Nro. 2
Freiheit   Gleichheit

Die Gesammtheit (Mehrheit) der Aktivbürger im Canton Zürich
an den Vollziehungs-Ausschuss in Bern

Bürger Vollziehungsräthe!

Überzeugt von Eurer Vaterlands- und Gerechtigkeitsliebe, nach welcher Ihr bisher, unter so mancherley Gefahren und Leiden, mit Weisheit, Ruhe und Würde an der Wiederherstellung des öffentlichen Wohlstands und der Rettung des seinem Untergang nahen Vaterlands als würdige Väter gearbeitet habet; fühlen wir – die Gesammtheit (Mehrheit) des Cantons Zürich, als eines nicht unbeträchtlichen Theils der helvetischen Republik – uns verpflichtet, Euch Bürger Vollziehungs-Räthe unseren innigen Dank für Eure bisher bewiesene Treue, Arbeit und wachsame Sorgfalt darzubringen. Nehmet denselben an, als den besten Lohn eurer Bemühungen, den ein verarmter, gedrükter Canton Euch zu geben im Stand ist, dessen Mangel – Ihr fühlet es gewiss selbst – weder Gold noch Silber ersetzen kann!

Zugleich erklären wir uns hiermit freywillig und ungezwungen, dass wir,

in Erwägung der Armuth der Republik; und

in Erwägung, dass die bisher bestandne Regierung, bey der jezigen Lage der Dinge, das Wohl des Vaterlands nicht zu bewürken geschikt ist, nachdem die uns aufgedrungene Constitution für unzweckmässig und aufgelöst von den Räthen erklärt worden ist,

dass wir einzig Euch, Bürger Vollziehungs-Räthe, als die recht- und gesezmässige oberste Gewalt in Helvetien anerkennen, dagegen aber die gesezgebenden Räthe für aufgelöst ansehen.

Unser Wunsch ist, und – sofern wir Cantonsbürger, als ein grosser Theil des souverainen Volkes, noch einen freyen Willen haben – unser Wille geht demnach dahin, dass die helvetische Regierung ihre Stelle in den Schooss der Nation niederlege und in den Stand der Privatbürger zurücktrette.

Demnach, dass Ihr, Bürger Vollziehungsräthe, sogleich nach geschehener Auflösung der Räthe, da wir Euch allein als permanent erklären, zusammentretten, und durch geheimes Stimmenmehr, aus dem Mittel der erleuchteten vaterlandsliebenden Helvetier Euch eine Commission von 20–30 Mitgliedern adjungiret, denen einstweilen die provisorische Regierung Helvetiens und die Berathung über die Mittel, wodurch das Vaterland gerettet werden kann, aufgetragen seyn soll.

Wir haben den gesezgebenden Räthen in einer besonderen Zuschrift die nemliche Erklärung gethan, und stehen in der Erwartung, dass unserm Wunsch und Willen entsprochen werde.

Anbey versichern wir Euch, Bürger Vollziehungs-Räthe, nicht nur unsers unbeschränkten Zutrauens, Achtung und Liebe, sondern zugleich auch unserer Bereitwilligkeit, Euer Ansehen und die Euch aufgetragene Gewalt gegen jeden willkürlichen und unerlaubten Eingriff, Alle für Einen, zu schüzen!

Gruss und Hochachtung

[Raum für Unterschriften]

Freiheit   Nro. 3   Gleichheit

Die Gesammtheit (Mehrheit) der Aktivbürger im Canton Zürich
an die Gesezgebenden Räthe in Bern

Bürger Gesezgeber!

In einer an das gesammte helvetische Volk gerichteten Publikation vom
17. Jenner habt Ihr die neue Constitution als eine uns aufgedrungene,
weder für die Lage noch die Bedürfnisse Helvetiens passende Verfassung
vorgestellt: Ihr versprachet, eine neue bessere Landesverfassung unver-
züglich zu entwerfen, das kostspielige Heer der Beamteten zu vermin-
dern, und das Vaterland zu retten, das heisst, uns in unseren Leiden
Erleichterung zu verschaffen und dem gesunkenen Wohlstand wieder
aufzuhelfen.

Bürger Gesezgeber! Bereits sind seit dem merkwürdigen Tag des
7. Jenners, vier volle Monate verflossen, – und nun müssen wir Euch,
am Ende dieses Zeitraums, unbefangen und freymüthig erklären, dass
der gegebnen Versprechung keine in Erfüllung gegangen! Die aufgedrungene Constitution wird noch immer gehandhabet! Die Beamteten
sind alle noch vorhanden! Die neue Verfassung ist kaum angefangen,
und was darvon vorhanden, ist eben so unzweckmässig, als die erste
war! Das Vaterland seufzet noch immer unter den alten Leiden, und
nirgends sehen wir Erleichterung und Rettung!

Wir wissen zwar gar wohl, dass man nicht mit Einmal allem Übel
abhelfen kann, ja dass es nicht in unserer Macht steht, alles Elend, das
uns betroffen hat, aufzuheben. Aber noch ist gar Nichts geschehen, das
bekannt wäre. Vielmehr hat man sich die Gefahr im Innern vergrössert,
und diejenigen, welche helfen könnten und sollten, wollen nicht!

Bürger Gesezgeber! Verberget es Euch nicht, oder lasst es Euch von
den Bürgern Helvetiens sagen, dass der grösste Theil der Schuld von diesem Allem auf Euch zurückfällt! Wir wissen es nur gar zu wohl, dass
Ihr Euch in euern Berathschlagungen von Leidenschaft, Partheylichkeit
und Eigennuz beherrschen lasset, dass Ihr die gemässigten Freunde der
Freyheit, dass Ihr den Vollziehenden Ausschuss zu stürzen und Euch
selbst zu Regenten Helvetiens aufdringen wollt!

Bürger Gesezgeber! Das ist nicht der Wille des souverainen Volks.
So geht's nicht! Und so solls nicht länger gehen! Wir, die Gesammtheit
(Mehrheit) der Bürger eines Cantons, mithin ein beträchtlicher Theil
des souverainen helvetischen Volks, erklären Euch unverholen, dass

wir von dem Augenblik an, da Ihr selbst die Constitution als unzweckmässig aboliert habet, auch Euch selbst als aufgelöst ansehen. In der
Überzeugung also, dass Ihr, Bürger Gesezgeber, bey der gegenwärtigen
Lage der Dinge nicht geschikt seyt, das Wohl des Vaterlands zu bewürken, wollen und verlangen wir, dass Ihr euere Stellen in den Schooss
der Nation niederleget, und in den Stand der Privatbürger zurücktret-
tet. Der Vollziehende Ausschuss, dessen Weisheit, Gerechtigkeits- und
Vaterlandsliebe allgemein rühmlich bekannt ist, kann gegenwärtig allein als die gesezmässige oberste Gewalt in Helvetien anerkannt werden und wird, in dieser Qualität, auch von Frankreich angesehen und
unterstützt.

Bürger Gesezgeber! Beschliesset demnach euere Laufbahn damit, dass
Ihr Euch selbst für aufgelöst, den Vollziehenden Ausschuss aber für
permanent erkläret. – Verordnet durch ein Gesez, dass dieser, aus dem
Mittel des erleuchteten Helvetiens, sich eine Commission zuordne, welche provisorisch, und in Gemeinschaft mit dem Vollziehungsrath, die
öffentlichen Angelegenheiten besorgen und über die Mittel nachdenken
wird , wodurch das Vaterland gerettet werden kann.

Wir hoffen, dass diese Vorstellungen, über welche Ihr nicht zur Tagesordnung schreiten werdet, bey Euch Eingang finden und die gewünschte
Würkung haben werden. Sollte diess aber, gegen unsre Erwartung, nicht
seyn, so erklären wir wenigstens für uns, dass wir, Einwohner des Cantons Zürich, die von uns selbst vormals gewählten Stellevertreter des
Volks nicht länger anerkennen, dass wir auch, von diesem Augenblick
an – da es unser Wille ist, dass dieselben in den Stand der Privatbürger
zurücktretten – nichts mehr an ihre Besoldung beytragen werden.

Eben diese Wünsche und Forderungen haben wir auch dem Vollziehenden Ausschuss selbst in einer Adresse mitgetheilt, und zur Be-
kräftigung dessen senden wir Ihm und Euch unsere eigenhändigen
Unterschriften.

Gruss und Achtung

[Raum für Unterschriften]

Das *Memorial* – insbesondere aber der an die Gemeinden gerichtete Be-
gleittext – schlug ein wie eine Bombe! Schon zwei Wochen nach seinem
Bekanntwerden schickte die Stadt Winterthur eine ganz ähnlich lau-
tende, wenn auch nicht mit den persönlichen Invektiven Jakobs gepfef-
ferte Petition an den *Bürger Statthalter des Cantons Zürich zuhanden*

der Helvetischen Regierung in Bern, versehen mit 448 Unterschriften von Einwohnern, deren Namen und Berufsbezeichnungen einen Querschnitt durch die gesamte Winterthurer Stadtbevölkerung aufzeigen. Etwas später folgte die Stadt St. Gallen mit einer von 333 Bürgern unterzeichneten *Adresse an die Gesetzgeber:*

Wir leben abermal in einem provisorischen Zustande, ohne bedingten Vertrag, ohne eine gesetzgebende, ohne vollziehende Gewalt. Einzig uns oder der Mehrheit aus uns gebührt die Befugnis zum Entscheide, wer eine neue Constitution entwerfen solle, wer in der Zwischenzeit über uns zu herrschen habe, nach welchen Gesetzen und Uebungen wir gerichtet zu werden wünschen! Jeder der unserm Entscheid vorgreift, ohne neuen Auftrag von der Mehrheit, sich das Entwurfsrecht zu einer neuen Verfassung anmasst, Verfügungen oder Einrichtungen als Befehle aufstellt, Strafen verordnet, Lasten auflegt, Beamte ernennt und zur Vollziehung bevollmächtiget, der ist ein Usurpator, und als solchem verweigern wir ihme zum voraus den Gehorsam. In diesem provisorischen — und wohlbemerkt, ohne Verschwörung, ohne Aufruhr, nur durch den Einfluss der Erfahrung des Rechts herbeigeführten — politischen Zustande des Volks steht jeder Bürger unter der vaterländischen Verpflichtung, seine Meinung zu äussern, deren reife Erdaurung bescheiden zu begehren und jeden, wer er auch seie, zur Unterwerfung in den Willen der Mehrheit zu ermahnen.

Umgekehrt lösten alle diese Vorstösse verständlicherweise bei den dadurch angegriffenen obersten Behörden Helvetiens wie auch in revolutionsfreundlichen Bevölkerungskreisen Entrüstung aus. Für diese Kreise galt die Verfassung weiterhin, wenngleich selbst hier bisweilen Kritik am parlamentarischen Betrieb laut wurde. Es protestierten zum Beispiel die Distriktsgerichte von Benken und Andelfingen wie folgt mit einer

Eingabe an die gesetzgebenden Räthe:[118]

Bürger Repräsentanten! Die von mehreren Seiten her an Euch verlangte Vertagung, oder vielmehr die Auflösung, ist die grösste Verletzung der

---

118 ——Aktensammlung der Helvetischen Republik, Band V, p. 1030, Ziff. 55; Bundesarchiv Bern.

Constitution, welcher jeder Schweizerbürger geschworen hat getreu zu verbleiben: diese verlangte Auflösung ist die tiefste Herabwürdigung der Volksrepräsentation; sie ist der ewige Raub des Genusses des natürlichen Bürgerrechts; sie ist endlich das reizendste Mittel zur Wiederhervorbringung der Anarchie, mithin das Labsal der Anhänger der alten Unordnung der Dinge. – Bleibet also unverrückt an eueren Stellen; weichet nicht, wenn auch unausgesetzte Stürme brausen und die Vertagung oder Auflösung als die dringlichste Sache dargestellt werden sollte. Vereinigt euere Denkungsarten und Meinungen, die bisher wegen ihrer Verschiedenheiten zu Factionen nur zu oft Anlass gegeben und euch zur Ausführung des grossen Zwecks euerer Bestimmung zu hemmen scheinten.

Wie das *Memorial* im gesetzgebenden *Grossen Rath* von den Abgeordneten diskutiert wurde, rapportiert Jakob auszugsweise in der Nr. 16 seines *Neuen Helvetischen Volksblatts* vom Frühsommer 1800. Zum Ergötzen seiner zahlreichen Anhänger versah er den Bericht noch mit sarkastischen Klammereinschüben, wie man es ja von ihm erwarten konnte. Jakob mochte sich damals in einer gewissen Sicherheit wähnen, da er gerade vom Zürcher Kantonsgericht fürs Erste von der Anklage, ein Staatsverbrechen begangen zu haben, freigesprochen worden war.

Einige Nachrichten und Bemerkungen
über die Beurtheilung des Entwurfs eines Memorials
an den Vollziehungsrath und die helvetische Regierung,
Namens der Bürger im Kanton Zürich,
in dem Gesetzgebenden Rath und im Senat.

Nachdem der Bürger V e t s c h in einem öffentlichen Blatte, dem er den schönen Namen des V a t e r l a n d s f r e u n d s giebt, und unter dieser Maske seine Lügen und Albernheiten der lesenden Welt mittheilt, den Pfarrer zu Embrach als einen gefährlichen Contre-, und Revolutionär, der die alte Ordnung der Dinge, wie sie vor der Revolution war, wieder einführen und dem Städter-Aristokratismus emporhelfen wolle, geschildert, ihn des Aufruhrs und der Empörung gegen die Obrigkeit und die Gesetze beschuldigt, und endlich, aus anerbotener Milde und Barmherzigkeit, ins Tollhaus (versteht sich nur auf dem papiernen Vaterlandsfreund) geschickt hatte, als einen Mann, von dem die Vernünftigen bereits vegessen haben, dass er einmal existirte, trat nun am 15. May Bürger H e m m e l e r in der Nationalversammlung auf, um jene Schrift zu verklagen, die öffentlichen Aufruhr predigt (untersucht ward es nicht, ob diese Anklage gegründet sey? Dies ward als eine unbedeutende Nebensache vorausgesetzt.) – N u c é weiss gar nicht, welcher Geist diesen Pfarrer beseelt. »In das Henkergässchen mit der Schrift und dem Verfasser! (Würdiges Benehmen eines Volksrepräsentanten! Gewiss glaubte der Mann in seinem Eifer noch Landvogt zu seyn.) Doch nein! Das wäre ja jakobinisch, das wäre ein Schreckenssystem – also bei Leibe nicht – es ist ja nur Meynung – wenn sie schon Aufruhr, Mord und Brand (wo denn?) predigt. Also an den Senat, und Mittheilung an die Vollziehung!« (Guter, sanfter Nucé!, womit hat der böse Pfarrer diese Gnade verdient?) – P e r i g findet die Schrift eines C a n n i b a l e n, eines M a r a t s und eines R o b e s p i e r r e s würdig. (Wirklich, der Mann hat grosse Ähnlichkeit mit diesen Ungeheuern. Die Guillotine ist schon von einem geschickten Meister in Paris bestellt.) »S'hat aber keine Gefahr, das biedere Volk Zürichs wird sagen: Weiche zurück, Satan (ist noch um einen Grad schlimmer als Robespierre), du versuchest uns!« (Diess ist wirklich geschehen; denn als der Malefikant vor dem zürcherschen Kantonsgericht seine Vertheidigungsrede geendigt hatte, äusserte sich die Volksstimme so unverkennbar, dass der neue M a r a t leicht einsehen konnte, dass alles Volk sagen wolle: »Kreuzige ihn, kreuzige ihn«!) Wäre mit diesem Mann etwas zu machen, so würd ich ihn an das 12te und 13te Kapitel an die Römer weisen. (Es ist unter anderm auch ein schöner Regentenspiegel!) Ich stimme Nucé bey – in andern Zeiten (nemlich, wenn kein so grosser Holzmangel wäre!) hätte ich zur Verbrennung (des Verfassers oder der Schrift?) angerathen.« – S u t e r ist traurig, dass es »Menschen giebt, die vorsetzlich (??) Unordnung veranlassen. Freylich haben wir viele Fehler begangen (kann leider nicht geläugnet werden) aber alle guten Räthe angehört. [...] Nöthiger als Brod wäre uns ein Gesetz gewesen über die Pressfreyheit.« (Dann hätten wir alle gegessen!) – B i l l e t e r: (der weichherzige Mann vergiesst nun vollends Thränen!) »Der gleiche Pfarrer hat die Regierung von Zürich, als sie noch einigermassen mässig seyn wollte, Anno 1795 zum Blut Vergiessen aufgefordert.« (S c h w e i z e r war bestellter Prediger bey den in Zürich gestandenen Truppen, als eben einige Landleute im Gefängniss sassen, und ihr Urtheil erwarteten. Es ist wahr, dass Schweizer sehr ersthaft über das Vergehen der Gefangenen öffentlich geredet; allein, dem Urtheil der Obrigkeit hat er nicht vorgegriffen, und dass er zum Blutvergiessen aufgefordert, ist eine Lüge, die nur Billeter auzustreuen schamlos genug ist. In einer gedruckten Predigt, welche gerade in den Zeitpunkt fiel, als die Strafsentenz gefällt worden, stehen unter anderem die

Worte, »die landesväterliche Milde unserer Obrigkeit, welche sie auch in diesem Fall gezeigt hatte, macht ihr vor Gott Ehre, macht sie teuer und geachtet in den Augen aller Wohldenkenden«.)[119]

Am nemlichen Tag ward der Entwurf des Pfarrer Schweizers auch im Senat verlesen, worauf dann C a r t im Jammertone ausruft: »Welch ein ganz anderer Schweizer ist diess, als jener brafe Schweizer von Wangen war, dessen Zuschrift wir vor einigen Tagen erhielten«! (Ist's möglich, dass die beyden Vettern so ungleich denken könnten! Schweizer von Embrach und Schweizer von Wangen so verschieden wie weiss und schwarz! Da sage doch einer, dass es keine Wunder mehr gebe. Sollten nicht in einer untheilbaren Republik a l l e Bürger, wie vielmehr denn alle bekannten und unbekannten Vettern, Onkeln, Baasen gleich denken und mit Achtung und Reverenz von allen Patrioten und Jakobinern sprechen: »Gute Jakobiner, arme Jakobiner! Ach, die armen Seelen müssen itzt alle Schuld allein tragen, und sind doch so holde, gute Geschöpfe!) — »Nun kömmts, Jakobiner! Der Triumph eurer Feinde wird nicht von langer Dauer seyn. Vergebens möchten sie uns zwingen, uns zu vertagen, um das Reich der Oligarchen wieder aufzurichten. (Sind denn die Jakobiner nicht die schlimmsten Oligarchen?) Die Wahrheit wird Zugang finden, bey Frankreichs grossem Helden, dem glorreichen Kämpfer für die Freyheit. Er wird das Wahre vom Falschen, die Freunde Östrreichs von Frankreichs Freunden unterscheiden! (Mir ist ich seh Ihn schon, wie er kömmt das Tenn zu säubern, und das Unkraut vom Waizen zu trennen. Aber o des elenden Wahns, wenn ihr glaubt, er werde die Jakobiner auf den Thron setzen und sagen: »gute Jakobiner, arme Jakobiner — ihr habt viel geduldet — so möget ihr nun herrschen und das Reich in Besitz nehmen, das ich euch gebe!« Nein, so kennt die Welt B o n a p a r t e nicht. Er wird freylich kommen, siegend wird er kommen! Eine Freude den Guten und ein Schrecken den Bösen! Er wird kommen, den Loorbeer des Friedens in der Hand, Gerechtigkeit ihm zur Seite, Ordnung wird vor ihm hergehn, und die Bösen werden verstummen, und die wahren Freunde der Freyheit und des Vaterlands werden sich seiner freuen, und nur die Guten werden die Oberhand gewinnen, und wir werden ein glükliches, ein freyes, ein einträchtiges, ein starkes Volk werden!) [...]

A u g u s t i n i hat's endlich am Besten getroffen: »S c h w e i z e r wird wohl nicht mehr zu finden seyn!« (Natürlich, wie ein scheues Reh läuft er über alle Berge, sieht ängstlich zurück, ob nicht die Häscher ihn einholen

---

119 —— Jakob verweist hier auf die nachträglich gemilderten Strafsentenzen gegen die Verfasser des *Stäfner Memorials* von 1794, darunter ein erst auf dem Richtplatz in Kerkerhaft abgeändertes Todesurteil; siehe p. 21.

werden, trift endlich zu Ulm und zu München ein, klagt es K a r l n, dem E r z -
h e r z o g, und K r a y und dem seligen H o t z e,[120] *dass sie kommen, eilends die*
Schmach zu rächen, und alle Jakobiner zu zerschmettern! – Nein, nein ihr Herren!
Schweizer hat ein gutes Gewissen und Vaterlandsliebe im Herzen, und Muth zur
Zeit der Gefahr; und er ist gekommen und hat sich vor den Richter gestellt, und
hat Wort gehalten, wenn er versprochen: »Ich will alles, was ich geschrieben, er-
weisen – und die Wahrheit furchtlos bekennen, welches Opfer es mich auch immer
kosten würde!«)

Die losgetretene Aufwallung der öffentlichen Meinungen brachte ihrem
Verursacher in Embrach eine Serie von Gerichtsverfahren ein, die sich
auf drei Instanzenebenen über fünf Monate dahinziehen sollten. Nun,
da die Volksvertreter um ihre eigene Daseinsberechtigung bangten,
arbeiteten sie mit nicht mehr zu überbietender Speditivität. Vergleicht
man aber die endgültige Sentenz gegen Jakob mit dem bloss fünf Jahre
früher im vorrevolutionären Zürich ausgesprochenen Todesurteil bzw.
den langen Kerkerstrafen sowie Landesverweisungen für die Urheber
des *Stäfner Memorials,* in welchem letztlich nichts anderes als eine
annähernde Gleichstellung mit den Stadtbürgern im Sinn der Berück-
sichtigung alter verbriefter Rechte gefordert worden war, so erweist sie
sich gleichwohl als erstaunlich mild. In der nunmehrigen Zeit des allgemeinen Umbruchs, da ganz neue Rechtsvorstellungen in Umlauf gelangten, ohne aber bereits mit Regeln für ihre Umsetzung untermauert
zu sein, wollte man sich offensichtlich nicht zu weit auf die Äste hinaus-
lassen.

Als Statthalter von Zürich und damit als oberster Vollzugsbeamter
der helvetischen Regierung im Kanton diente seit dem Januar 1800 Johann Conrad Ulrich (1761–1818), Mitglied des kantonalen Erziehungs-
rates und geschätzter Taubstummenlehrer aus traditioneller Zürcher
Familie, dem gewisse Mängel des neuen Systems durchaus bewusst waren und der entsprechend in vermittelndem Sinn wirkte. Gemäss seiner
nachträglichen Einschätzung wurde die trotz gesetzlicher Abschaffung
weiterhin ausgeübte Zensur gegenüber den Pamphleten des Pfarrers
Schweizer allzu rigoros angewendet.[121]

---

120 —— Kray und Hotze waren Befehlshaber von Teilen der österreichischen Armee
unter Erzherzog Carl. Hotze, geboren als Johann Konrad Hotz, Bürger von Richterswil,
starb am 25. September 1799 bei Schänis im Kampf gegen Massénas Truppen.
121 —— Vgl. Ulrich, p. 567–569.

3.7 IN DER MÜHLE DER JUSTIZ

Die Strafverfolgung gegen Jakob setzte prompt ein aufgrund einer Abfolge dreier Beschlüsse der obersten helvetischen Behörden, die den Fall im Dringlichkeitsverfahren an die kantonale Justiz zur Beurteilung überwiesen. Dabei lief es Schlag auf Schlag.

Freiheit   Gleichheit
            Im Namen der einen und untheilbaren
                Helvetischen Republik.

            D e k r e t

Auf die bey dem Grossen Rath gethane Anzeige und Verlesung einer Flugschrift von Pfarrer Schweizer zu Embrach, Canton Zürich, betitelt: »Entwurf eines Memorials an die Vollziehungs-Commission und die helvetische Regierung Namens der Gesammtheit der Bürger im Canton Zürich«,

In Erwägung, dass diese Schrift zu offenem Aufruhr und Widersezlichkeit gegen die Geseze auffordert, hat der Grosse Rath nach erklärter Dringlichkeit beschlossen:

Der Vollziehungsausschuss ist eingeladen, den Verfasser dieser Schmähschrift vor dem behörenden Richter belangen zu lassen.

Bern, den 15. May 1800

Der Präsident des Grossen Raths: S e c r e t a n
Vice-Sekretair: B i l l e t e r
Vice-Sekretair: P e r r i g

D e r   S e n a t   a n   d e n   V o l l z i e h u n g s a u s s c h u s s

Der Senat der einen und untheilbaren helvetischen Republik hat den hiervor enthaltenen Beschluss des Grossen Raths in Berathung gezogen und genehmigt.

Bern, den 16. Mai 1800

Der Präsident des Senats: P e t a l o z
Vice-Sekretair: B a r r a s
Vice-Sekretair: K r a u e r

Der Vollziehungs-Ausschuss beschliesst

dass obstehendes Dekret mit dem Siegel der Republik verwahrt, und dem Justizminister zur Vollziehung seinem Inhalt nach mitgetheilt werden soll.

Gegeben in Bern, den 17. May 1800

D o l d e r, Präsident
M o u s s o n, General-Sekretair

Der Regierungsstatthalter des Cantons Zürich

an den B. Tobler, öffentlicher Ankläger am Canton-Gericht

Bürger!
Ich sende Ihnen in Beylage abschriftlich das Dekret der gesezgebenden Räthe, kraft dessen der B. Pfr. Schweizer von Embrach wegen seiner lezthin ausgegebenen Flugschrift vor den behörenden Richter gezogen werden solle.

Ich habe den B. Schweizer gegen Caution mit Hausarrest belegen lassen, und trage Ihnen auf, zu Vollziehung dieses Beschlusses dasjenige zu thun, was Ihres Amtes ist, und mir gefälligst den Empfang desselben zu bescheinigen.

Republikanischer Gruss!

Zürich, den 20. May 1800

Der Regierungsstatthalter: U l r i c h

In den nun folgenden Prozessen ging es inhaltlich darum, ob das Vorgefallene als blosse Verletzung der Pressefreiheit, nach damaligem Recht ein disziplinarisches Vergehen, oder als eigentliche Volksverhetzung mit strengen strafrechtlichen Konsequenzen zu interpretieren sei. Das zunächst mit der Sache befasste Kantonsgericht Zürich entschied sich am 28. Mai 1800 in Anbetracht der im Januar ja tatsächlich als ungeeignet erklärten Verfassung für die mildere Variante und verwies den Fall an das Distriktsgericht Bassersdorf – damals *Basserstorf* geschrieben – in dessen Funktion als *correctionelle Polizey*.

Der Fall sorgte von Anfang an für erhebliches Aufsehen, namentlich im kleinen Zürich, wo sich alle kannten. Kantonsgerichtsschreiber J. C. Fäsi hielt dies in einer Randnotiz zum offiziellen Protokoll fest:

Mittwochs des 28. May nun versammelte sich das Cantonsgericht um 8 Uhr auf dem Gemeindehaus,[122] und zwar, weil man voraussehen konnte, dass eine Menge Zuhörer sich einfinden würden, in der ehemaligen Gross-Rath-Stube. Bürger Tobler, öffentlicher Ankläger, und Bürger Pfarrer Schweizer erschienen darauf an den Schranken.

Der Ankläger stellte nun eine kurze persönliche Erklärung an den Anfang seiner Ausführungen, wonach er hoffe, dass sein Pflichtgefühl ihn auch in dieser für ihn persönlich heiklen Angelegenheit bestärke,

wo mein Amt mir gebeut, die Handlungen eines meiner ehemals vertrautesten Jugendgenossen vorläufig zu prüfen, und im Fall selbige der öffentlichen Sicherheit und der Ruhe im Staate gefährlich seyn sollten, diesem Tribunal zu näherer Untersuchung zu überweisen. Wenn gleich meine politische Denkungsart von derjenigen des B. Schweizers sehr verschieden ist, so hat diese dennoch, wenigstens meiner Seits, das Andenken an unsere frühern Verbindungen nicht ausgelöscht.

Die noch am gleichen Tag ausgefertigte Sentenz des Kantonsgerichts von Zürich lautete:

In Erwägung der öffentlichen Ereignisse, welche seit dem Anfang dieses Jahres in Helvetien vorgefallen, und der Modificationen, welche dadurch in der Staatsverfassung verursacht worden;

In Erwägung ferner, dass die Gesezgeber über einen ähnlichen, in ihrer Mitte selbst gemachten Vorschlag zu gänzlicher Aufhebung der Legislatur ohne Ahndung zur Tagesordnung geschritten;

In Erwägung endlich, dass der B. Schweizer sich keiner gefährlichen Mittel und Zusammenrottierungen bedient hat, um seine Schrift zu verbreiten, und dieselbe nur ein blosser Entwurf eines Memorials sey; dass er hingegen der in seiner Flugschrift enthaltenen unanständigen und unwürdigen Äusserungen und Ausdrücken wegen, sich eines Missbrauchs der Pressfreyheit schuldig gemacht;

Durch Stimmenmehrheit erkennt

Es finde gegen erwähnten B. Jakob Schweizer, Pfarrer zu Embrach im Distrikt Basserstorf, k e i n e Anklage eines begangenen Staats-Ver-

---

122 —— Gemeint ist das vormalige und heute wieder so bezeichnete *Rathaus*.

brechens statt; hingegen solle er wegen begangenem Missbrauch der Pressfreyheit der correctionellen Polizey zur Ahndung und Bestrafung zugewiesen seyn.

Gegen dieses kantonsgerichtliche Urteil appellierte der öffentliche An-kläger, Bürger Tobler, an den Obersten Helvetischen Gerichtshof in Bern, welcher es aber umgehend bestätigte. Somit gelangte nun der Fall zur bloss *polizeylichen,* d. h. disziplinarischen, Beurteilung an das zuständige Distriktsgericht in Bassersdorf, wo der Prozess auf den 30. September festgesetzt wurde. Inzwischen veränderte sich aller-dings die politische Konstellation erneut, und zwar im Sinne von Jakobs Begehren: Die im Memorialentwurf von ihm zum Rücktritt aufgefor-derten helvetischen Räte waren infolge des sog. *Zweiten Staatsstreichs* vom 7. August 1800 bereits nicht mehr im Amt. Für die Distriktsrich-ter mochte dies als Milderungsgrund gelten, während sie jedoch nach wie vor zu beurteilen hatten, ob verschiedene Passagen im *Memorial* bzw. in dem als ›Flugschrift‹ bezeichneten Begleitbrief amtsbeleidigend wirkten und dadurch ein Potenzial zur Störung der öffentlichen Ruhe enthielten, die Veröffentlichung somit als Missbrauch der Pressefrei-heit zu werten sei.

Bei dieser eng fokussierten Prozesslage wickelte sich nun das Ver-fahren vor dem ländlichen Laiengericht ab. Hier standen sich der in solchen Belangen noch unerfahrene Distriktsrichter Johannes Morf – er selbst schrieb sich bisweilen auch Morff – von Rikon im Tösstal als An-kläger und Jakob als Angeklagter gegenüber, wobei sich der Letztere als redegewandter, auch juristisch selbstsicher auftretender Angeklag-ter ohne Rechtsbeistand verteidigte.

Die Stimmung im Gerichtssaal dürfte die damals das ganze Land kennzeichnende Polarisierung anschaulich wiedergegeben haben: Mit den von den Revolutionszielen überzeugten ländlichen Laienrichtern einerseits und der Person des klassisch gebildeten, städtisch erzogenen Pfarrers sowie seinen zahlreichen konservativen Gesinnungsgenossen im Zuschauerabteil andererseits konfrontierten sich zwei Welten. Es erstaunt somit nicht, dass die beiden Protagonisten vor allem ›für die Bühne‹ sprachen und sich dabei nicht eingehend zur eigentlichen Kern-frage äusserten, die im Grunde genommen lautete: Darf man die für Leistungsmängel kritisierten Volksvertreter wegen ihrer Fehler auch charakterlich entsprechend abqualifizieren, sie also etwa wegen uner-füllter Versprechungen generell als »Lügner«, ferner als »Kirchen- und

Eigentumsräuber« stigmatisieren, weil sie mit der ersatzlosen Abschaffung von Zehnten und Grundlasten den Gemeinden das zur Entlöhnung der Seelsorger und Lehrer sowie für die Armenunterstützung notwendige Einkommen entzogen bzw. sich übermässige Sitzungsgelder zugesprochen hatten? Judikatur hierzu gab es noch nicht, war doch der Begriff der Pressefreiheit eben erst eingeführt worden.

Ohne hierüber nähere Anhaltspunkte zu vermitteln, erging sich der Ankläger Morf nun vorab in allgemeiner Kritik an Jakobs auch anderswo veröffentlichten Aussagen, wobei er sich durch mehrere Bibelzitate noch den Anstrich frommer Belesenheit geben wollte. Zu einem begründeten Strafantrag brachte er es indessen nicht. Jakob konnte es sich nicht verkneifen, dem von ihm nachträglich auch in seinem *Neuen Helvetischen Volksblatt* veröffentlichten Anklagetext[123] noch eine und angesichts der vielen orthografischen Mängel despektierlich gemeinte Anmerkung beizufügen.

A n k l a g u n g s r e d e

des Bürger Johannes Morf von Rickon,
wirklichem Distriktsrichter im Berzirk Basserstorf, K. Zürich

gegen den Bürger Jakob Schweizer, Pfarrer in Embrach,

gehalten vor dem Distriktsgericht Basserstorf,
den 30ten September 1800

(Anmerkung des Herausgebers: Man ist glüklich, die Anklage des Bürger Morfs ganz ächt und unverfälscht mit-theilen zu können, wie sie wirklich gehalten ward. Auch die Orthographie ist die seinige, da man sich Mühe gegeben, das originelle Manuscript ganz getreu zu copiren.)

Bürger Pfarrer Jakob Schweyzer von Embrach, liess eine Schmähschrift gegen die Representanten im verwichenen Monath May aufgeben, warin er dieselben in einem der gehässigsten Liechte darstelte. Ich wil keine andere Worte in der Klag vorbringen, als die wo Er selber geschrieben und eingestanden hat vor dem Kantonsgericht in Zürich. Aber mit der Auslegung und Bedeutung derselben, bin ich, und Pfarrer Schweyzer nicht einig. Er heisst sie Kirchen- und Eygenthumsräuber und giebt

---

123 ——— *Neues Helvetisches Volksblatt* (1800), 4. Heft, 2. Bogen, No. 27.

den Xden[124] und Grundzins dafür an. Ich frage wo auch jemahls ein ächter Xden Debonent[125] gewesen seyn. Es mögen derselben Dato etwelch hervortreten, oder angezeigt werden. Die aber von kurzen Jahren her Existieren, und wen man ins Alter kommt[126] gar wenig Gründliches. Bisweilen hört man, dos die Clerisey[127] unter den schmeichlenden Andächteleyen, einen fromen, einfältigen – oder auch einem rauchlosen, unter Aberglauben stiftenden – Bedrohungen abgeschwezt und vor Eygenthum erklärt haben.

Steigt man ins Alterthum hinauf, und sogt die Priester und Leviten hoben ihn zum Gottesdienst gebraucht. Ja, aber hoben nicht, die Debonenten 13 Jaucharten Land vor 12 bekomen, dies sind rechte Debonenten, bey denen mag Er nach heut zu Tag gesucht werden.

Sagt man Er[128] seye von der Vorsehung auferlegt worden. Worum ist bald, der oben, bald der neben, bald der unten Xdenfrey, da doch alle herum denselben liefern müsen. Es ist bis dahin kein Ächten Xden Decimator[129] erschienen, und wen Ackere unbeblümt daliegen, wo nimt den der Decimator den Xden?

Und vor den Grundzins hat der Gesetzgeber nur dem tauner[130] imholt getohn, indeme vordem auch Geltgülten in Kernengülten[131] sind verwandelt worden, und statt 4 oder 5 Pro. 15 bis 20 müssen bezohlt werden. Also nur dem Ungerechten Wucher, welcher, die leidende Menschheit bey so viellen Jahren drückte, jnhalt gethan.

Er beschuldigt Sie,[132] sie beschäftigen sich nur mit Herabwürdigung der alten Regierungsglieder. Derauf weiss ich ihn auf die Urtheilsprüche von Anno 1646[133] und 1794 und 95:[134] so ergangen in Zürich, wen den diese emand lobt, so mag Er.

Ferner sagt er: Sie haben sclavesche Nachgiebigkeit gegen Frankreich, ich frage was waren die Helfte in circa von der Schweyz, und

---

124 —— Zehnten.
125 —— Zehnten-Pflichtiger.
126 —— Gemeint: wenn man weiter zurückblickt.
127 —— Geistlichkeit.
128 —— Gemeint: der Zehnten.
129 —— Zehnten-Eintreiber oder *Zehnder*.
130 —— Kleinstbauer, Taglöhner.
131 —— Geldschulden, Ernteschulden.
132 —— Gemeint: die Volksvertreter.
133 —— Strafaktion 1646 gegen Wädensweiler und Knonauer Bauern wegen Beitragsverweigerung zum Zürcher Schanzenbau.
134 —— Verweis auf die kompromisslos harten Urteile 1794/95 im sog. *Stäfner Handel*.

alle Unterthanen derselben, wo an einem Ort mehr, oder weniger des Comerzium verboten waren, unter so viellerley Art der Rechten, und Regierungen, in derselben?[135] Er sagt fehrner von dem verfahren der Franzisischen Truppen; in Unterwolden u.s.f. Aber niemahls dos auch Sie, und andere, Beamtete an Hälsen gebunden mit Stricken, durch Zimmer auf und abgeschleift und ofentlich herumgeführt zur Spot und Schand und ins Gefängnus geworfen u.s.w. Da Sie doch von der Regierung als Brüder ermohnet und gebäten worden, von ihren Thaten und unternehmen abzustehen.

Ist das ein Unpartheyischer Schreyber, der, wos bey einem Volk Hass und Unzufriedenheit zeugt und ernährt? Und hingegen die Ursache, davon, verschweigt, welches wen es gesagt wurde viellem vorgebogen welcher von Eucherre.

Weiteres sogte Er. Das Sie, die Representanten durch ihr eigen Beyspiel die Imoralitet erhöhe. – Haben Sie die alten Regenten und alle Menschen welchen Stands sie jmer gewesen und nach sind gesündigt. Wos sagt der treue, Heylands Jesus Kristus: welcher von Euch ohne Sünd, werfe den ersten Stein auf Sie.

Dahin solten wir alle denken, besonders aber, die Nachfolger Jesus Kristus, oder die sich dessen rühmen und denselben vorstellen. Und, Brg. President B. Richter, dass Herz im Leibe thut einem wehe, wen man weiters in dieser Flugschrift list, ihre Versamlungen seyen Zankpläze, wo der Lügengeist freyen Spielraum habe, und machen die Lage des Vaterlands jmmer schlimmer, und wollen einen unseligen Therorismus aufstellen, dessenthalben weiss ihn auf seyne Vaterstat zurück, dass 2 Rathsglieder beym Ausgehen auss dem Rath gegen der Safranzunft hinab einander geprügelt haben. Und ein slgr. Bürgermeister Escher beym Kindli ab oder auss dem Rath gieng, wo man das Regement Anno 1752 in Frankreich gab. – Es muss bey einer jeden Behörde, wen es nicht einhellig geht Ja oder Nein seyn, und Ja und Nein sind schon Streit und Zank gegen einander in Natura.

Nach vieller darin enthaltene, des ich nicht darin berühren mag, ein jeder mag oder hat Sie selbst gelessen, und wil also Eure Gedult nicht ermüden. Nur ist die Frag, wer auf jemand etwas gesagt, ob Er beweissen müsse oder nicht. Kan er diess angeführte, und was seyn Memorials Entwurf sagt, erweisen, so sey es, kan ers nicht? O? Brgr President,

---

135 ——Anspielung auf die zünftischen Handels- und Gewerberestriktionen für Einwohner der Landschaft und der Untertanengebiete.

Brgr Richtere, Wos hoben wir, wie sie von ermeltem Schweyzer geschildert worden. O? Wie traurig hat's um dich aussgesehen, und Ach? wie traurig sieht es noch um dich aus helvetisches theures Vaterland. Und wie traurig vor Euch Representanten, die wo nach Existieren und die wo in Brgrstand zurück gestelt worden, sol ich Schmeichlen, und schweygen oder mir etwan förchten – Nein Schande vor Euch wen es grundlich bewiesen wird. Aber das Gegentheil wird auf den fahlen, der Geschrieben und nicht beweisen kan – wen's nicht bewiesen wird. – Wos seyt ihr Brg President Bürgr Richtere in diesem Fahl zu thun schuldig, seyt ihr nicht schuldig, die Ehre der Existir- und zurückgetretenen Representanten um die Ehre des Vaterlands zu reten, zu schüzen, zu schirmen, so viel in Euren Kräften steht schuldig. – Und Brgr Pres., Brgr Richtere: ware Er unschuldig erfonden worden, Er were gewisslich nicht an seynen Correctionellen Richter gewisen worden – heist diess nicht die Pressfreyheit in einem unerlaubten Grad missbraucht – da doch ein jeder Brgr vermög derselben seine Gedanken mit Anständigkeit, über alle Dicastercen äusern und an den Tag legen kon.

Ist dies die Sprache eines ruhigen seyn Vaterland liebenden Man. Besonders eines Volkslehrers, würde auf diese Weise, dass Vaterland auss seine Noth geretet. Ist dass auf dem gesetzlichen Wege seyne Meynung von der Regierung geschrieben. Ist dos dem Volk Liebe, Gehorsam und Forcht eingepflanzt, gegen seyne selbst erwelte Oberen? [...]

In wie weit Brgr Pfar. Schweyzer sich vergangen, und vom ruhigen und erforderlichen Weg bey der Gefährlichen ja misslichen Looge der Schweiz sich entfernt habe, zeigt sich nur alzuklar und deutlich – indeme Er die Ersten und Obersten Gewalten, Kirchen- und Eigenthumsräuber, Siten- und Religionsverderber und Vaterlandsrouinierer nent. Sind dies keine Beleidigungen, vor Sie, sind dos nicht gegen Revolutionair Schriften, die von solcher Respectlosigkeit gegen seyne oberen geschrieben?

Auf diese Polizey und civil vergehung des Brgr Pfr Schweyzers ist in Erwegung zu ziehen

1) Ob Er die Pressfreyheit nicht missbraucht und in wie weit er Sie missbraucht habe und

2) Ob ein Brgr. auf solche Art gegen seyne Oberen schreiben könne und möge

3) Ob seyne Schriften nicht verderblich und schädlich gewesen, sey.

Districtsrichter, Johannes Morff, öfentlicher Ankläger

Jakobs nun folgende, langatmige sowie von Selbstwertgefühl strotzende Verteidigungsrede lässt ahnen, wie unverstanden er sich in seiner nunmehrigen Rolle vor dem ländlichen Laiengericht vorkam, aber auch wie schief ihm seine eigene Brille bisweilen sass. In einem hier verfehlten Ton geheuchelter Unterwürfigkeit beschreibt er einleitend sein Glücksempfinden, sich vor diesem Tribunal äussern zu dürfen, von dem er nun seine Ehrenrettung in einer die ganze Nation aufwühlenden Sache erwarte. Unnötigerweise erwähnt er ausführlich noch einmal den von den oberen Gerichtsinstanzen gewährten Freispruch zur Frage des Kapitalverbrechens einer Anstiftung zu gewaltsamer Volkserhebung, um dann den hier anlaufenden Prozess wegen Verletzung der Pressefreiheit als Bagatelle abzutun. Im gleichen Atemzug, mit dem er den Richtern als gewählten Amtsleuten seine Reverenz entbietet, weist er jeden Verdacht von Stolz oder Hochmut von sich, wonach es ihm zu gering wäre, sie als Landleute in dieser Funktion zu akzeptieren – eine unnötige und schon deshalb ziemlich klar das Gegenteil bewirkende Beteuerung! Aus verschiedenen zynischen Randnotizen der nachträglich für seinen Freundes- und Gönnerkreis gedruckten Ausgabe dieser Verteidigungsrede spricht Jakobs damaliger Standesdünkel noch deutlicher. Im Folgenden sei nur der allgemeine Teil des reichlich langen Plädoyers wörtlich wiedergegeben. Es soll insgesamt fünf viertel Stunden gedauert und den Ankläger Morf zum zeitweiligen Verlassen des Gerichtssaals animiert haben, was das anwesende, mehrheitlich zu Jakob haltende Publikum jenem aber unter Protest verwehrte.

Zweyte Rechtfertigungsrede des Pfarrer Schweizers in Embrach wegen seinem Entwurf eines Memorials,

vor dem Distriktsgericht in Basserstorf gehalten, Dienstags den 30sten Herbstmonat 1800

Ich habe in Wahrheit von Glük zu sagen, Bürger Präsdent! Bürger Richter! dass ich heute vor diesem Tribunal zu erscheinen bin eingeladen worden, um Euern Ausspruch zu gewärtigen, »ob ich durch den gedrukten Entwurf meines Memorials an den Vollziehungsrath und die Helvetische Regierung, Namens der Aktivbürger im Kanton Zürich, mich eines Missbrauchs der Pressfreyheit schuldig gemacht habe?«
Ich habe von Glük zu sagen: – denn überdenkt man, welch ein gewaltiges Geschrey gleich Anfangs über diese Drukschrift und ihren Ver-

fasser ist erhoben worden, wie stark gewisse Zeitungsschreiber in das
Horn geblasen, mit welcher Leidenschaftlichkeit und Ungestüm, auf er-
folgte Denunciation der Broschüre im grossen Rath, mehrere Glieder der
Nationalrepräsentation über den gefährlichen Aufrührer losgedonnert
haben, – überdenkt man die ernste Weise einer gedoppelten Criminal-
Procedur, die ich mir musste gefallen lassen, da vor dem Zürcherschen
Cantonsgericht, und dann, auf geschehene Appellation des öffentlichen
Anklägers, vor dem obersten Gerichtshof die Frage entschieden wurde,
»ob in diesem Fall die Anklage eines begangnen Staatsverbrechens Statt
finde?« – überdenkt man ferner, wie, schon bey meiner ersten Citation
vor das Zürchersche Cantonsgericht die Richter selbst, durch Intriguen
und Zumuthungen meiner Gegner gegen mich eingenohmen, und der
eigentlich wahre Gesichtspunkt denselben aus dem Auge verrükt werden sollte, – und wie nun vollends, nach erfolgter Lossprechung des
Beklagten, eben diese Leute alles Mögliche angewandt, um den obersten Gerichtshof dahin zu bringen, das Urtheil des Cantonsgerichts zu
cassieren; – wie geschäftig dieselben auch gewesen sind, in unserm
Canton Unterschriften zu einer Petition an die helvetische Regierung
für die exemplarische Bestrafung meiner Person zu sammeln, und dass
von öffentlichen Beamten bis auf die Bürger Schneidergesellen herab, so
manche unbefugte Richter den gehörigen Rechtgang in dieser Crimi-
nal Procedur zu hindern, und den einzig competenten Richter irre zu
machen suchte; überdenkt man endlich, dass ich selbst, während mein
Prozess vor dem Richter schwebte, nicht nur jene ärgerlichen Machen-
schaften stillschweigend zugab, sondern auch – indem ich mich einzig
auf meine gerechte Sache stüzte, und den Trost eines guten Gewissens
als meine beste Rechtfertigung ansah, – jede Bemühung meiner Freunde
zu meinen Gunsten mir verbat, und eine für meine Lossprechung bereits
geschriebene Petition underdrükte, – überdenkt man, sage ich, diese
angeführten Thatsachen alle, so hätte man glauben sollen dass es – wo
nicht um mein Leben, doch um meine Ehre und Freyheit für immer geschehen wäre. Um so inniger und dankbarer also erkenn' ich mit aller
Rührung meines Herzens die Güte und liebevolle Weisheit nicht etwa
der Menschen, sondern der V o r s e h u n g, welche die Hofnung und
das Vertrauen, das ich auf sie gesezt, nicht unbelohnt liess, und mir
noch, neben dem Trost eines guten Gewissens, dessen Seligkeit ich
über diese Tage, wie noch nie, empfunden habe, auch meine öffentliche
Ehrenrettung vor der Welt durch einen gedoppelten Ausspruch des irdischen Richters schenkte; und es ist allerdings ein nicht unbeträchtlicher

Zuwachs meiner zeitlichen Glükseligkeit, dass ich nun meinen Feinden ruhig unter die Augen tretten und sagen kann: »Ihr zwar gedachtet Böses wider mich, aber der Herr hat es zum Guten gewendet!«

Nehmet diese Erklärung nicht also auf, Bürger Richter! als würd' ich, wenn die Sache einen anderen Schwung genohmen, und der oberste Gerichtshof die Anklage eines begangenen Staatsverbrechens über mich erkennt hätte, über dieses Urtheil erschroken, in Verlegenheit und in ängstliche Besorgnisse gerathen seyn. Nein, ich war auf das Schlimmste gefasst. Mit der möglichsten Ruhe und Standhaftigkeit würd ich mich jedem unangenehmen, widrigen Geschik unterzogen, und wenn die entschlossene Sprache der Wahrheit und die Stimme der Unschuld kein Gehör mehr gefunden hätte, auch im Kerker, oder ausser dem Vaterlande, mit dem Zeugniss eines guten Gewissens, im frohen Hinaufschauen zu Gott, einen reichen Ersaz für das mir angethane Unrecht gefunden, und mich mit dem Grundsatz beruhigt haben: »Es ist besser Unrecht erleiden als Unrecht thun!«

Nein, ich wollte mit der obigen Erklärung nur soviel sagen, »dass meine Lossprechung von jeder criminellen Anklage mich nun umsomehr freut, je weniger ich sie erwarten durfte, und dass meine gedoppelte Freysprechung, nach so vielen Bemühungen sie zu hintertreiben, nun um so mehr als ein wahrer Triumph der guten Sache anzusehen ist!«

Der gegenwärtige Aktus, Bürger Richter! ist an und für sich nicht von besonderer Wichtigkeit, und es würde mir wohl nicht zu verargen seyn, wenn ich auf die Anklagen, die so eben gegen mich eingekommen sind, unterweilen in scherzhaftem Ton und mit jovialischer Laune antworten wollte. Indem ich nemlich dem Hauptgegenstand der heutigen, richterlichen Untersuchung bey mir selbst nachdachte, konnt ich mich des Lächelns nicht erwehren, bey der Vorstellung, dass nachdem ich nun von zwey hohen Tribunalen über Leben, Freyheit und Ehre des Beklagten geurtheilt worden, – ein niederes Gericht, zum endlichen Entscheid untersuchen sollte, ob derselbe die Pressfreyheit missbraucht habe, und ob die ganze Sache etwa mit einer Erinnerung an den Vorgeforderten, oder mit einer Geldbusse abzuthun sey! Ich dachte dabey an die Behandlung eines meiner ehemaligen Jugendlehrer, der bey den Übereilungen seiner Schüler, nachdem er ihnen zuerst mit völiger Entlassung aus der Schule, dann mit Rückstellung, dann mit Schlägen gedroht, und so seine Jünglinge in Angst und Schreken versezt hatte, – es zulezt lediglich damit bewenden liess, dem Fehlbaren in freundlichem Tone zu sagen: »es soll dir jede Strafe geschenkt seyn, aber

du musst es nicht mehr thun!« (PARTURIUNT MENTES; NASCETUR
RIDICULUS[136] würd' ich hinzu gesezt haben, wenn meine Richter das
Lateinische erlernt hätten.)

Allein, B. Richter, um Euch in der That und Wahrheit einen Beweis zu geben, dass ich Euch, als durch die Volks-Deputierte gewählte
Richter unsers Bezirks, Achtung erzeige, und zu Euern Einsichten und
Rechtschaffenheit Zutrauen habe, auch kein Stolz oder Hochmuth in
mir ist, nach welchem es mir zu gering wäre, vor Landbürgern als meinen Richtern zu erscheinen; dass im Gegentheil ich jede Kenntnis, jede
rühmliche Eigenschaft, (insoferne sich eine solche vorfindet,) an dem
Landmann besonders zu schäzen weiss, und daher, als freyer Republikaner, den Weisen und Guten im Volk die richterliche Gewalt gerne
gönne; will ich in meiner Untersuchung und Rechtfertigungsrede durchaus würdig und ernst zu Werke gehen, und die dem Richter schuldige
Achtung in meinem ganzen Benehmen gegen Euch behaupten. Ich bitte
Euch dessnahen um geneigtes, unbefangenes Gehör, umsomehr, da die
Frage, welche gegenwärtig zu entscheiden ist, unter die schwierigen
gehört, indem selbst unter Gelehrten, (d. h. unter solchen, welche das
Geschäft, über schwierige Fragen zu entscheiden und über jeden vorkom-
menden Fall gründlich zu urtheilen, durch vieljähriges, mühsames Studium erlernt haben) die Begriffe der Pressfreyheit und dem Missbrauch
derselben zur Zeit noch getheilt sind, und es schwer hält, die Gränzen
zu bestimmen, innert und aussert welchen hierinfalls das Recht nicht
bestehen kann. (Es gab eine Zeit, wo die Menschen allgemein glaubten,
dass keiner das Schuster-Handwerk werde treiben können, der es nicht
erlernt, und dass Niemand die K u n s t   z u   r e g i e r e n verstehen
würde, der sich nicht von Jugend an mit allem Fleiss darauf vorbereitet
hätte. Diese Zeiten und das mühsame Lernen sind nun gottlob vorüber,
und wer heut zu Tage vom Schuhflikerbank weg an das Ruder des Staates hin berufen wird, der wird gleichsam durch ein W u n d e r sogleich
zum geschikten Regenten umgewandelt.)

Ich theile meine Rechtfertigungsrede folgender Massen ein:

Zuerst werde ich eine Prüffung der vom obersten Gerichtshof über
mich gefällten Sentenz und der Erwägungsgründe, worauf sie sich stüzt,
vornehmen, um Euch zu zeigen, in wieferne die darinn aufgestellten
Grundsäze Euers eigenen Urtheils dienen können.

136——Anlehnend an die Bildsprache des römischen Dichters Horaz (*parturient mon-
tes, nascetur ridiculus mus*, es kreißen die Berge, geboren wird eine lächerliche Maus).

Zweytens will ich untersuchen, ob ich in der quästionierlichen Drukschrift die der Nationalrepräsentation schuldige Ehrfurcht verlezt und mich eines Missbrauchs der Pressfreyheit schuldig gemacht habe. Daraus will ich dann drittens Folgerungen und Schlüsse herleiten, die deutlich zeigen werden, wem in dem gegenwärtigen Fall Genugthuung gebühre: ob ich solche g e b e n müsse, oder ob ich selbst sie f o r - d e r n könne. [...]

Jakob, der sichtlich an den Fähigkeiten der ländlichen Richter zweifelt, geht hierauf selbstsicher auf einzelne Punkte ein und erteilt dem Gericht gar Anweisungen, was es zu berücksichtigen habe. Er übersieht dabei allerdings, dass sich der oberinstanzliche Freispruch einzig auf den Kriminaltatbestand der Volksaufhetzung bezogen hatte, während es hier um den separaten Aspekt der Verletzung der Pressefreiheit im Sinn von Behördenbeleidigung ging, wo ein anderer Massstab galt. Ebenso unnötig war seine anschliessende, juristisch an sich berechtigte Argumentation zur Frage, ob Anstiftung zu einem Verbrechen verschieden zu beurteilen sei, je nachdem diese letztlich zu einer Tat geführt habe oder nicht. Jakob folgerte, dass die Gerechtigkeit den Anstifter in beiden Fällen gleich zu behandeln habe, und widerspricht damit erstaunlicherweise dem ihn freisprechenden Urteil des Obersten Gerichtshofs. Man fragt sich auch hier, ob er damit vorab die Laienrichter beeindrucken wollte.

Wenn der Oberste Gerichtshof das Urtheil des Zürcherschen Cantongerichts bestätigt hat, so ist dieses letztere Urtheil für Euch, Bürger Richter, zur Entscheidung der Frage, ob ich als Verfasser des Entwurfs eines Memorials auf irgendeine Weise strafbar sey eben so nöthig und unentbehrlich, als jenes; – doch verwundere ich mich auch mit allem Rechte, warum das Cantongerichtliche Urtheil Euch nicht ebenfalls zur Einsicht und Erklärung ist zugestellt worden.

Das Distriktsgericht verurteilte Jakob am gleichen 30. September 1800 wie folgt:

Das vollständig versammelte
Distriktsgericht Basserstorf, Canton Zürich,

nach Anhörung der den 28. May 1800 von dem Cantonsgericht ausgefällten und den 9. July 1800 von dem obersten Gerichtshof der helve-

tischen einen und untheilbaren Republik bestätigten Sentenz über den B. Jakob Schweizer, Pfarrer zu Embrach, im Distrikt Basserstorf, und in Folge der Weisung, auch zweyer Aufforderungs-Schreiben von dem B. Regierungsstatthalter Ulrich in Zürich, laut welchen bemeldter B. Pfarrer Schweizer wegen der in der von selbigem im Druk herausgegebenen Schrift, betitelt: ›Entwurf eines Memorials an die Vollziehungskommission und die helvetische Regierung‹, enthaltenen groben, beleidigenden und ungebührlichen Ausdrüken, und missbrauchter Pressfreiheit, zu verdienter Ahndung und Strafe zu ziehen, hat

nach Anhörung des Vorberichts und Conclusionen des B. Distriktrichters Johannes Morf von Rykon, als öffentlichem Ankläger in gegenwärtigem Prozess,

und endlich nach angehörter persönlicher Vertheidigung des Beklagten selbst, worin derselbe die in seiner Schrift enthaltenen als beleidigend und unanständig denuncierte Äusserungen und Ausdrüke, und die dadurch missbrauchte Pressfreiheit zu entschuldigen und mit der nun geschehenen Veränderung der Regierung sich zu rechtfertigen suchte,

nach reifer Erdaurung und in Gegenwart des im Namen der vollziehenden Gewalt anwesenden B. Distriktsstatthalter, Jakob Wildbergers, und erwägend:

dass B. Pfarrer Schweizer die Regierung, und in derselben die ganze helvetische Nation, auf eine niedrige, entehrende und selbst seinem als Religionslehrer bekleideten Amte höchst unanständige und unwürdige Weise und in den äusserst beleidigenden Ausdrüken zum Spott und Geringschätzung herabgewürdiget, und

dass er unwidersprechlich dadurch die Pressfreiheit auf eine sehr strafwürdige Art missbraucht habe, einmüthig erkennt:

Es seye dem B. Jakob Schweizer, Pfarrer in Embrach, öffentlich das verdiente richterliche Missfallen bezeuget,

Solle derselbe für ein Jahr des Predigamts in seiner Gemeinde suspendiert seyn,

Solle benanntem B. Pfarrer Schweizer alle und jede Art Schriften über politische Angelegenheiten im Druk herauszugeben, von nun an gänzlich untersagt sein, und derselbe sich in seiner Gemeinde ruhig und stille verhalten,

Solle er zu Bezahlung einer Buss von 60 Schweizerfranken zuhanden der Nation, und 2 Franken an den Gerichtsweibel verfällt seyn.

Geben zu Basserstorf, den 30. September 1800

Aus Auftrag des Distriktsgerichts.
Der Präsident desselben: J. H e i n r i c h   E b e r h a r d *von Kloten*
Der Gerichtschrbr.: H e i n r.   S c h u l e r *v. Embrach, zu Kloten*

Dagegen appellierte Jakob. Das darauf am 9. November ergangene
zweitinstanzliche Urteil des Zürcher Kantonsgerichts stellte zunächst
fest:

Es sey über diesen Gegenstand von dem Distriktsgericht Basserstorf
unterm 30. September letzthin übel und der Sache nicht angemessen
gesprochen worden

und gelangte zu einer wesentlich milderen Sentenz. Man darf annehmen, dass diese zum Teil mit konservativ denkenden Richtern besetzte
Berufungsinstanz dem umtriebigen jungen Stadtbürger mehr Sympa-
thien entgegenbrachte als die landschaftlichen Laienrichter von Bassersdorf, wo die Bevölkerung überwiegend der Helvetik zuneigte. Doch
auch die Kantonsrichter erachteten es als ihre Pflicht, Jakob wegen seiner unverfrorenen Ausdrucksweise an die Adresse der helvetischen Repräsentanten einen Denkzettel zu verabreichen. Als eigentliche Strafe
wurde ihm jetzt bloss noch ein einjähriger Gemeindebann-Arrest auferlegt, und statt dem vom Distriktsgericht verhängten Publikationsverbot erging an ihn die Ermahnung, sich in seinen Äusserungen und
öffentlichen Schriften beispielhafte Zurückhaltung aufzuerlegen. Vor
allem aber durfte er sein Pfarramt weiterhin ausüben. Wie Jakob dann
gleich an seinen Freund ›M.‹ in Bern schrieb,[137] fühlte er sich durchaus
als Gewinner in dieser Rechtssache und war entsprechend empört ob
der ihm aufgebrummten Gerichtskosten.

Aufgeben war also Jakobs Sache noch immer nicht! Überzeugt von
der Notwendigkeit seines Tuns zur Rettung des Vaterlands setzte er die
journalistisch-redaktionelle Tätigkeit fort und änderte bloss den Titel
seiner Wochenzeitung von *Neues Helvetisches Volksblatt* in *Gemein-*
nüziges Wochenblatt um. Doch schon nach wenigen Monaten erregte
er durch die Veröffentlichung eines angriffigen Traktats erneut allgemeines Aufsehen sowie behördlichen Unmut. Der Artikel behandelte
die Frage, ob es für einst wegen ihrer Ansichten des Landes verwiesene
Politiker ethisch vertretbar sei, sich später wiederum in die gleichen
Behörden wählen zu lassen, sozusagen als politische ›Wendehälse‹.

137 —— Wiedergeben auf p. 187 f.

Diesmal ging es allerdings um Passagen aus der Feder eines anonymen
Einsenders, der darin seinerseits persönliche Beleidigungen an die Adresse von Amtsträgern und Institutionen aussprach. Das brachte Jakob
als Herausgeber umgehend einen neuerlichen Prozess ein, ja sogar eine
zehntägige Untersuchungshaft. Aus einem Eintrag vom 12. März 1801
in der *Züricher Freitags-Zeitung* erfährt man:

> *Einem Beschluss des Vollziehungsraths zufolge, ist der Pfarrer Jakob*
> *Schweizer von Embrach wegen seinen I d e e n zur Beleuchtung der*
> *Frage:* »*Ob einer der vormals deportierten Helvetier den Ruf in eine der*
> *bestehenden Autoritäten an die Seite seiner Verläumder, Kläger und*
> *Richter mit Ehren annehmen könne?*« *arretiert, seiner Pfarrstelle für*
> *einmal suspendiert und dem Distriktsgericht Basserstorf zur Verfolgung*
> *durch den öffentlichen Ankläger übergeben worden. Die Verhaftneh-*
> *mung erfolgte sogleich nach Erhaltung des Auftrages der Regierung, in*
> *der Nacht des 9. auf den 10. Merz zwischen 12 und 1 Uhr.*

Im nun folgenden Verfahren, wiederum vor dem Distriktsgericht Bassersdorf, machte Jakob am 19. März 1801 geltend, die beleidigenden
Passagen über die helvetische Regierung, gewisse Beamte sowie die
französische und die helvetische Armee seien ihm ja von einer Dritt-
person zur Veröffentlichung zugeschickt worden, er selbst also diesbezüglich schuldlos. Den Namen dieser Person wollte er indessen
nicht nennen. Erneut äussert sich in Jakobs Argumentation eine irrige
Rechtsauffassung, auch wenn das in der damaligen Frühzeit des modernen Presserechts nicht allzu sehr überraschen mag. Vor allem aber
hatte er in seiner Einführung zur regelmässigen Herausgabe des *Neuen*
Helvetischen Volksblatts vor erst zehn Monaten das Gegenteil verkündet: Er werde die volle Verantwortung auch für Artikel aus der Feder
anderer übernehmen.[138]

> *Anklage über das Vergehen*
> *des Br. Jakob Schweizers Pfarrer von Embrach;*
> *dem Distriktsgericht Basserstorf vorgelegt*
> *den 19. März 1801*
> *von Br. Hoffmann, Distriktsrichter,*
> *und dermalen öffentlicher Ankläger*

---

138 —— Eintrag mit der Überschrift *Bitte des Herausgebers an entferntere Korrespon-*
denten, p. 93, Ziffer 2.

Erstens: Bürger Pfarrer *Schweizer*, nachdem er schon mehrere mal wegen seinen politischen Schriften zur Verantwortung vor correctionelle und criminelle Richter ist gestellt worden, nachdem man Ihne auch deswegen bestraft, und Ihm freundlich angerathen und empfohlen hatte, das Schreiben über politische Gegenstände zu unterlassen, so fährt er dessen ungeachtet fort, in seinen neuesten Schriften, besonders in seinem betitälten G e m e i n n ü z i g e n W o c h e n b l a t t, die Pressfreyheit strafbar zu missbrauchen, indeme er bald Geschichten erzählt, die nicht wahrhaft sind, und die Ehre und das Ansehen der Regierung herabwürdiget, und wirklich dieselbe in groben Ausdrücken beschimpfet. Nachdem man diesem unüberlegten Verfahren lange Zeit zugesehen hatte, und die Dreistigkeit des Bürger Schweizers endlich bis zu Angriffen auf die Regierung selbst sich ausdehnte, so sahe sich der Bürger Justizminister am 7. März genöthiget, die vom Bürger Schweizer herausgegebene Wochenschrift überhaupt, und zwey Stellen derselben besonders, als strafbar zu denunzieren. [...]

Die erste Stelle enthält eine unrichtige, beleidigende Anekdote, betitelt ›Schlimme Vorbedeutung‹, welche der Ehre des fränkischen und helvetischen Militairs, so wie auch der Ehre unsers unabhängigen Freystaats und der Regierung zu nahe geht.

Die 2te und die 3te Stelle enthält eine bedingte Scheltung, nach welcher Bürger Schweizer behauptet, dass in dem gesetzgebenden Rath Verläumder, und in den höheren und niederen Authoritäten geld- und blutgierige Ursächer, Treiber und Vollzieher verfassungswidriger Gewaltthätigkeiten sizen.

Zweytens: Da der Bürger Schweizer bey dem ersten Verhör ausgesagt, dass er nicht der Verfasser jener strafbaren Stellen seye, dass nur die Einkleidung ihme zugehöre, dass er aber die Worte aus dem Brief eines andern mit seiner Erlaubniss habe drucken lassen; da er der Verhör-Commission den Brief selbst vorgelesen, sich aber nicht wollen bereden lassen, den Namen des Verfassers zu nennen und doch glaubwürdig an dem Tage ligt, dass B. Schweizer einen solchen Brief empfangen habe; so muss zwar freylich Bürger Schweizer als Verfasser und Herausgeber jener ehrrührenden Schrift alle Verantwortung und Strafe allein auf sich nehmen.

Gleichentags gelangte das Distriktsgericht Bassersdorf zu folgendem Urteil:

Solle der B. Pfarrer Schweizer vor den Schranken über den quästionier-
lichen Aufsaz, betreffend die Frage: »Ob ein ehemals Deportierter den
Ruf in die Gesezgebung annehmen könne?« und über die in demselben
denunzierten beleidigenden Ausdrüke zuhanden der Regierung Abbitte
thun, und sie öffentlich widerruffen.

Sein Gemeinnüziges Wochenblatt solle verbotten seyn, und er in
Gelübd genommen werden, keine politischen Schriften mehr herauszu-
geben.

Solle er zwey Jahre lang in den Bezirk seiner Gemeinde eingeschränkt
seyn, und desshalben unter der Aufsicht der Munizipalität in Embrach
stehen.

Eine Zurechtweisung vor dem Zürcherischen Kirchenrath vor Wie-
derantrettung seiner Pfarrgeschäfte.

Er solle 400.– Franken obrigkeitliche Busse bezahlen.[139]

Er solle alle theils Arrests, theils Gerichtskosten zu erstatten schul-
dig seyn.

Obiges Urtheil haben sowohl der B. Pfarrer Schweizer
als auch der öffentliche Ankläger angenommen.[140]

Nach dieser zweiten Verurteilung im März 1801 stellte Jakob gezwun-
genermassen die eigentliche journalistische Tätigkeit ein, veröffentlichte indessen schon bald anonym den hier bereits vorgestellten,
stellenweise politisch gepfefferten Gedichtband unter dem Titel *Ta-*
schenbuch für Freunde und Freundinnen der ernsten Muse auf das Jahr
1801.[141] An ein Aufgeben Jakobs im Kampf um seine Überzeugungen betreffend die Rettung des Vaterlandes war also wiederum nicht zu denken, hatte er sich doch noch am 4. Oktober 1800, gleich nach dem ersten Prozess in Bassersdorf, unmissverständlich dahingehend bekannt:

Sollte man wünschen, dass ich bey meinen politischen Versuchen eine
Änderung in der Form vornehme, so will ich Folge leisten, und die
Weisheit und Güte derer verehren, die mir zeigen, wie meine Schriften

---

139 —— Einer Nachricht in der *Züricher Freitags-Zeitung* vom 3. Januar 1802 zur teil-
weisen Wiedereinführung der Zehnten und der Grundlasten entnimmt man, dass die
Besoldung für Geistliche damals maximal 1600.– Franken pro Jahr betrug.
140 —— Nachsatz des Gerichtsschreibers, wiedergegeben in der *Züricher Freitags-Zei-*
tung vom 20. März 1801.
141 —— Siehe dazu KAP. 3.3, p. 63.

recht nüzlich werden können. *Sollten Männer, welche von den Mitteln das Vaterland zu retten anders denken als ich, darüber mit mir in Briefwechsel oder in Unterredung tretten wollen, so werden sie in mir einen für jede Belehrung dankbaren Menschen finden und meinem Herzen und Absichten volle Gerechtigkeit wiederfahren lassen. – Zu diesem allem bin ich bereit und erböttig.*

Wenn es aber Leute giebt, die aus eigennüzigen Absichten, nur darum, weil ich nicht denke wie sie, mich gerne ausser Thätigkeit sezen würden, so erkläre ich ihnen, dass sie ihren Zwek weder durch Absetzung von der Pfründe, noch durch das Verbott keine Schriften herauszugeben, jemals erreichen werden. So lange ein Athem in mir ist, bleibt mein Leben dem Dienste des Vaterlands gewidmet. Möchte meine Liebe zu demselben täglich reiner und grösser, und ich Eures Beyfalls, edle, weise Männer im Vaterland, immer würdiger werden![142]

Jakob scheint tatsächlich bis zum Schluss von seiner Unschuld überzeugt gewesen zu sein. Er interpretierte die Pressefreiheit als die Befugnis, Unrecht beim Namen nennen zu dürfen und diejenigen, welche es sich hatten zuschulden kommen lassen, als entsprechende Missetäter darzustellen. Die nach heutiger Auffassung gängige Regel, wonach innerhalb der Pressefreiheit auch Fehlende, einschliesslich Amtsträger, einen angemessenen Schutz vor charakterlicher Herabwürdigung geniessen, war damals noch kaum erhärtet. Im erst gut zwei Jahre vorher zu Ende gegangenen *Ancien régime* hatte Behördenkritik allerdings noch unter strengster Ahndung gestanden, wie es die harten Urteile gegen die auch Jakob bekannten Verfasser des *Stäfner Memorials* von 1794/95 nahelegen, wo nur schon eine Petition für rechtliche Gleichstellung von Bürgern in Stadt und Kanton Zürich als strafbare Auflehnung mit inhärenter Behördenkritik aufgefasst worden war. Und nun also akzeptierte Jakob seine Schuld im Hinblick auf die masslosen Verunglimpfungen von offiziellen Funktionsträgern höchstens als Formfehler!

---

142 ——Aus der *Beylage zur Zweyten Rechtfertigungsrede des Pfarrer Schweizers in Embrach wegen seinem Entwurf eines Memorials.*

3.8   AUSSERGERICHTLICHE ZWISCHENTÖNE

Schon nach dem ersten Appellationsurteil des Zürcher Kantonsgerichts ereiferten sich Verfasser von Zuschriften an die Presse für und wider die Aburteilung von Jakob seitens der Justiz. So nahm ein J. Pfenninger aus Stäfa Anstoss an der ihn skandalös mild anmutenden zweitinstanzlichen Sentenz wegen des *Memorials*. Die Pfenninger, eine in Stäfa ansässige Familie, hatten sich seit längerem für die Gleichberechtigung der Landschaft mit der Stadt eingesetzt; der Landarzt Joh. Caspar (auch Kaspar) Pfenninger war an der Redaktion des *Stäfner Memorials* von 1794 beteiligt gewesen und dafür ins Ausland verbannt worden, avancierte dann aber im Zug des helvetischen Revolutionswindes zum ersten Statthalter der Zentralregierung im Kanton Zürich, in welcher Position man kaum ausgleichende Tendenzen von ihm erwarten konnte. Und nun empfahl ein ungenannt bleiben wollender Einsender, der Jakob auf die auch gegen ihn gerichtete Tirade aufmerksam gemacht hatte, diese ohne weitere Erklärung zu veröffentlichen, *denn sie spreche ja offensichtlich gegen sich selbst!* Jakob befolgte den Ratschlag umgehend mit der ihm eigenen Selbstsicherheit:

Schreiben an den Herausgeber des Helvetischen Volksblattes

Bürger Pfarrer!

Nehmt mir nicht übel, dass ich Euch mit etwas bemühe. Ich bin ein Freund von Euch und Ihr habt noch viele, die Euch gut sind, auch am Zürchersee: denn sie haben nur fünfzig im ganzen Distrikt können zusammenbringen, welche gerne hätten, dass Ihr gestraft würdet, so nehmlich der Wunderli und der alte Statthalter.[143]

Hier übersende ich Euch eine Schrift, welche am See allenhalben herumgeboten wird: Sie reiten nemlich im Land herum bis an die Stadt, und tragen die Schrift feil um 4 s.s. Ich glaube, sie haben viel Geld verdient; es lesen alle von Euch, die Guten wie die Bösen, und die Einten freuen sich, die Andern mögen es nicht leiden; sie haben's auch in die Stadt gebracht, aber der brave Waser[144] hat sie ausgeputzt, und will nichts gegen Euch verkaufen.

---

143 —— Gemeint ist der vorerwähnte Arzt Johann Caspar Pfenninger, massgeblicher Mitinitiant des *Stäfner Memorials* von 1794, der selbst durch mehrjährige Verbannung aus der Eidgenossenschaft empfindlich gestraft worden war.

144 —— Ein Jakob wohlgesinnter Zürcher Verleger.

Jetzt bitte ich Euch, Bürger Pfarrer, dass Ihr möchtet so gut seyn und auch nichts aus der Sache machen, denn sie ist zu schlecht und es steht Euch nicht an, mit dem Lumpenkerl zu prozessiren. Ihr werdet wohl denken, wen ich meyne; denn gewisslich er ist der Autor. Aber tut Euren Freunden die Freude machen, und drucket die Schrift in Euer Volksblatt ab, zum Angedenken, wie schlechte Leute handeln, und wie sie sich gerne an Euch rächen würden. Wenn man Euch nur nichts thut, weil Ihr gewiss recht habet, als Eure Rechtfertigungsrede. Noch ein mal, nehmt mir nicht übel und thut mich nicht verraten.

Den 7. Heuonat[145] 1800
Euer Freund am Zürichsee

Antwort des Herausgebers

Lieber Unbekannter!

Ich habe die Schrift, welche B. Pfenninger gegen mich herausgebracht hat, gelesen, und – herzlich darüber gelachet. Natürlich, dass ich ihm desswegen keinen Prozess an den Hals hängen werde, denn die pöbelhaften Ausfälle gegen meine Ehre sind von der Art, dass sie mich nicht beleidigen konnten. Ich wäre wohl auch bereit ihm zu verzeihen, wäre auf eine mehr delikate Art gegen mich geschrieben worden, so aber lohnt es sich nicht der Mühe, auf das Geschreibsel zu achten. Euer Einfall scheint mir indess ganz gut zu seyn, die Schrift in mein Volksblatt einzurücken, um auch meinen Freunden die Freude zu machen, welche ich bey'm Durchlesen derselben empfunden habe.

Der Verfasser sey, wer es wolle, ich mag ihn weder muthmassen noch wissen, so muss er sich nun in grosser Verlegenheit befinden, da der oberste Gerichtshof in Bern, ohne auf seine Anerinnerungsrede zu achten, mich ebenfalls von der Anklage, ein Staatsverbrechen begangen zu haben, los gesprochen hat. Denn nunmehr fallen alle Schmähungen, welche Pfenninger gegen meine Person hat drucken lassen, auf die oberen Gewalten zurück, indem sie – laut seiner eigenen Aussage – auf den Fall meiner Lossprechung Räuber, Diebe und Schurken sind. Die Regierung mag nun, wenn sie Lust hat, einen Prozess mit ihm führen. Hier folgt also, nach Eurem Verlangen, und gewiss zur Freude aller Leser, die Anerinnerungsrede.

Ich versichere Euch meiner Freundschaft und Bruderliebe.

Embrach den 16. Juli 1800

145 —— Juli.

Eine Anerinnerungsrede
an die Obern Gewalten Helvetiens in Bern,
zu einer ernsthaften Ahndung der öffentlichen Schriften
des B. Pfarrer Schweizers in Embrach.
Herausgegeben von J. Pfenninger, von Stäffa am Zürchersee,
den 23. Junius 1800

Bürger der oberen Gewalten Helvetiens!

Frey und ungescheut sag ich Ihnen, Bürger der oberen Gewalten! Wenn Pfarrer Schweizer durch seine Vertheidigungsrede sich selbst rechtfertigen kann, so sage ich: so ist kein einziges ehrenvolles Glied in allen oberen Gewalten, dessen zu geschweigen von Freunden des Vaterlandes. Ich bin nur ein Partikular; aber wenn jemand mir unter das Angesicht sagen wollte: ich wär ein Kirchen- und Eigenthumsräuber, wo ich mich dessen nicht bewusst seyn würde, so würde, wenn kein gerechtigkeitsliebender Richter wäre, welcher mir zu Rechtfertigung Hand bieten wollte, mein enthusiastischer Geist mich auffordern, in eigener Person sein Criminalrichter, und zuletzt sein Malefizrichter zu werden.

Ewige Schande vor Euch, obere Gewalten! Wenn ihr die Beschuldigung des Pfarrer Schweizers, in der er im ersten Theile seiner Rechtfertigungsrede Euch beschuldiget, da er Kirchen- und Eigenthumsräuber Euch schildert, auf Euren Herzen beruhen lässt, ohne nach der von der Konstitution erforderten Weise ihn exemplarisch zu behandeln. Nicht Sie, von den obern Gewalten, sondern Gerechtigkeit fordert das Opfer eines solchen Schurken. Schande vor die Helvetische Nation, wenn durch einen solchen der Beobachter ausser unseren Gränzen durch solch teuflisch verdeckte, dem Schwachen zur unbegreifbaren, ihren innehabenden verdeckten Absichten der Staat und das Volk eine darauf sich ziehende Beurtheilung sich aussetzen muss.

Und was soll eine solche Schrift inner unsern Gränzen zuwege bringen? Nichts als Aufruhr und Kontrerevolution. Ihm war nicht um's Herz als Lehrer des Evangeliums zu arbeiten, da er diese Schrift niederschrieb, aber als verlarvter Freund des Volkes demjenigen, der seine Beweggründe nicht genugsam im Stande zu überlegen, sein Verräther zu werden.

Eine Schrift verfertigte er, die weder seinem Geiste noch Herzen Ehre bringt. Ich behaupte: seine Schrift, welche so häufig zirkuliert, bringt vor die obern Gewalten, so wie auch dem Volke, das grösste Unglück zuwege. Sie ist verkleidet mit leckerhaften Ausdrücken, als wäre er mit

Leib und Seele dem Volke verbunden, sein Heil zuwege zu bringen – mit den Beweggründen und Vorstellungen der unrechtmässigen oberen Gewalten. Der tausendste ist nicht im Stande zu urtheilen, dass sie mit lauter Aufruhr angefüllt ist. [...] Ich setze hinzu: weil Pfarrer Schweizer ungeahndet vom Kantonsgerichte wieder in seine Pfarrgemeinde hat zurückkehren können, er mit seinen schlangenhaften Maximen so viel Anhänger an sich bringt, dass Sie nach der That es gereuen wird, solche feige Urtheile gegen Pfarrer Schweizer, ich nenne ihn einen Volksverbrecher und Staatsaufrührer, haben ergehen lassen. [...]

Schande wäre es vor Euch, Regenten, wenn Ihr erst durch einen ausgearteten Geistlichen Euch belehren lassen müsstet, wie ihr das Wohl des Vaterlandes berathen solltet. Es ist doch nicht minder als sein Wunsch, das Wohl dessen zu befördern. [...] Nein: föderativische Absichten, und andere Dinge, welche dieses Sistem mit sich führt, ist seine Lieblingssache. Gebt Zeugnis, Ihr obern Gewalten, vom Gegentheile, und überzeugt das Volk, dass es Euch Ernst sey, solche Verbrecher zu strafen.

Auf diese gegnerische Meinung, publiziert im revolutionsfreundlichen *Vaterlandsfreund*, antwortete der so angegriffene Jakob in seinem eigenen Wochenblatt mit ätzendem Sarkasmus:

Herzensdank dem Retter meiner Ehre, dem treuen wahren Erzähler geschehener Dinge. Wie könnt ich anders, als dem wohlbekannten Freund hier öffentlich meinen Herzensdank abstatten, der, aus einem nicht zu verkennenden Freundschaftstrieb, auf eine so delikate, liebevolle Weise, dem helvetischen Publikum den Ausgang meines Prozesses vor dem Zürcherschen Kantonsgericht, die mir erzeigte Milde und Gnade und meine dadurch erwekten Dankempfindungen bekannt gemacht hat, – und zwar in dem V a t e r l a n d s f r e u n d, einem Blatte, worin meiner geringen Person, bald täglich, mit besonderer Ehre gedacht wird! Es scheint, die Göttin Fortuna habe mich ganz zu ihrem Liebling auserkoren, und zu meiner Erhöhung tausend Hände in Bewegung gesetzt, dass ich n o l e n s v o l e n s der beneidenswerteste Sterbliche seyn muss. Wenn mir nur nicht schwindlicht wird auf dieser schaurigten Anhöhe, und die liebe Fortuna mich vor Verrücktheit im Kopfe bewahret!

»Die schonende Behandlung des Bürger Pfarrer Schweizers« – hebt der würdige Freund an – »vom Kantonsgericht in Zürich, betreffend seine bösartige (?) Broschüre, ist wohl unstreitig neuer Beweis, wie mild Fehlbare von unsern Behörden behandelt werden.« Ob diese Milde wohl auch statt gehabt hätte, wenn die gesetzgebenden Räthe Kläger und Richter zugleich gewesen wären? Da hätt's geheissen »Ins Henkergässgen mit der Schrift und dem Verfasser! Ich rathe zur Verbrennung an! Fort mit dem neuen Hildebrand, dem Kannibalen, dem Marrat und Robespierre! Weiche zurück, Satan!« »Natürlich, dass er sich freute, der über seinem Haupte geschwebten Gefahr (meynt der Mann die Kettenstrafe oder die Guillotine?) entgangen zu seyn! Gerührt zeigte er dadurch das erwekte Gefühl von Dank und gestunde, er habe gefehlt!« – O, der treuen, naiven Erzählung! Meine Worte, nach Eröfnung des Urtheils waren diese: »Bürger Kantonsrichter! Für den Beweis von Gerechtigkeitsliebe und der Geneigtheit, die Klagen und Vorstellungen eines unschuldig als Staatsverbrecher angeklagten Mannes anzuhören, welchen ihr durch die Freysprechung desselben gegeben habt, bin ich Euch meinen innigen Dank schuldig. Als Aufrührer oder Empörer konnt' ich nach den Grundsätzen der Gerechtigkeit niemals weder überwiesen noch verurtheilt werden – und wenn ich ja meiner Broschüre halben eine Ahndung verdiente, so konnte diese einzig darum Platz haben, weil ich in der Form gefehlt und die nöthigen Regeln der Vorsicht und Klugheit nicht, wie ich hätte thun sollen, befolgt habe!« [...]

Der Vaterlandsfreund und seine Korrespondenten mögen nun von Gnade und Milde gegen den Pfarrer Schweizer sprechen, was sie wollen – ich selbst habe nie keine Gnade, sondern nur Gerechtigkeit begehrt; ich sehe keine Nachsicht in dem über mich gesprochenen Urtheil. Ich erkläre hier öffentlich, »dass das Kantonsgericht, wenn es mich als Staatsverbrecher erklärt hätte, höchst ungerecht gehandelt haben würde!«

Jakob greift sodann den Herausgeber des *Vaterlandsfreunds*, den nunmehrigen Senator Tobler, vormals Pfarrer zu Veltheim, mit einem Spottgedicht an. Dieser hatte sich beim Anrücken der französischen Truppen für vier Monate aus seiner Gemeinde entfernt,

was man aber freylich leicht entschuldigen könne:

Den freyen Franken zuliebe eilt, wer sie verehrt,
aus Weibesarm, trennt sich von Kindern.
Ja, wer nicht Acker und Haus und Weib und Kinder und Freunde
ihnen zu Gunsten verlässt, sie begleitend, wo es auch hingeht,
wahrlich ist ihrer nicht werth!

Embrach den 12. Jun. 1800
J. S c h w e i z e r
Pfarrer

Wie Jakob im Prozess vom 19. Oktober auf seine Richter gewirkt haben muss, erfährt man aus einer inoffiziellen Darstellung, die ein Mitglied des von Laienrichtern besetzten Distriktsgerichts Bassersdorf wenige Tage danach veröffentlichte. Es war der als Ankläger eingesetzte Johannes Morf aus der Tösstaler Gemeinde Rikon, welcher einleitend betonte, dass für ihn die Rolle als Ankläger völlig neu gewesen sei und er sich im Gericht offensichtlich dem redegewandten Angeklagten unterlegen gefühlt habe. Angesichts des lebhaften öffentlichen Interesses, das der ›Fall *Pfarrer Schweizer*‹ bereits hervorgerufen hatte, sah sich Morf nachträglich zu dieser Rechtfertigung seines Auftritts – er nannte es *eine abgedrungene Nothwehr* – genötigt. Dazu benützte er eine dem *Neuen Helvetischen Volksblatt* von Jakob vergleichbare, jedoch der Gegenpartei der Unitarier zudienende Wochenzeitung. Hier erscheint der streitbare Pfarrer von Embrach in wenig günstigem Licht, nämlich als uneinsichtiger, bisweilen gar hochnäsiger Besserwisser, der den Richtern vorgeben will, nach welchen Prinzipien sie zu urteilen hätten. Wie bereits erwähnt, erhält man diesen Eindruck tatsächlich beim Durchlesen von Jakobs Verteidigungsrede. Lassen wir zunächst, stark gekürzt, diesen Mann aus dem Volk aus seiner Sichtweise zu uns reden, wie er sich nun auf einmal logisch deduzierend und im Vergleich zu seiner hölzernen Anklagerede wesentlich stilsicherer – wohl mit Hilfe eines schreibgewandten Freundes – und auch in ansprechender Selbstbescheidenheit auszudrücken versteht:

Ein Wort an das Publikum über den Prozess
des B. Pfarrer Schweizers von Embrach
hauptsächlich zu seiner Verteidigung[146]
herausgegeben von Distriktsrichter
Johannes Morf von Ryken,[147] *im November 1800*

Es ist zwar ein gewagtes Unternehmen, wie ich es auch schon erfahren habe, wenn ein Ungelehrter mit einem Gelehrten, ein im Reden

---

146 —— Gemeint: Jakobs Verteidigungsrede.
147 —— Heute *Rikon* im Tösstal.

und Schreiben Ungeübter mit einem, der eine fliessende und spitzige
Feder, und eine geschliffene Zunge hat, auf den Kampfplatz tritt. Dies
ist gegenwärtig mein Fall mit dem Bürger Schweizer, Pfarrer zu Embrach. Ohne mein Zutun und gegen meinen Willen wurde ich von dem
Distriktsgericht Basserstorf, dessen Mitglied ich zu seyn die Ehre habe,
ernennt, der öffentliche Ankläger in seinem Prozess zu seyn. Ich fühle
schon zum Voraus meine Schwäche, und wie wenig ich im Stande sey
mit einem so wohl beredten, und so gerne sich reden hörenden Manne
mich zu messen. Gerne hätte ich dieses Geschäft von mir abgewälzt;
aber es musste es doch Einer thun. Eine sehr kurze Zeit blieb mir, seitdem ich es wusste, zur Vorbereitung neben vielen anderen Geschäften,
und ich musste meine Anklage unter dem Geräusche einer zahlreichen
Familie ausarbeiten, während dem er auf seiner einsamen Studierstube
mit Musse seine Verteidigungsrede ausarbeiten konnte. Welche Nachtheile auf meiner Seite! Ist zu verwundern, wann meine Arbeit in Vergleichung mit der seinigen nicht den gehörigen Grad von Vollkommenheit hatte? Und ist's edel von ihm, wenn er beissenden Spott über mich
ausgiesst? Sei's aber noch so gewagt, mit diesem beredten Manne und
geübten Fechter, wie ihn seine Schriften zeigen, mit denen er das Publikum so freigebig bewirthet, mich einzulassen, so muss es doch noch
einmal gewagt seyn, denn er hat mir ganz zu arg mitgespielt, sowohl
in den seiner Rechtfertigungsrede vor dem Distriktsgericht Basserstorf
beygefügten ›erbaulichen Akten‹, als auch in seiner Appellation an das
Kantonsgericht. Es ist eine abgedrungene Nothwehr, was ich schreibe:
als solche wird sie auch das Publikum mit Nachsicht beurtheilen. Weil
meine Schrift das ist, so werde ich mich hauptsächlich auf die Verte-
digung sowohl meiner Anklage, als meines Betragens einschränken:
nebenbei mag's dennoch die eint und andere Anmerkung sonst geben.

Das, was ich am wenigsten von dem B. Schweizer, als Religionslehrer, erwartet hätte, muss ich zuerst rügen, nemlich dass er sich darüber
aufhält, dass ich in meiner Anklage Bibelstellen angeführt habe. Was?
Ein Religionslehrer soll dieses unschicklich finden? Ein Religionsver-
ächter hätte darüber spotten mögen, aber nicht ein Religionslehrer. Und
wie sehr widerspricht er hierin sich selbst! Er sagt, die correctionelle
Polizey soll zum Zwek haben, den, welcher ihr übergeben wird, zurecht
zu weisen, ihm seine Fehler vorzuhalten, und ihn von der Fehlerhaftig-
keit derselben zu überzeugen. Woraus sollte aber einer, der ein Christ
heissen, ja ein christlicher Religionslehrer seyn will, eher seiner Fehler
überwiesen, eher in Ansicht auf seine Meinungen und sein Verfahren

zurechtgewiesen werden können, als eben aus denjenigen Schriften, die
er für den Grund seines Glaubens ausgiebt? – Doch hätte ich mich nicht
so sehr darüber verwundern sollen, dass der B. Pfarrer sich über den Bi-
belgebrauch aufhält? Wenn ein religiöser Mann sich darüber aufhielte,
so wäre es sich zu verwundern; aber dass einer ein Religionslehrer ist,
daraus folgt noch nicht, dass er auch ein religiöser Mann sey.

Wie weit aber die Religiösität des Br. Schweizers gehe, ist so ziemlich allgemein bekannt. Er wirft sich zwar zum Vertheidiger der Religion auf, zieht gegen Ungläubige, die die Religion anfechten, rüstig zu
Felde; er macht sich einen Ruhm daraus, auf der Kanzel den eifrigen
Religionslehrer zu machen, und die Weiblein zum Zähren zu bringen.
Aber wie ernst es ihm hiemit sey, sieht man aus ganz anderen Äusserungen, die man etwa bey einem Glas Wein und bei anderen lustigen
Gelegenheiten von ihm hört. Wer so manche eben nicht erbauliche Anekdote von ihm gehört hat, hält seinen religiösen Schein bloss für Schein,
oder welches einerlei ist, für Heuchelei. Man könnte hierüber auch ›erbauliche Akten‹ herausgeben, die aber wohl etwas weniger erbaulich
seyn würden, als die seiner Rechtfertigungsrede beigefügten erbaulichen
Akten. [...]

Über den übrigen Teil meiner Anklage kann ich mich kürzer fassen:
Der Br. Pfarrer fordert, dass die Stellen seiner denunzierten Schrift worin er sich grober, unanständiger und die Regierung beleidigender Ausdrücke bedient habe, hätten sollen ausgezeichnet, ihm vorgehalten, und
er dadurch zur Überzeugung seines Fehlers gebracht werden. – Dies ist
geschehen; und es wäre wahrlich überflüssig und verlorne Mühe gewesen, wenn es weitläuffiger geschehen wäre. Denn wer wollte einen
Mann überzeugen können, dass er sich schlechter Ausdrüke bedient
habe, der dieselben alle so zu drehen weiss, dass er sich selbst wenigstens,
wenn auch nicht andere Leute, beredt, sie seyen durchaus unschuldiger
gerecht, und es hätten keine schiklichern gewählt werden können? – Der
Leser seiner Schriften und seiner Erklärungen über seine Ausdrüke urtheile selbst! Wenigstens hat das Kantonsgericht, wenn es schon das
Distriktsgerichtliche Urtheil gemildert hat, seine Ausdrüke gleichfalls
für strafwürdig gefunden, und ihn so wenig als das Distriktsgericht los-
sprechen können, ungeachtet er's seinen Richtern nach seiner löblichen
Gewohnheit, ihnen zum voraus zu sagen und vorzuschreiben, wie sie
sprechen sollen, in den Mund gelegt hat, sie sollten ihm sogar noch eine
Satisfaction zuerkennen. [...] Er zeigt überhaupt eine solche Verachtung gegen das ländliche Gericht, dass er nicht undeutlich zu verstehen

gibt, das Baurengericht sollte es noch für eine Ehre halten, dass ein so wichtiger Mann, wie er sey, ein Städter, ein Gelehrter, ein Schriftsteller vor ihm erscheine, und dass er daher sich damit belüstiget, dasselbe zum Ziel seiner Spöttereien zu machen. Wenn man sich's zum voraus vornimmt so unwissende Leute wie wir Bauren sind, zum Besten zu haben, so fallt einem solchen Spottvogel dann alles auf, worüber er sich ein Bisschen lustig machen zu können glaubt. [...] Ich weiss nicht, was für einen sonderbaren Begriff er sich von der correctionellen Polizey macht. Sie ist doch kein Stillstand,[148] der nur da wäre, um den Fehlenden Vorstellungen zu machen, in ihnen Reue zu erzweken und dadurch Besserung zu befördern. Sie ist da, um zu strafen und durch zwekmässige Strafen den, der gefehlt hat, vor ähnlichen Fehltritten für die Zukunft zu warnen und davon abzuschreken. Er scheint hingegen zu wähnen, als wenn der correctionelle Richter nur zum mündlichen Abmahnen und Warnen, zum Vorhalten der Fehler bestimmt wäre, um den Fehlenden zur Erkenntnis zu bringen. Nein, der Richter, auch der Polizeyrichter, muss strafen, und durch Strafen in dem, der gefehlt hat, den Entschluss hervorzubringen versuchen, dass er sich künftig vor ähnlichen Fehlern hüte; wo möglich auch andere davon abschreken, um so seinen Strafen eine ausgedehnte Wirksamkeit zu geben. Der Br. Schweizer hätte also gar nicht erwarten dörfen, vor dem korrektionellen Polizeyrichter von Strafen für seine Vergehen frey auszugehen.

Er hat die ganze Nation in ihren Stellvertretern zu Spott und Geringschätzung herabgewürdigt, indem er ihre Repräsentanten beschimpfte, hat er die ganze Nation beschimpft. Denn bei irgend einer anderen Regierungsverfassung könnte die Obrigkeit beleidiget werden, ohne dass zugleich die Nation gekränkt würde, aber bey dem Stellvertretungssystem nicht. Bei diesem tritt der Schimpf, der über die Repräsentanten der Nation ergossen wird, auf die Nation selbst zurück. Der Grund davon ist ja sehr einleuchtend. Sind die Stellvertreter der Nation unfähige, unsittliche, räuberische und zanksüchtige Leute, wer hat sie dann gewählt, als die Nation? Sie muss also selbst so dumm oder unsittlich seyn, wie ihre Repräsentanten; sonst würde sie bessere Leute zu ihren Stellvertretern wählen. Wie das Geschöpf, so der Schöpfer. Die Repräsentanten sind Geschöpfe der Nation, als von derselben gewählt: der Charakter der Nation ist also in ihnen ausgedrükt, sie sind der Abdruk derer, die sie

---

148 —— Versammlung der Kirchgemeinde-Ältesten; siehe auch p. 50.

gewählt haben. Indem also der B. Schweizer die Stellvertreter der Nation beschimpfte, beschimpfte er die Nation selbst, und also hat er, nach eigenem Urtheil, das Leben verwürkt. Wie froh muss er also sein, dass er leicht davon kommt!

Ich schliesse mit der Erklärung, dass das Distriktsgericht es gewiss nicht bös mit dem Br. Pfarrer Schweizer gemeint hat, und dass es, wann er sich unterzogen hätte, nicht auf der strengen Vollziehung des Urtheils bestanden wäre, dass er sich's vielmehr durch ein ruhiges Verhalten noch um vieles hätte mildern können; dass das Gericht auch in der Sentenz selbst gelinder gefahren wäre, wenn der Beklagte von Seite seines Charakters und seiner Sitten einen solchen Ruhm hätte, wie von Seite seines Kopfs und seiner Talente, wenn er der würdige Mann wäre, für den er will angesehen (sein), und man es ihm hätte zutrauen können, dass alles, was er geschrieben hat, bloss aus der reinen, redlichen Vaterlandsliebe geflossen sey, die er sich so gerne zuschreiben möchte.

Tatsächlich muss man beim Durchlesen von Jakobs Verteidigungsrede seinem Kritiker Morf in manchem recht geben, etwa wenn der Angeklagte die Richter ungehörig anweist, wie sie mit ihrem oberinstanzlichen Auftrag umgehen sollten, oder wenn die unpassende Erklärung *»nach welchem es mir zu gering wäre, vor Landbürgern, als meinen Richtern zu erscheinen ...«* den selbst bemühten Verdacht von Stolz oder Hochmut im rhetorischen Effekt eher bekräftigt als widerlegt. Und schliesslich zeigen die vielen sarkastischen Klammereinschübe in seiner persönlichen Abschrift der Verteidigungsrede zur Genüge, wie es um seine damalige Gesinnung stand. Im schon zitierten Brief vom 30. November 1800 an einen gewissen ›M.‹ in Bern,[149] wo Jakob vor allem seinen Gefallen an der ihm zugewiesenen Gemeinde Embrach äusserte, kam er auch auf die rechtliche Seite seines soeben entschiedenen ersten Gerichtsfalls zu sprechen, wobei sich neben einem Hang zur Überheblichkeit auch ein weiterer Mangel an seiner Rechtsauffassung offenbarte, in der das Konzept eines zu vermeidenden Gefährdungspotenzials fehlte.

Wohl auch lächerlich, aber noch mehr ungeschickt muss jedem Unbefangenen der dieser Sentenz vorgehende Erwägungsgrund erscheinen: »In Erwägung, dass die Druckschrift des Pfarrer Schweizers leicht hätte

---

149 ——— Siehe p. 53 f.

schaden können«! – Nun, Gottlob, dass ich doch einmal von einem Gericht selbst die beruhigende Versicherung habe, dass meine so sehr ge-
züchtigte Schrift wirklich keinen Schaden verursacht hat. Aber wo in
aller Welt wird ein Beklagter für eine Handlung gestraft, die nach der
Einsicht und nach dem Geständnis der Richter selbst niemandem ge-
schadet hat? Wie kann da in Erwägung kommen, dass sie doch leicht
hätte schaden können? Es kann kein Mensch ein Werk unternehmen,
das nicht unter gewissen, ungünstigen Umständen, gegen seine beste
Absicht schaden könnte, und so müssten die Richter »in Erwägung,
dass alles schaden könnte« auch alles strafen. – Aber wie? Wenn wir
den Satz umkehren, und sagen: »In Erwägung, dass die Druckschrift
des Pfarrer Schweizers auch leicht hätte nützen können, und vielleicht
wirklich genützt hat«: Wie stehen wir dann, gute Kantonsrichter?

Der Entrüstungssturm, wie er sich in den damals aufgepeitschten Me-
dien gleich nach der kantonsgerichtlichen Urteilsverkündung äusserte,
beweist, wie sehr Jakobs zentral ins Staatsgefüge zielenden Vorstösse
grosse Bevölkerungsteile erregen und zu Aufruhr anstacheln konnten,
und seine Anregung zur eventuellen Verweigerung von Kantonsbei-
trägen für die Entlöhnung der Parlamentarier bedeutete im Ansatz bereits Volksverhetzung. Jakobs Unbesorgtheit erstaunt besonders, wenn
man sich an die diesbezügliche Intoleranz der Behörden unter dem
erst vor zwei Jahren zu Ende gegangenen *Ancien régime* erinnert. Und
schliesslich schien Jakob noch immer nicht einzusehen, dass er im Berufungsverfahren zwar milder beurteilt, aber keineswegs von jeglicher
Verfehlung freigesprochen worden war. Entsprechend ereiferte er sich
über die ihm abverlangten Appellationskosten und mokierte sich dann
wieder im Nachhinein über den ihm als Strafe auferlegten Gemeindebann-Arrest, den er nicht allzu genau zu befolgen gedenke.

Wenn es erlaubt ist, so finde ich den dritten Umstand abermal ko-
misch genug, dass ich zur Bezahlung der Appellationskösten verurtheilt
worden. Die Appellation habe ich gewonnen, und soll doch die Kösten
bezahlen, wie wenn ich sie verlohren hätte! Denn ich hätte wohl zu
bemerken, dass am 19. November vor einer Menge Zeugen im Urtheil
deutlich und bestimmt die Worte abgelesen worden: »Das Distriktsgericht Basserstorf hat übel gesprochen, und der Beklagte wohl anhero
appelliert«: Warum dieses letztere späterhin nicht selbst, sondern willkürlich ich die unterlegene Pathey worden, begreife ich nicht: Ich halte

mich an der ersten Sentenz. Wo in aller Welt aber bezahlt diejenige Partey die Appellationskösten, welche den Prozess gewonnen hat: Nicht ich, sondern das Distriktsgericht Basserstorf, das den Prozess verlohren, ist pflichtig auch die Summe zu bezahlen, welche das Kantonsgericht zu fordern hat.

Nun werden Sie wissen wollen, ob ich das Urtheil annehme, oder ob ich die Cassation vom obersten Gerichtshof verlange? Vorerst muss ich Ihnen sagen, dass ich in der Überzeugung stehe, dass das Kantonsgericht in der mir auferlegten Strafe nicht die Absicht hatte, mir etwas Ehrrühriges anzuthun: Denn ob ich gleich die Sentenz zwekwidrig finde, so soll mich diess nicht bewegen, in die Gerechtigkeitsliebe und Güte der Richter, die sich in so manchen Fällen erprobt hat, das mindeste Misstrauen zu setzen. Sie glaubten, es liege nichts Ehrrühriges in dem Umstand, wenn man den Vater seinen Kindern gebe, und dem Hirten gebiete, bey seiner Herde zu bleiben. Auch wussten sie wohl, dass der Bezirk meiner Gemeinde 5 Stunden im Umfang habe, und dass der Bannisierte immer besser daran sey, als mein Canarienvogel, der da, in ein enges Kefich eingesperrt, mir doch so munter vorsingt, und sich in seinem Gefängniss gütlich thut. – Dabey dachten sie wohl auch, dass der Gestrafte den ihm angewiesenen Bezirk in etwas ausdehnen, und zuweilen in benachbarte Gegenden werde lustwandeln können, ohne dass irgend ein Aristokratenriecher ihn verklagen würde: Endlich sahen sie auch zum voraus, dass nach Verlauf einiger Monden, wann der Verbannte sich in einer geziemenden Petition an die Regierung wenden wollte, die Strafe des gänzlichen aufgehoben würde.

Aufgrund der hier geäusserten Gesamtsicht vom Prozessverlauf sind also gewisse Zweifel an Jakobs Realitätssinn angebracht. Rückblickend aus dem 20. Jahrhundert befand der Kirchenhistoriker Paul Wernle allerdings, dass Jakob damals ein Getriebener von Meinungsströmungen war, die ihn für ihre eigene Sache einsetzten.

»Pfarrer Schweizer erkannte jedesmal seine Fehler, seine Leidenschaftlichkeit und Masslosigkeit an; allein er war seiner selbst nicht mächtig, und die Gegner trieben ihn durch ihre noch weit grössere Masslosigkeit erst recht ins Extrem. ›Er ist immer frecher geworden‹, hatte einer der Senatoren von ihm gesagt. Nicht nur weltliche Ratsherren urteilten so, sondern auch fromme und ernsthafte Prediger. Pfarrer Sulzer in Winterthur rügte den Ton der politischen Schriften Schweizers und fand ihn zu unklug und zu polternd. Ihr Inhalt gefiel ihm wohl, aber er meinte ›die Geistlichen müssten für die Sache des Herrn in seinem Geist streiten‹. Bei Antistes Hess überwog der Eindruck der Freude. ›Schweizer hat sich meisterhaft aus der Sache gezogen, vor unserm Kantonsgericht wenigstens. Er hat bei diesem Anlass manche Wahrheit stark gesagt. Die Apologie war beinahe freimütiger als die Schrift selbst.‹«

Hinter Wernles Annahme einer Selbsterkenntnis von Jakob in Bezug auf sein Verschulden darf man, zumindest in jenem Zeitpunkt, ein Fragezeichen setzen. Immerhin sieht der Historiker abschliessend doch auch Positives in Jakobs Agitation:

»Schweizers zweite Rechtfertigungsrede ist wichtig als ein Beitrag zur Geschichte der Pressefreiheit und ihres Missbrauchs. Damit nehmen wir Abschied von diesem streitbaren Pfarrherrn. Er ist eine der interessantesten, aber nicht gerade erfreulichsten Personen der Helvetik gewesen. Genützt und gefördert hat er schwerlich viel, aber er hat sein Recht, er selbst zu sein wie jeder andere, verfochten und Wahrheiten gesagt, die gesagt werden mussten, von dieser wie von der anderen Seite.«[150]

Die Zeit der politischen Agitation war nun für Jakob endgültig vorbei, umso mehr als schon bald eine grundlegende Veränderung einsetzte, die weitgehend nach dem Sinn von Jakobs Vorstellungen verlief: die Rückkehr vom helvetischen Einheitsstaat zu einem der alten Eidgenossenschaft nachempfundenen Staatenbund gemäss der *Mediationsakte von 1803*. Ebenso drastisch sollten sich nun allerdings auch seine berufliche sowie private Situation verändern, als ihn eine tiefe persönliche Krise erfasste.

3.9   DAS MACHTWORT DES KIRCHENRATS

Mittlerweile war jetzt Jakobs Lebensführung selbst ins Schlingern geraten. Schon angesichts der aufreibenden Doppelbeanspruchung

---

150 —— Wernle, Zweiter Teil, p. 172 f.

als Seelsorger in einer umfangreichen und politisch gespaltenen Gemeinde sowie als ein mehrfach angefeindeter und vor Gericht zitierter politischer Aktivist erstaunt dies wenig. Dazu häuften sich persönliche Schicksalsschläge in der Gestalt des Todes seiner drei bisherigen Kinder noch im Säuglingsalter, der Plünderung des Haushalts und des fast erlittenen eigenen Todes als Zielscheibe im helvetischen Bürgerkrieg. Man soll nun den Pfarrer Schweizer immer öfters in Wirtshäusern angetroffen haben, wo er bisweilen tief ins Glas blickte. Zudem hing der Haussegen schief: es gab Gerüchte von einer ausserehelichen Beziehung – Jakobs Enkel, der präzis arbeitende Historiker Paul Schweizer, schrieb ungeschönt von ›Ehebruch‹.[151] Jedenfalls rumorte es in Embrach.

Jetzt schaltete sich der Kirchenrat ein, der Jakob bislang stets gedeckt hatte. In einem vom 9. Oktober 1804 datierten Bericht empfahl die kirchliche Aufsichtsbehörde dem Regierungsrat, Jakob als Pfarrer in Embrach abzusetzen sowie über ihn eine befristete Sperre von allen geistlichen Funktionen im Kanton zu verhängen. Das Klartext redende Kirchenratsprotokoll vom 8. Oktober 1804[152] gibt ziemlich schonungslos Auskunft über Jakobs damals abgenützte innere Verfassung:

Protokoll des Kirchenraths, Montag den 8. October 1804

Nachdem schon vor einigen Wochen in den Visitationsakten und in besonderen Beylagen derselben von Seite des Herrn Dekans der Klage sehr gravierender Zeugnisse in Betreff des unordentlichen Lebenswandels des Hrn. Pfarrer Jakob Schweizer zu Embrach und der draus entstandenen, täglich grösser werdenden Ärgernisse eingegangen;

nachdem ferner bekannt geworden war, dass mehrere seiner Kapitelsbrüder nach manchem vergeblichen Versuche, ihn zu warnen oder auf einen bessern Weg zurückzuführen, endlich allen Umgang mit ihm abgebrochen und vollends noch die ganze Woche ihm den Zutritt zur Prosynode versagt haben;

nachdem man endlich in Erfahrung gebracht, dass er selbst durchaus keinen Schritt getan habe, um die mannigfaltigen, seit einiger Zeit wider ihn in Umlauf gekommenen höchst schändlichen Gerüchte zu widerlegen; da er doch die bey der Visitation von Seite des Herrn Dekans

---

151 —— Schweizer Paul 2017, p. 8.
152 —— Protokolle des Kirchenraths 1799–1809, Staatsarchiv Zürich, TT 1.1, p. 156 ff.

an ihn ergangene Warnung hätte müssen an sich kommen lassen, auch mehrere seiner eigenen mündlichen und schriftlichen Äusserungen angesichts seiner Schuld in einem sehr hohen Grade hätten merken lassen, so hatte der Kirchenrath in Kraft der ihm anstehenden Befugnisse und Pflichten geglaubt zu Abhebung noch grösseren Skandals und womöglicher moralischer Ächtung des Herrn Pfarrer Schweizer selbst, einen Schritt thun zu müssen. Es war ihm damals schon der Zutritt zu der Synode untersagt und erkennt worden, dass er hernach den gesamten Kirchenrath solle anhero berufen und ein letzter und ernstlicher correktioneller Versuch mit ihm gemacht werden. Zu dieser Constitution war dann auch wirklich die heutige Sitzung festgesetzt worden, und man gedachte hiebey nicht nur dem Herrn Pfarrer Schweizer die nöthigen Vorstellungen zu machen, sondern auch aus seinen eigenen Äusserungen zu vernehmen, ob er die Grösse seiner Verfehlungen einsehe, so wie auch was er allenfalls zu seiner Verteidigung zu sagen wisse, und somit durch sein eigenes freyes und offenes Geständnis geleitet und er einsichtig geworden so schonend gegen ihn zu verfahren, als es ohne Pflichtverletzung möglich sey.

Nachdem also Herr Pfarrer Schweizer vor dem versammelten Kirchenrath erschienen war, so wurden ihm, ohne in Specialitäten einzugehen, folgende Hauptfragen vorgelegt:

Einmal in Bezug auf die wirklich laut den Visitationsakten und dem Dekanatsbericht vorliegenden Data: Ob und wie er sich der ihn gravierenden Punkte schuldig finde?

Und dann in Bezug auf die gegen ihn kursierenden ärgerlichen Gerüchte: Warum er nie keinen Schritt gethan, um sich gegen dieselben zu rechtfertigen und seine Ehre und guten Namen zu retten.

Die Antwort des Herrn Pfarrer Schweizers auf diese erste Frage ging unter mannigfaltigen Äusserungen der Scham und Reue, wie auch Versicherung, dass er nichts mildern, nichts zurüknehmen wolle, was er selbst schon unaufgefordert dem Herrn Dekan gesagt habe dahin: Dass er bei näherer Selbstprüfung selbst gefunden habe, dass er bis dahin aus unbegreiflichem Leichtsinn und durch mannigfaltige Umstände verleitet worden, durchaus nicht zu vereinigende Sachen vereinbaren zu wollen, und dass er mannigfaltige Übereilungen begangen habe. Er bitte, dies sein offenes Geständnis anzunehmen und mit möglichster Schonung zu beurtheilen, und auf seine schmerzliche Reue seinen wirklich schon erfolgten stilleren und eingezognen Lebenswandel und die wiedererlangte bessere Zufriedenheit seiner Gemeindegenossen und Freunde billige Rücksicht zu nehmen, zumal er mit der Hülfe Gottes seinen gefassten Vorsätzen zur Besserung treu zu bleiben hoffe.

Auf die zweyte Frage äusserte er sich dahin: Dass er in Betreff jener Gerüchte einstweilen noch nicht wisse, ob er näher in dieselben eintretten solle, und diesfalls vom Kirchenrath einen Wink erwarte; übrig nur geglaubt habe, dass eine öffentliche Widerlegung dieser Gerüchte keinen guten Eindruck machen würde, zumal dieselben durch einen unklagbaren Lebenswandel am besten würden können widerlegt werden.

Da nun der Kirchenrath diese Äusserungen des Herrn Pfarrer Schweizers allzu unbestimmt und allgemein fand, so wurde beschlossen, ihn zum zweyten Male vortretten zu lassen und ihm zu erklären, dass man einerseits laut der über ihn in den Visitationsakten und Dekanatsberichten gravirenden Fehler bestimmtere Erklärungen von ihm fordern müsse, so wie man denn auch von ihm erwarte, dass er in Betreff der über ihn ergangenen höchst ärgerlichen Gerüchte wegen eines sträflichen Umgangs mit Weibspersonen kategorisch äussere, was und wiefern ihm diesfalls etwa zur Last falle?

Worauf dann die zweyte Äusserung des Deponenten, unter Versicherung, dass er die reine Wahrheit rede, und unter Bitten um schonende Beurtheilung dahin ging: Rüksichtlich auf allgemeine Fehler falle ihm hauptsächlich zur Last ein zu öfteres Verlassen seiner Gemeinde und Heraustreten aus seinem Wirkungskreise, ein sich Verleitenlassen zu öfterm Besuch von Gesellschaften, die sich für einen Pfarrer nicht schiken; zu allerley übereilten und unbesonnenen Äusserungen über politische und religiöse Gegenstände; zum Spiel, und zwar zu hohem Spiel: daher auch seine oftmalige ökonomische Verlegenheit; ein sich nicht genug beobachten in Wirths- und Gasthäusern, deren Besuch nach und nach seine Lieblingsneigung geworden sey. Durch solche und ähnliche Fehltritte habe der Segen seines Lehramts gelitten. Allein dieses finde er selbst höchst strafbar und nicht zu entschuldigen. Alles aber solle nicht mehr geschehen. Auch müsse er sich besonders noch eines begonnenen missfelligen Betragens in seinem Hause und gegen seine brave geduldige Gattin Schuld geben, gegen welche er ebenfalls das Geschehene wieder gut zu machen gedenke und von der er Verzeihung erhalten werde. Was dann noch besonders jene Gerüchte wegen seines Umgangs mit Weibspersonen betreffe, so wolle er auch diesfalls nicht mit Unwahrheit umgehn, und sey sich darüber schon seit seinem frühern Leben und seit seinen Studentenjahren keiner völlig reinen Unschuld bewusst. Zu dem seit drey Vierteljahren über ihn ausgegangenen Gerücht wegen einer

Person in seiner Gemeinde habe er selbst durch sein eigenes Benehmen dazu begründeten Anlass gegeben, wenn auch hierüber keine rechtlichen Indizia vorhanden wären. Man möchte ihm verzeihn, was er auch in diesem Punkt begangen habe. Er bitte um möglichste Schonung, um nicht weitere Untersuchung; er könne seine Unschuld hierüber nicht beweisen, er fühle sich grosser, nicht bloss Übereilungen, sondern Fehler schuldig und glaube, dass noch kein Geistlicher ungestraft, das, was er, gethan habe. Übrigens bitte er, ihn nicht unglüklich zu machen, und mit billiger Rücksicht auf alles, was er bereits seit geraumer Zeit ausgestanden, auf sein ganzes Lebensglük, auf die gefassten unabänderlichen Vorsäze zur Besserung und auf die Wünsche der seit einiger Zeit mit seinem Leben, Lehr- und Predigtamt zufriedenen Gemeinde noch eine letzte Probe zu machen.

Auf die Frage endlich, ob nicht auch noch seit seinen lezten mündlichen Äusserungen gegen den Herrn Dekan seine guten Vorsäze wieder neuerdings seyen gebrochen worden, erkärte er sich dahin: dass wann er nach so auffallenden und erschütternden Umständen sich zu schwach fühlte, seinen Vorsäzen treu zu bleiben, er lieber izt sogleich, wo er noch Kräfte habe, um in einem anderen Stande sein Fortkommen zu finden, den geistlichen Stand aufgeben würde. Aber er fühle für diesen Stand noch immer eine Vorliebe und glaube, seinen Vorsätzen getreu bleiben zu können, falls man es diesfalls noch auf eine Probe wolle ankommen lassen. Dass seit jenen lezten Äusserungen noch Fehler vorgegangen, wolle er aber nicht leugnen, habe aber doch seither ein stilleres und eingezogneres Leben geführt, bitte übrigens nochmals um Schonung und Nachsicht.

Nach Anhörung dieser Deposition hat sich der Kirchenrath in Betrachtung:

Der äussersten Wichtigkeit der Sache überhaupt, und der höchst gravierenden, wenngleich noch nicht auf die genauesten Spezialitäten sich erstrekenden Äusserungen des Hrn. Pfarrer Schweizer selbst, und

Mit pflichtgemässer Rücksichtnehmung auf die bedaurliche Lage des bessern Theils der Gemeinde Embrach und namentlich so vieler braver Haushaltungen zu Oberembrach und in den Höfen sowohl, als auch auf die absolute Notwendigkeit, den verdorbnern Theil der Gemeinde durch einen tadellosern Seelsorger auf einen bessern Weg zurückzuführen und der fernern Ausbreitung des nun allzuweit gediehenen Ärgernisses ein Ziel zu sezen, woran sich

Und unmittelbar die gänzliche Unmöglichkeit anschliesst, dass Hr.

Pfarrer Schweizer, seiner ausgezeichneten Talente ungeachtet, ferner-
hin in der Gemeinde Embrach seinem Berufe mit Nuzen und Segen und
mit der dem Amte eines Seelsorgers an dem Stande eines Geistlichen
angemessner Würde vorstehn oder auch seine Translokation in eine an-
dere Gemeinde von heilsamen Folgen werde seyn können, so wie denn
auch eine blosse, schon eines zu findenden Vikars wegen mit grossen
Schwierigkeiten verbundenen Suspension, die Besserung des Mannes
ebenso wenig als die Aufhebung des Skandals dürfte erzwekt werden.
Und dann ferner:
    In vollständiger Kenntnis der Unbeständigkeit und des Leichtsinns
des Hrn. Pfarrer Schweizers in Erfüllung seiner schon so oft gefassten
aber nie erfüllten guten Vorsäze, sowie dann endlich auch
    Mit beständiger Hinsicht auf die Ehre und Würde des geistlichen
Standes überhaupt, zu deren Rettung und Behauptung sich der Kirchen-
rath in Kraft seines Amtes berufen fühlt, sich einmüthig dahin erkennt:
    Diese Angelegenheit zu fernerer Decision und Verfügung an die
hohe Landesregierung hinzuweisen, in der festen Überzeugung, die-
selbe werde auch in diesem so wie in so manchen anderen Fällen aus
den hier angegebenen klaren Prämissen diejenigen Resultate zu ziehen
wissen, welche zur Wiederherstellung und Beförderung des Wohls der
betreffenden Gemeinde sowohl zur Erzwekung der moralischen Rettung
des Mannes, nicht weniger als zu möglichster Schonung der Ehre des
geistlichen Standes am meisten geeignet sind.

Am 18. Oktober 1804 erging der folgende vom Kirchenrat angeregte
Beschluss des Zürcherischen Regierungsrats:

Der Kleine Rath, nach Anhörung des schriftlichen Berichts und der
Weisung des Kirchenraths vom 9t diess. in Betreff des Herrn Pfarrers
Jacob Schweizer zu Embrach, hat, in Betrachtung des dem Herrn Pfar-
rer zufolge seines, vor wohlgedachter Behörde selbst gethanen offenen
und freien Eingeständnisses und der übrigen, in dem mündlichen und
schriftlichen diessfalsigen Bericht enthaltenen Anzeigen, zu Schulden
kommenden höchst unordentlichen Lebenswandels und des dadurch in
der seiner Seelsorge anvertrauten Gemeinde verursachten Ärgernisses,
mit Mehrheit der Stimmen beschlossen:
    Der Herr Pfarrer Schweizer soll von seiner gegenwärtigen Pfarr-
pfründe in Embrach von nun an removirt werden, und in unserem Kan-
ton während der nächsten zwey Jahre von der Ausübung der Funktionen

des geistlichen Standes suspendiert seyn, dann aber ihm nach Verfluss
dieses Termins, jedoch nur auf gute Zeugnisse hin, die er über seinen
in der Zwischenzeit geführten moralischen Wandel dem Kirchenrath
vorzuweisen hat, die Ausübung geistlicher Verrichtungen nach Gutbe-
finden wieder gestattet werden, und ihm

Das Einkommen der Pfarrpfründe Embrach für die gegenwärtige
und nächstfolgende Fronfaste noch zufliessen mögen, in der Meinung,
dass daraus der von dem Kirchenrath zu bestellende Vikar nach einer
von ihm, dem Kirchenrath selbst festzusezenden Norm, allervorderst
besoldet werden soll.

Der gegenwärtige Beschluss wird dem Kirchenrath mit dem Ersuchen,
dem Kleinen Rathe zu Wiederbesezung der Pfarre Embrach einen Vor-
schlag einzureichen, mitgetheilt, und dem Herren Pfarrer Jacob Schwei-
zer zu erforderlicher Notiz zu Handen gestellt.[153]

Jetzt hatte auch Jakobs Gattin Anna genug vom Zusammensein mit
ihm und verlangte die Scheidung. Die schliesslich wieder kinderlos
geführte Ehe wurde im Februar 1805 gerichtlich aufgelöst. Dem somit
umfassend gemassregelten Jakob blieb nun nichts anderes übrig, als
sich entweder im Kanton Zürich nach einer anderen Beschäftigung
umzusehen oder dann den Versuch zu wagen, seine Laufbahn im Exil
neu zu starten. Glücklicherweise war unterdessen das düstere Kapitel der Helvetik bereits zu Ende gegangen, indem sich auf Grundlage
der Mediationsakte von 1803 eine neue, dem vormaligen Staatenbund
nachempfundene Eidgenossenschaft mit weitgehend souveränen Glied-
staaten gebildet hatte. Jakobs Neuorientierung konnte sich also schon
im nächsten Kanton realisieren lassen. Da sein Ruf in der angestammten Heimat nunmehr recht angeschlagen war, zog er es vor, diese zu
verlassen und den Neubeginn in einiger Entfernung von Zürich zu
wagen.

153 —— Staatsarchiv Zürich, StAZH MM 1.9 RRB 1804/1700.

4 JAKOBS NEUSTART IM EXIL

4.1 MURTEN (1804–1809)

Was den Zürcher Jakob Schweizer als nunmehr landesweit bekannten politischen Aktivisten bewogen hatte, seinen Neubeginn in dieser kleinen, doch politisch und kulturell nicht unbedeutenden Provinzstadt zu versuchen, wissen wir nicht im Einzelnen. Sein Entschluss lässt sich allenfalls anhand der Umstände nachvollziehen. Das wohlbefestigte Städtchen auf einer Anhöhe über dem fischreichen Murtensee war von der Helvetik ebenfalls stark geschüttelt worden und befand sich kurz danach in einer bewegten Anpassungsphase. Im frühen 13. Jahrhundert wie Zürich reichsfrei, geriet Murten dann bis zum Ausbruch der Burgunderkriege im späteren 15. Jahrhundert unter die Schirmherrschaft der grosse Teile der heutigen Westschweiz beherrschenden Herzöge von Savoyen. Mit dem stetigen Erstarken, etwa ab 1460, des nordwestlich angrenzenden Herzogtums Burgund, mit welchem Savoyen gemeinsame Politik machte, wurden sich die Eidgenossen bald einmal der Gefahr einer Umzingelung bewusst und begannen, dem Burgunder Herzog Karl – bekannt als *der Kühne* – militärisch die Stirn zu bieten. Bei politisch günstiger Gelegenheit übernahmen Bern und Freiburg handstreichartig das Städtchen samt seiner Umgebung. In der Geschichte machenden *Schlacht von Murten,* 1476, retteten sie den Ort, mit tüchtiger Hilfe auch der Zürcher Miteidgenossen, und leiteten damit des Burgunders baldigen Niedergang ein. In der Folge verwalteten Bern und Freiburg das Gebiet bis 1798 als *Gemeine Herrschaft* nach bekanntem eidgenössischem Muster. Entgegen eidgenössischer Gepflogenheit war es allerdings dem gewichtigeren Bern bereits 1530 gelungen, das Murtenbiet der protestantischen Konfession zuzuführen. Seither fühlte sich der deutschsprachige und reformierte Landstrich stets enger mit der bernischen als mit der ›welschen‹, katholischen Tradition Freiburgs verbunden, was ihm dann etliche Mühe bereitete, als er aufgrund der Mediationsverfassung von 1803 voll in den Kanton Freiburg eingegliedert wurde. Der in der Deutschschweiz als beachtlicher Intellektueller und vorzüglicher Prediger bekannte Jakob mochte da besonders willkommen sein. Murten war aber selbst für Jakob schon länger ein Begriff gewesen. Im Sommer 1798, also bald nach dem Einmarsch der Franzosen in die Schweiz, hatte er bereits bittere Mahnworte auf den auch in diesem Städtchen errichteten Freiheitsbaum geschrieben:

Murten (1798)

Wandrer, hier hatten die Schweizer das sprechende Schandmaal errichtet K a r l d e m B u r g u n d e r, der stolz schwur ihrer Freiheit den Tod. Seines Wollens Vollbringer fand er jetzt an den Franzosen, seinen Brüdern. Das Maal brannten sie weidlich zu Staub, rächend den Bruder, und pfählten darein, was sie Freiheitsbaum nennen. Ha! welch bitterer Spott, Schweizerlands Völker, für euch! Hoch auf dem Grabe der Freiheit, was kann stehen als – die Cypresse? Wandrer, wie weinst du so schön! – Dank dir! – Eile von hier!

Im Dezember 1804 meldete sich Jakob beim angesehenen Murtener Stadtpfarrer Sigmund Bitzius, dem er wohl schon als politischer Publizist bekannt gewesen war. Dieser – Vater auch des begabten jungen Albert, welcher sich später unter dem Pseudonym *Jeremias Gotthelf* zu einem der markantesten schweizerischen Schriftsteller des 19. Jahrhunderts entwickeln sollte – vermittelte dem arbeitsuchenden Jakob eine Stelle als Lateinlehrer und Pfarrhelfer. Als Bitzius im Juni 1805 dann in eine andere Gemeinde versetzt wurde, konnte Jakob bereits wieder, wenn auch nur in vorübergehender Stellvertretung, eine bedeutende Kanzel besteigen: diejenige der ›Deutschen Kirche von Murten‹. Er scheint diese Prüfung so gut bestanden zu haben, dass ihm der Stadtrat zum Schluss eine goldene Medaille überreichte, die an die berühmte Schlacht von Murten erinnerte.

Schon nach 10 Monaten seit seiner Ankunft in Murten gelang es dann dem Neuzuzüger, die damals 19-jährige Stadtarzttochter Maria Elisabetha Dollfuss (1786–1860) zu heiraten. Deren Vater, Dr. Heinrich Dollfuss, ein Sohn des damaligen Bürgermeisters von Mülhausen, hatte sich wegen Unstimmigkeiten mit seinem Vater schon vor Jahren veranlasst gesehen, nach Murten in der wesensverwandten Schweiz auszuweichen. Mülhausen war ja vor der Zeit der Helvetik ein *zugewandter Ort* der alten Eidgenossenschaft gewesen, und Bürgermeister Dollfuss

Ansicht der Stadt Murten, ca. 1760,
Öl auf Leinwand, von unbekanntem Maler, aus:
Markus F. Rubli / Heini Stucki, *Murten: Gegenwart
und Vergangenheit,* Murten 2002, p. 149.

hatte seine Elsässerdeutsch sprechende Stadt auch schon an eidgenössischen Tagsatzungen vertreten.

Wie dem auch sei, diesmal klappte es zwischen den Neuvermähl-
ten. Jakob und Elisabetha wurden in 38 Ehejahren insgesamt acht
Kinder geschenkt, nämlich sieben Knaben – einer verstarb allerdings
im frühen Kindesalter – und am Schluss noch ein Mädchen, Elise, die
als junge Erwachsene nach Russland auswanderte und dort bis zu ihrem Tod als Erzieherin tätig war. Von den Knaben wurden zwei wiederum Pfarrer, ein dritter kam nicht durch die Schlussprüfung. Der
letzte Sohn, der im Sommer 1821 geborene und nach seinem Vater ge-
taufte Johann Jacob, liess sich zum Arzt ausbilden und wanderte bald
nach dem Studium in die USA aus, wo er offenbar keine Nachkommen
hinterliess.

Zum grössten Stolz der Eltern entwickelte sich der 1808 noch in
Murten geborene Alexander, Stammvater aller heute lebenden Nachkommen von Jakob und Elisabetha. Er etablierte sich an der Zürcher
Hochschule als bald einmal bedeutender protestantischer Theologe des
19. Jahrhunderts, sass während vier Jahren im Zürcher Grossrat und
predigte 28 Jahre lang als ferner Amtsnachfolger von Ulrich Zwingli
im Grossmünster. Jakob, der sein geliebtes Zürich nie wieder zu sehen
bekam, konnte kurz vor dem Tod am 31. Juli 1843 im emmentalischen
Trub wenigstens noch die Nachricht von der Einsetzung seines Sohnes
als Grossmünsterpfarrer erfahren, was ihn unendlich gefreut haben
dürfte. Auch hier fällt auf, wie nachsichtig die zürcherischen Behörden die beruflichen Karrieren von Söhnen Jakobs förderten, der selbst
ja unehrenhaft aus seinen Ämtern im Heimatkanton entfernt worden
war und sich daraufhin ins ›Ausland‹ abgesetzt hatte. Doch Jakob war
immerhin Zürcher Bürger geblieben und hatte diesen Status auf seine
Kinder weitervererbt. Alexander, der als 14-Jähriger allein in das ihm
noch unbekannte Zürich gelangte, hätte ohne obrigkeitliche Unterstützung – darunter gar ein anderthalb Jahre geltendes Auslandsstipen-
dium – seine Berufsziele niemals erreichen können. Elisabetha Schwei-
zer-Dollfuss lebte nach ihrer Verwitwung zunächst einige Monate bei
Albert Bitzius – oder eben: ›Jeremias Gotthelf‹ – in dem von Trub nicht
weit entfernten Lützelflüh, zog dann aber zu ihrem Sohn Alexander
nach Zürich, wo sie bis zum Tod noch 16 Jahre verbrachte und das
Aufwachsen ihrer drei Enkel mitverfolgen durfte.

Die knapp fünf Jahre im prachtvoll gelegenen Städtchen Murten am
gleichnamigen See scheinen für Jakob und Elisabetha mit ihrer rasch

Jakobs Sohn, Johann Alexander Schweizer (1808–1888),
Professor der Theologie an der Zürcher Hochschule 1835–88,
Rektor 1851–52, Grossrat 1838–43, Pfarrer am Grossmünster 1843–71.

anwachsenden Familie insgesamt recht angenehm verlaufen zu sein. Man gehörte dort zur gehobenen Gesellschaftsschicht, namentlich nach der Zweitheirat von Jakobs mittlerweile verwitweten Schwiegermama Dollfuss-Lutstorf mit dem angesehenen Kaufmann und Murtener Bürgermeister Emanuel Rudolf Deloséa, der eine Villa mit grossem Garten besass. Gemäss den Aufzeichnungen von Alexander, welcher die Grossmutter als Bub auch später von Nidau aus öfters besuchte bzw. bei ihr längere Zeitspannen wohnte, gab es in ihrem Hause oft Einladungen mit interessanten Gästen. Derweilen sehnte sich aber Jakob danach, wieder eine eigene Pfarrei zu erhalten. Dieser Wunsch konnte in Erfüllung gehen, nachdem die Zürcher Behörden 1808 das ihm auferlegte Berufsverbot aufgehoben hatten. Auf das Jahr 1809 hin wurde Jakob dann nach bernischem Verfahren zum Pfarrer in Nidau ernannt.

4.2 NIDAU (1809–1821)

Nidau, das am Ausfluss des Bielersees gelegene *Wassernest,* wie Jakobs Sohn Alexander die niedere Au etymologisch zwar unkorrekt, aber doch anschaulich in seinen Kindheitserinnerungen als *nid d'eau* interpretiert hatte, war nun allerdings nicht mit Embrach zu vergleichen. Die um ein Vogteischloss vor den Toren der Provinzstadt Biel gruppierte Marktsiedlung zählte damals etwas über 400 Einwohner und lag hart an der Landesgrenze, welche von 1798 bis 1815 dem Jurasüdfuss entlang verlief. Das Gebiet unmittelbar um Nidau herum war sumpfig, also landwirtschaftlich nicht sehr ertragreich.[154] Dies akzentuierte sich dann noch in der tragischen Hungerzeit von 1816/17, als infolge eines katastrophalen Vulkanausbruchs im heutigen Indonesien der Himmel über Europa monatelang durch Aschewolken verdunkelt blieb und es zu übermässigen Regenfällen und Missernten kam. Alexander beschreibt in seinem viel später entstandenen Lebensrückblick, wie sich vor den Bäckereien Schlangen von Kunden bildeten, die noch etwas zu ergattern hofften. Als achtjähriger Knirps konnte er das nicht recht begreifen; er genoss vielmehr die Bootsfahrten, welche nun in den überfluteten Gassen von Nidau möglich waren.[155]

Nidau war sicherlich nicht mit Murten vergleichbar, wo gerne die

154 ——— Erst die 1868 begonnene, in mehreren Phasen durchgeführte Korrektion der Juragewässer hat diesbezüglich eine Besserstellung der Ortschaft bewirkt.
155 ——— Schweizer Alexander, p. 4.

Nidau mit Vogteischloss, um 1785,
kolorierte Umrissradierung, von Johann Ludwig Aberli (1723–1786),
gravé par Carl Guttenberg (1743–1790), Zentralbibliothek Zürich,
Graphische Sammlung, BE, Nidau I, 3 Pp A3.

bessere Berner Gesellschaft verkehrte. Immerhin aber machte Jakob
hier eine wertvolle Bekanntschaft, die ihm sein weiteres Leben lang
erhalten blieb, nämlich in der Person des Volksschriftstellers Johann
Conrad Appenzeller (1775–1850). Dieser amtete als Bieler Stadtpfarrer
sowie Direktor des Gymnasiums, nachdem die Stadt infolge der neuen
Grenzziehung von 1815 wieder schweizerisch geworden war. Die beiden
Literaten und Pfarrherren scheinen sich von Anfang an ausgezeichnet
verstanden zu haben, und der junge Alexander, der 1818/19 das Bieler
Gymnasium besuchte, konnte bald einmal Appenzellers wertvolle Förderung erfahren. Appenzeller war es auch, der 1843, kurz vor Jakobs
Tod, eine Sammlung von Gedichten aus dessen gesamter Schaffenszeit
herausbrachte.

Jakobs Amtszeit in Nidau wäre sicherlich für die nun rasch anwach-
sende Pfarrersfamilie ganz angenehm verlaufen, wenn sich dem nicht
eine neue Hauptsorge in den Weg gestellt hätte: Hilfsbereit und gut-
gläubig wie Jakob stets war, hatte er sich einem deutschen Bekannten
für ein Darlehen zum Kauf einer Apotheke verbürgt, das jener dann
nicht zurückzahlen konnte und demzufolge prompt von der Bildflä-
che verschwand. Die Bürgschaftsschuld sollte Jakob nun jahrelang
belasten, denn das Einkommen eines Pfarrers im bescheidenen Nidau
reichte bei weitem nicht, um sich zügig davon zu befreien. Für das Familienleben scheint nun dem geplagten Jakob die Energie gefehlt zu
haben – zumindest aus der Sicht von Sohn Alexander.[156] Man vernimmt,
dass letztlich auch hier der rund um den Bielersee gedeihende Reben-
saft Jakob in seinem Kummer begleitete. So wurde er denn nach 12
Jahren Amtszeit in eine garantiert ›trockene‹ Pfründe versetzt: nach
Guttannen im gebirgigen Oberhasli-Tal!

4.3 GUTTANNEN (1821–1825)

Dass der nunmehr im 51. Lebensjahr stehende Jakob, und offenbar
auch seine Frau Elisabetha, sich in dem abgelegenen Bergdorf am
Saumweg zum Grimselpass insgesamt doch recht wohl fühlen sollten, zeugt von ihrer Anpassungsgabe. Dazu brauchte es sicher eine
gehörige Dosis Schicksalsergebenheit, denn der selbst nun wieder tief-
gläubige Seelsorger musste es als gottgewollte Pflicht erachten, nach
seinen früheren Verfehlungen halt auch noch diese ›Durststrecke‹ zu

---

156 ——Siehe auch KAP. 5, p. 230.

Guttannen an der Grimselpassstrasse im oberen Haslital,
Photochrom, zwischen 1891 und 1914, Zentralbibliothek Zürich,
Graphische Sammlung, Sammlung Photochrom.

Kirche und Pfarrhaus von Guttannen
zur Zeit von J.J. Schweizers Aufenthalt 1821–1825;
kolorierte Aquatinta, 1822, von Jakob Samuel
Weibel (1771–1846), in Familienbesitz.

durchschreiten. Sie dauerte immerhin nur vier Jahre. Nichtsdestotrotz ergab sich daraus gemäss den Schilderungen von Sohn Alexander eine erfüllende, ja lehrreiche Zeit. Obendrein erwies sich die Versetzung in finanzieller Hinsicht gar als ein Segen, indem der Pfarrer in dieser einfachen Gemeinde, welche sich eine entsprechende Besoldung niemals hätte leisten können, vom Staat ordentlich entlöhnt wurde. Jakob fuhr damit besser als in Nidau, und Gelegenheiten zum Geldausgeben waren an der Grimsel ohnehin rar.

Hier oben, beim engen Zusammenleben mit den einfachen Bergleuten, fand nun Jakobs Volksverbundenheit ihren echtesten Ausdruck, zumal er auch seine Freude an der grossartigen Natur ausschöpfen konnte. Überdies war das damals an die 500 Einwohner zählende Bergdorf an der Passroute keineswegs ganz von der Welt abgeschnitten, denn es diente vor dem Aufkommen des motorisierten Verkehrs bereits als Sust, d.h. als Zoll- und Warenlagerstelle mit Übernachtungsmöglichkeiten für die Durchreisenden. Während der turbulenten Zeiten des Zweiten Koalitionskriegs von 1799 hatte der Guttanner Niklaus Fahner von hier aus gar eine bedeutsame Rolle gespielt, indem er französische Truppen auf Schleichpfaden in den Rücken der die Passhöhe besetzenden alliierten Kräfte führte, wodurch sich damals die Gunst der Stunde wieder den Napoleonischen zuneigte und die Helvetische Republik dann noch für drei Jahre wiederhergestellt werden sollte.[157]

Der inzwischen 14-jährig nach Zürich gezogene und dort die Mittelschule absolvierende Sohn Alexander kam nun regelmässig in den Sommerferien zu seinen Eltern auf Besuch – dies in der Regel zu Fuss – und scheint in deren urtümlicher Umgebung ebenso gern verweilt zu haben. Er beschreibt das Dorfleben wie folgt:

»Die Guttanner leben von Kartoffeln und ›Käsmilch‹, wie diese übrig bleibt, wenn sowohl der Käse- als der Zigerstoff ausgeschieden sind, und bleiben trotz des geringen Nahrungsstoffes, den die Chemie in den Kartoffeln findet, ein schöner und kräftiger Menschenschlag, obgleich sie im langen Winter von ärztlicher Hilfe gänzlich abgeschnitten sind und viel zu arm, um zur Sommerszeit einen Arzt von Meiringen kommen zu lassen. Nicht einmal Brot haben sie, ein Leckerbissen, den nur der Pfarrer und der Wirt von ebendort kommen oder im Haus selbst backen liessen. Über den Winter

---

157 ——— Dazu ausführlich Stüssi-Lauterburg et al., p. 22 ff.

fanden erwachsene Mädchen damals am Zürchersee, besonders in Horgen, einen kleinen Erwerb, für sechs Kreuzer im Tag und Kost Flachs spinnend. Im Frühling brachten sie dann das geringe Ersparnis wieder ins Oberhasli. Alt werden aber lange nicht alle Guttanner; von meinen Bekannten sind einige beim Wildheuen gestürzt, andere von Lawinen bedeckt worden. An der Handegg habe ich selbst gesehen, wie ein Vater die zerschmetterte Leiche des auf hoher Felswand »Würzi«, d. h. Enzianwurzeln grabenden Sohnes in einem Sack auf die Schultern nahm, ihn zwei Stunden weit nach Guttannen zu tragen. Vorauseilend, die Mutter vorzubereiten, wunderte ich mich, wie ruhig sie das Ungück als etwas täglich Mögliches hinnahm, ganz einfach ergeben in das, was Gott verhängt.[158] [...] Meine Eltern [...] rechneten die vier Jahre, welche sie bei dem einfachen Völklein zugebracht, immer zu den glücklichsten trotz der langen Winter.«[159]

Jakob muss trotz seinem für die Walser-Dialekt sprechenden Einwohner seltsam klingenden ›Züri-Düütsch‹ recht beliebt gewesen sein. Während des Wirkens in dieser Gemeinde überholte er eigens das Kirchlein, verpasste ihm einen frischen Innenanstrich und zierte die Kanzel mit selbsterdachten Sprüchen. Wie entbehrungsreich dem Jakob das Leben im kargen Guttannen nach einigen Jahren dann aber doch vorkam, beschreibt er, listig als Tierfabel verpackt, in einem an sich selbst sowie an einen Pfarrkollegen gerichteten Spott-Gedicht von 1824,[160] dem er die folgende Erklärung voranstellte: *Zwei befreundete im Amte Oberhasle angestellte Pastoren bewarben sich um die gleiche Pfarrei im Thalgelände, ohne dass der eine von der Bewerbung des anderen Kenntniss hatte.*

Der Bären Rath, die zwei Reinecke und die Trauben

Reinecke Tigurus[161] *und sein Confrater Basler,*
zum Opferdienst geweihte Oberhasler,
sah'n in der Fern' an grünen Rebenlauben

---

158 —— Heute geht es dieser flächenmässig zweitgrössten Gemeinde im Kanton Bern wesentlich besser dank der ihr vom Wasserkraftangebot zufliessenden Konzessionsgebühren und den entsprechenden Arbeitsmöglichkeiten.
159 —— Schweizer Alexander, p. 18 f.
160 —— Schweizer Jakob 1843, p. 141 ff.
161 —— Lateinische Variante für *Zürcher.*

aus ihrem Winterloch heisshungrig Purpurtrauben.
Der Weinberg war der Bären Lehengut,
den sie verpachten stets mit Edelmuth
der Priester Einem, der, der Welt erstorben,
durch Fasten und Gebeth sich Gunst erworben,
und den Beglückten aus des Eises Brocken
ins warme Thalgeländ hinunter locken.

»Ha« – dachte Tigurus – »Für mich ein fetter Braten,
verdienter Lohn für ehrenwerthe Thaten!
Auch ist mir für die Beute gar nicht bang.
Gehört sie doch dem Ältesten im Rang;
und Zürich's Löwe gilt im weiss und blauen Schild
den Bären mehr als Basels Lilien-Bild.
Weit öffne sich mein Mund! Wohl fliegen mit den Trauben
Zwei Hühnchen noch hinein, und drei Paar wilde Tauben.«

Jetzt fertigt Graubart seine Bittschrift aus:
»Hochedle Väter! Für den fetten Schmaus
sei gnädigst mir vergönnt, auf allen Vieren
ganz lamentabile zu supplizieren!
Es ist – ich schwör's beim Zeus! – in diesem kalten
Sibirien nicht länger auszuhalten.
Was hier noch wächst sind Steine ohne Kirschen.
Vor Frost wir Armen mit den Zähnen knirschen.
Seit schon drei Jahren leid' ich schwere Noth,
gewohnt an mag're Kost und schwarzes Brod.
Gerippen gleich serbt meiner Kinder Schaar;
halbtodt im Neste liegt das Eltern-Paar.
Die Mutter leidet an der Nerven Pein,
den Vater kreuzigt gar das Zipperlein.
Dem dürstenden und abgezehrten Magen
will saure Käsemilch nicht mehr behagen.
Der Arzt befiehlt: ›Willst Du noch länger leben,
nimm täglich dir ein Glas vom edlen Saft der Reben.‹
Jetzt steht der Winter vor – mögt's doch notiren –,
da müssen Alle wir total erfrieren.
Lasst, Wohlgeborne, Euer Herz erweichen,
den Weinberg mir, dem Würdigsten, zu reichen.

Laut soll zum Dank der Bären Lob erklingen:
Wess' Wein ich trink, dess' Loblied will ich singen.«

Weit schlauer handelt Frater Basileus.
Erst opfert er ein Lamm dem Vater Zeus;
dann schickt er einen fetten Honigkuchen
den Freunden mit dem dringlichen Ersuchen,
die Bärenglocken alle anzuschellen
und seine Noth beweglich darzustellen,
des treusten Knechtes Dienste sonder Gleichen
als Glöckner und Kaplan recht auszustreichen.
Drauf pudert er den ganzen Pelz mit Schnee,
und segelt abwärts auf dem Thunersee
zum Bärengraben. Mit des Jammers Miene
heult er: »So kroch ich aus der Schlag-Lauine,
in der, nebst mir, die Meinen seit sechs Tagen
fast ausser Athem eingewickelt lagen!«

»Ei, ei, Herr Fuchs, wie geht's der lieben Frauen,
und wie den Kinderchen?« – »Da mögt Ihr selber schauen!
In Ohnmacht liegen sie, erschreckt von Sturmgeheulen,
geschneeballt, voller Striemen, Wunden, Beulen.
Der Säugling, den mein Weib auf Eis geboren,
ist nun schon siebenmal halb todt erfroren;
und kommen sie nicht bald in's Weingelände,
so nimmt ihr Leben schnell ein kläglich Ende.
Ich bitte nicht für mich; doch dieser Armen
möcht wahrlich sich ein harter Stein erbarmen.«
Der Bären-Rath, gerührt bis zu den Thränen
ob solcher Klag', erhört des Baslers Sehnen,
schickt ihm des Weinbergs Lehn-Akkord in's Haus,
und leer ging und geprellt der Graubart aus.

»Zum bösen Spiel mach eine gute Miene!
Bist du nicht wirklich froh, so stell Dich froh zum Scheine.«
D'rum, als die Füchse sich jetzt wieder sahen,
thut sich der junge scheu dem alten nahen:
»Hör' Bruder, hätt' ich früher doch gewusst,
dass du gehabt zu Purpurtrauben Lust,

ich wäre nie dir in den Weg gekommen.
Mich reut es jetzt, dass ich sie angenommen;
ich gönnte dir den süssen Most recht herzlich,
mir wird der Trank nun herb und gar zu schmerzlich.«

Herr Graubart sagt: »Was schwatzst du da für Züüg?
Dass ich die Wahrheit rede und nicht lüg',
ich bin in hoher Freud' und gar nicht in der Trauer:
die Trauben wollt ich nicht, sie sind unreif und sauer.
Auf Hühnchen will ich nun, auf einen zarten
Kapaunen und auf Bordeaux-Weine warten;
dann komm ich höher noch als du zu Ehren,
ich wünsch dir neidlos Glück!« – Beim Rückenkehren
brummt leis' er in den Bart: »Nur Weingeist kann mich nähren,
friss Du die Grappen auf! Mir lass die süssen Beeren!«

Jakobs einflussreicher Freund Joh. Conrad Appenzeller, der nach längerem Zögern dann doch einmal ins abseitige Bergdorf zu Besuch kam, zeigte sich geradezu entsetzt ob der dortigen Lebensbedingungen für die Pfarrersfamilie und drängte den zunehmend an Rheumatismus leidenden Dorfpfarrer zur Suche nach einem bekömmlicheren Einsatzort. Da wurde im zweiten Halbjahr von 1825 tatsächlich eine währschafte Pfründe zur Neubesetzung frei: diejenige von Trub im vergleichsweise milden und hablichen Emmental.

4.4 TRUB (1825–1843)

Endlich, zwei Jahrzehnte seit seinem Neubeginn im Gebiet um Bern, erreichte Jakob mit einer Versetzung in das landwirtschaftlich blühende Emmentaler Dorf Trub – es mochte damals nach Jakobs eigener Angabe um die 2'700 Einwohner gezählt haben[162] – den ungefähren Stand und Status als Pfarrer wieder, den er im zürcherischen Embrach genossen hatte. Wiederum verdanken wir seinem Sohn Alexander eine anschauliche Kurzbeschreibung der nun letzten Pfarrstelle von Jakob, wo er bis zum Tod im Jahr 1843, also fast 18 Jahre lang, verweilen und

---

162 ——Dazu die Angaben im Abschnitt zur *Topographie der emmenthalischen Alpgemeinde Trub,* p. 131 ff.

endlich, stets bei voller geistiger Regsamkeit, die ersehnte Ruhe finden sollte:[163]

»Trub ist eine aus weit zerstreuten Bauernhöfen bestehende Gemeinde ohne Dorf, ein langes Haupttal mit vielen Seitentälchen, Graben genannt. Auf den Höhen der Berge, die im Napf den höchsten Punkt erreichen, liegen eine Menge Alphütten, in denen der berühmte Käse bereitet wird. [...] In Trub fand ich statt des hölzernen Pfarrhauses nun einen ansehnlichen Pfarrsitz mit so ausgedehnten Feldern und Wiesen, dass für den Pächter ein Lehenhaus dastand; ja sogar eine Alpe für dreissig Kühe gehörte zum Pfarrland. Hier liessen sich die alten Schulden nun bald vollends abzahlen, auch lebte sichs viel angenehmer; statt blosser Tannen schmückt Laubholz die Seiten der Berge, und im Tal wächst reichliches Obst. Der auch hier sofort beliebte Pfarrer wurde viel beschenkt mit Schinken, Butter, Käse und »Küechlenen«, im Pfarrteich gab es Forellen genug, und Geflügel war spottwohlfeil zu haben. Auch die Bauern lebten gut auf ihren immer vom jüngsten Sohn ererbten Höfen, einzig durch »Armenteilen« belastet, weil unter den mehr als tausend Gemeindebürgern, die bei diesem Erbrecht auswärts ihr Brot suchten, viele verarmten und vom Bürgerort aus unterstützt werden mussten. Bis 1843 haben meine Eltern dort gelebt. Der Vater ist am 29. Juli sanft entschlafen, sein Grab wird in Ehren gehalten. Wo immer er geamtet hat, ist man ihm als beliebtem Prediger, der jedermann im Gespräch zu erfreuen wusste und den Armen hingab, oft über seine Kräfte, anhänglich geblieben.«

In diesem soliden Umfeld, und nachdem Jakob nun zweifellos zu einer umsichtigen, seine Grenzen erkennenden Persönlichkeit herangereift war, gelang es ihm, die lange drückende Schuldenlast abzutragen. Auch seine Rolle als Familienvater schien er nun ernsthaft wahrzunehmen, wie es einige bewegende Gedichte aus seinem letzten, in KAP. 3.3 vorgestellten Poesie-Album nahelegen. Da beschreibt er zunächst elegisch den Ablauf einer Neujahrsbescherung für seinen jüngsten, damals kaum 5-jährigen Sohn *Jakob,* auch *Jaqueli* genannt, den er offenbar selbst unterrichtete.

163 ——Schweizer Alexander, p. 1, 2, 5.

Jakob Samuel Weibel (1771–1846), Kirche und Pfarrhaus in Trub,
April 1827, kolorierte Aquatinta, in: ders., *Die Pfarrhäuser des Cantons
Bern,* Tafelwerk, s.a., Burgerbibliothek Bern, GD.1, Tf. 135, B 11.5.
Das 1756 erbaute Pfarrhaus im Berner Landhausstil befindet
sich heute in privatem Besitz und steht weitgehend
unverändert hinter der Kirche.

Die Neujahrsgeschenke im Kindesalter
(Am Sylvesterabend 1825)

Setz dich, Söhnchen, zu Tisch, und falte betend die Händlein!
Sechs Uhr hat es geschlagen am Abend des scheidenden Jahres.
Helles Geklingel ertönt auf der Gasse dem Hause sich nahend,
und ein Eselchen schreitet hinan, jenes Wunderkind tragend,
das, aus der Geisterwelt von freundlichen Wesen gesendet,
guten Knäbchen bringt, und den Mädchen, Neujahrsgeschenke.

Horche, man klopft: »Nur herein, du schuldlose Tochter des Himmels!«
Und in der Unschuld Kleid, verschleiert das Engelsgesichtchen,
tritt eine weisse Gestalt, eine keusche Vestalin, ins Zimmer.
»Guten Abend, Herr Pfarrer und Frau! Grüsse Gott dich, mein Söhnchen!
Allen wünsch' ich von Herzen ein gutes und glückliches Neujahr,
dauerndes Wohlsein an Leib und an Seele, des Segens die Fülle
hier in die Zeit, und dereinst der himmlischen Seligkeit Wonne. –
Wenn's mir zu fragen erlaubt ist, wie geht's diesem Knaben?
Ist er auch folgsam und fleissig, und lernt er brav in der Schule?«

Furchtlos bietet das Söhnchen der Himmelsbötin die Rechte:
»Ja, liebe Jungfrau, ich folge dem Papa, der Mama, den Brüdern,
lese Wörter, sechssilbig und mehr, ›Ma-chi-a-vel-lis-mus‹,
›Con-stan-ti-no-po-li-tan-isch‹, auch hat mich die Mutter bei Hause
kleine Gebete gelehrt und das herrliche Liedchen: »Ich komme
vor Dein Angesicht, Gott, verwirf nicht mein kindliches Flehen!«

Näher tritt das gefeierte Fräulein und langt aus dem Tragkorb
neue Bücher hervor, schön gebunden, dem Knäbchen sie schenkend:
»Wer schon liest, wie du liesest, der schreite vom ABC-Buch
zum Katechismus hinan! Und wer Gellerts Liederchen betet,
dem gebührt Lavater auch, – die Kinderbibel als Zugab'.«

Freudig küsst der Beschenkte der Geberin Hand und erwiedert:
»Tausend Dank, holde Jungfrau! Und ja, ich will in den Büchern
täglich lesen und lernen; und kommt Ihr über's Jahr wieder,
sag' ich der Fragen viele, die schönsten Bibelgeschichten
aus dem Gedächtniss Euch her, und s i n g e dann wohl auch die Lieder.«
Nochmals öffnet der Korb sich. Ein Pack mit seidenen Bändern
nimmt die Jungfrau heraus und spricht die freundlichen Worte:
»Bisher im Flügelkleide gingst du zur Schule, zur Kirche;

doch von heut an soll dich die Knaben-Uniform schmücken.
Hier vom feinsten Stoff und mit messingenen Knöpfen
bring ich die ersten Höschen dir dar, ein Wams und ein Röcklein.
Trag' Sorge dazu, und halte die Höschen von Innen
wie von Aussen stets rein! Du merkst mich doch, Jaqueli, nicht wahr?«

Und es klatscht in die Hände das Söhnchen: »Nein Wertheres könnt' Ihr,
Beste der Fräulein, mir nicht zur Neujahrsgabe verehren.
Aus dem Kindlein bin ich ein Knabe nunmehr geworden.
Ha, wie werden am morndrigen Tag mich die Leute begucken,
wenn ich in Höschen erschein', in der Weste mit goldenen Knöpfen,
und im hellgrünen Frack, besetzt mit seidenen Tressen!
Dank Euch, gütigste Jungfrau! Und hört, ich versprech es Euch freudig,
sauber die Höschen zu halten, und nicht wie die garstigen Buben.
Jeglichen Morgen kämm' ich die Haare, wasche die Händlein,
d'rauf das Gesicht, und bürste den Staub hinweg von den Füssen.«

Weiter wollte er reden; da pocht's an der Thüre gewaltig,
und mit gräulicher Stimme brüllt einer draussen: »He, holla!
Wo sind die Buben, die bösen! Ich packe sie all' in den Sack ein.«
Plötzlich tritt durch die offene Thür ein scheusslicher Kriegsmann,
schwarz gebrämt wie die Neger, um's Maul den grässlichsten Schnurrbart,
auf dem Kopf eine Mütze von Pelz, in der Rechten den Säbel. –
Hinter dem Rücken sich bergend des Vaters, frägt furchtsam das Söhnchen:
»Wie kommt der Satan hieher, – der böse Geist zu dem guten?
Ist etwa dieser der Kobold, von dem mir die Magd erzählte,
dass er die Leute necke und kleinen Kindern gram sei?
Jag' ihn fort, den Freudenverderber! Ich mag ihn nicht leiden.«

Aber der Vater entgegnet: »Es ist der h e i l i g e N i k l a u s,
schlimmen Buben nur abhold, doch freundlich gegen die guten.
Böse schleppt er hinweg und hält in der schärfesten Zucht sie.
Braven bringt er Geschenke, geleitend die Bötin der Engel.
Prüfe nun, Söhnchen, dich selbst, zu welcher Klass' er dich zähle.«
Sprach's, und muthigen Schrittes naht das besonnene Knäbchen
sich der Schreckensgestalt und sagt, das Händlein ihr bietend,
zupfend sie am Bart: »Seid uns willkommen, Herr Hauptmann,
oder wer Ihr auch seid, General, Husaren-Rittmeister!
Seht, ich fürchte mich nicht, weil ihr bösen Buben nur gram seid.

Dr. med. Johann Jakob (genannt Jacques) Schweizer,
geb. 1821 in Nidau, gest. 1891 in Louisville, USA;
Lithographie von Carl Friedrich Irminger (1813–1863),
um 1844, in Familienbesitz.

Ich aber lern' und folge, und wenn ich mich etwa verfehlte,
hab ich's doch ungern gethan und thu's nimmer mein Lebtag.«

Jetzo nimmt der Kriegsmann auf seine Arme das Knäblein,
drückt's an seine Brust und schmunzelt's und küsst ihm die Wangen:
»Hast du den Muth,« spricht er, »mir ins nächtliche Dunkel zu folgen,
und mit eigener Hand die Last abzunehmen dem Esel
auf der Gasse da draussen, so soll, was er trägt, dein Geschenk sein.«
Muthvoll schreitet der Kleine voran der scheusslichen Maske,
ihrem Lasttier entladend die hergetrag'nen Geschenke.
Wieder tritt er herein mit dem bonbonsbehangenen Bäumchen,
von Wachslichtchen bekränzt, wie die Sterne das Dunkel erhellend.

»Schaut doch, Papa und Mama, die Gaben des heiligen Niklaus!
Welch ein grünender Baum, und d'ran schon die zeitigsten Früchte!
Leckerli trägt er und Nüsse, Weinbeeren, Quetschen und Birnen,
Makeronen und Feigen und Mandeln, verzückerte Kindlein,
Thierchen mancherlei Art. Und alles prächtig beleuchtet!«
»Gott vergelt's Euch, Herr Hauptmann! Und will ich Euer gedenken,
wann ich pflücke die Früchte des Baumes, die Kameraden
ladend zum festlichen Mahle, und auch den Armen sie reichend.«
Wieder klingelt es draussen, – das Zeichen zum Aufbruch den Guten,
die zum Abschied uns singen mit Engelsstimmen ein Liedchen,
allen Gesundheit trinkend und segnend den Pfarrhof verlassen. –
Lange noch mustert der reichlich Beschenkte die köstlichen Gaben,
bis ihn der Schlummer befällt, und die Mutter den Kleinen zu Bett legt.

Elf Jahre später – *Jaqueli* ist mittlerweile in Zürich zum Mittelschü-
ler *Jacques Schweizer* erwachsen – erinnert sich sein noch immer in
Trub tätiger Vater an die Neujahrsfeier im Pfarrhaus und schickt dem
nun bald 16-jährigen Sohn das passende Initiationsgeschenk: eine
Taschenuhr.

Neujahrsgeschenk beim Übertritt in's Jünglingsalter
(Durch die Post nach Zürich gefördert – 1836)

»Heil dir und Segen von Gott und dauernde Wohlfahrt, mein Theu'rer!
Dies' des Vaters Neujahrswunsch. – Ihm folgt eine Gabe der Liebe,
klein an Inhalt und Werth, doch gross an sinniger Deutung.
Aber kein Wunderkind steigt vom Himmel strahlenden Glanzes
nieder ins neblichte Thal, und – im Vaterhause dich missend –

über der Kuppe des Napfs ans reizende Ufer der Limmat,
sich in der freundlichen Stadt an deinem Kostorte meldend,
seine Geschenke dir reichend an Spielzeug, Höschen und Büchern.
Selbst der heilige Niklaus mit Naschwerk tragendem Baume
auf seinem Brüderchen[164] sitzend, verbittet den Ritt sich nach Zürich,
das Erfrieren befürchtend in eiskalt starrender Jahrszeit.

Doch was kümmert dich dies? Das Geschenk gilt mehr als der Träger.
Lassen den Kinderchen wir die freundlichen Engel als Hüter
kindlich schuldlosen Sinnes, als Wecker und Nährer des Glaubens
an den Unsichtbaren, der ihnen durch Boten sich kund giebt!
Lassen den Kobold wir den schüchternen Knaben und Mädchen,
stählend den sittsamen Muth, und die schlimmen schreckend vom Bösen!
Dir, dem kindischen Wesen entwöhnt und zur Jünglingsschaft reifend,
sind für immer die Geister, die guten und bösen, verschwunden.
Ihrer bedarfst du nicht mehr, da der Glaube, die Hoffnung, die Liebe –
in des Jünglings Brust die heiligsten, schützenden Engel –
durch die Schule der Weisheit zum Tempel der Tugend und Ehre
sicheren Ganges dich leiten, und hier schon den Himmel dir öffnen! –
Schliesse die Schachtel nun auf, und dich lehre die Gabe des Vaters,
welche Stunde dir schlägt, auf welche Stufe der Jahre
heute du vorwärts rückest, und wie die goldenen Tage
deiner Blüthezeit zu reichlicher Ernte du nützest.«

»Theu'rer, du hast es getroffen. Dies ist der Taschenuhr Deutung.
Aber nun weig're dich nicht, auch die Räthe zu hören des Greisen,
der zum ersten Mal heut' den Knaben als Jüngling begrüsset.
Nimm jetzt dein Ührchen zur Hand und sieh' wie die niedliche Schale,
gleich der Muschelperle, das Kunstwerk im Innern umhüllet.
Jene dient ihm zum Gefäss, wie der Leib zur Wohnung dem Geiste.
Diese zeigt dir den Kern, jene nur die Hülse der Nüsse.
Beide doch bilden ein Ganzes, und mit des Gefässes Verderbniss
steht auch das Räderwerk still. – So bedingt das Wohlsein der Seele
immer des Leibes Gesundheit. ›M e n s   s a n a   i n   c o r p o r e   s a n o.‹
Drum so halte mein Sohn, wie das Uhrgehäuse von Silber,
deinen Körper stets rein, dass schon die Aussengestalt dich
Lehrern und Freunden empfehle, verbürgend die Reinheit des H e r z e n s.
Männlich bestehe den Kampf mit der Sinnlichkeit eitelen Lüsten,

---

164 —— Gemeint ist wohl der Esel, sozusagen als Familienmitglied.

Maria Elisa Schweizer, geb. 1827 in Trub,
gest. 1854 als Erzieherin in Puschkino bei Moskau.
Zeichnung (»nach Daguerrotyp«), schwarze Kreide,
Bleistift, weiss gehöht; in Familienbesitz.

niederdrückend die Seele! – Ein Tempel des heiligen Geistes
sei bis zum Tode dein Leib, ein Wohnsitz der Unschuld und Tugend!

Regle dein Inneres dann, wie das Uhrwerk geregelt du siehst,
von der elastischen Feder bewegt, im eigenen Hause
um ihren Stift sich windend, daran ein Kettchen befestigt,
das mit dem Schneckchen sich eint, an welchem das Schneckenrad umtreibt,
wenn die Lappen der Spindel die Zähnchen fassen des Steigrads,
gleichförmig schwingend das Rädchen, im richtigen Gange sie haltend,
dass im metallenen Scheibchen dir schlägt das lebendige ›Tick-Tack!‹
Ordne nun gleichmässig du die Gesamtheit der seelischen Kräfte
zum harmonischen Ganzen, dass jede sich richtig bewege,
weder zu schnell noch zu langsam, in wechselseitiger Wirkung,
keins der Vermögen das and're an weiser Äusserung hemme,
alle der geistigen Thätigkeit Zweck, die S i t t l i c h k e i t, fördern.
Setze, damit es geschehe, dem künstlich schlagenden Triebwerk
die V e r n u n f t zur bewegenden Feder, zur leitenden Herrin,
dass die Gefühle sie regle, der Phantasie Schranken bestimme.
Sporne das Denkvermögen zum ernsten Suchen der Wahrheit,
welche näher dich führt zum Quell' der Wahrheit und Liebe.
Folgst du dem Rathe, mein Sohn, so wird das wallende Herz dir
ruhig schlagen sein ›Tick-Tack‹, und heiter dein Aufblick zu Gott sein!«

Und auch seinem letztgeborenen Kind, der in Trub zur Welt gekommenen einzigen Tochter, *Elise*,[165] die nun ebenfalls im 16. Lebensjahr
stand, widmete der bereits bettlägrige und dem Tod entgegenblickende
Jakob noch väterliche Strophen.

> Der Greise Vater seiner Tochter ins Stammbuch
>
> Dein Stundenglas ist angefüllt,
> das meinige läuft ab.
> Bald wird die Sichel angelegt;
> die Schaufel sticht ein Grab.

---

165 ——Maria Elisa Schweizer, 1827 in Trub als einzige Tochter nach sieben Söhnen
aus Jakobs Ehe mit Elisabetha Dollfuss geboren, wanderte einige Jahre nach ihres Vaters Tod als Erzieherin nach Russland aus und ist 1854 ledig in Puschkino bei Moskau
gestorben.

Doch lösche gleich das Lebenslicht,
die Vaterlieb' erlöschet nicht.

So lang mein Herz im Leibe schlägt,
schlägt liebend es für Dich.
Und wird mein Leib des Todes Raub,
schwingt meine Liebe sich
in heller Flamme himmelwärts,
auch dort schlägt dir mein Vater-Herz.

Leb' lang und wohl! Sei stets der Pflicht
und Deinem Gott getreu!
Am Lebens-Borne schliesst sich dann
der Bund der Liebe neu.
Schau aufwärts: Von des Richters Thron'
winkt uns der Liebe gold'ne Kron'!

Am 29. Juli 1843 endete Jakobs bewegtes Leben, dessen Kurs oft dem einer Achterbahn geglichen hatte. Er verliess diese Welt nicht als der Schlagzeilen machende Agitator und polarisierende Vaterlandskämpfer von einst, doch immerhin als hochgeschätzter Dorfpfarrer, als ein über die Landesgrenzen hinaus wahrgenommener Dichter und Schriftsteller, und vor allem als ein Ehrenmann in dem ihm schliesslich vom Schicksal zugewiesenen Lebensraum. Wie beliebt und geachtet er in seiner letzten Gemeinde Trub gewesen sein musste, entnimmt man dem vom bisherigen Stellvertreter und nunmehrigen Nachfolger verfassten Nachruf. Dieser zeichnet recht zutreffend die bunte Folge von Jakobs Lebensstationen und Verdiensten nach, ausser dass er bezüglich des eigentlichen Grundes von Jakobs Übersiedlung aus dem Kanton Zürich ins Bernische zu pietätsvoller Geschichtsklitterung Zuflucht nimmt und anstatt der Amtsenthebung durch die Behörden das schockierende Erlebnis der Heimsuchung durch helvetische Truppen in Embrach in den Vordergrund rückt, wo Jakob ja knapp mit dem Leben davongekommen war. DE MORTUIS NIL NISI BENE!

Abdankungsrede für Johann Jakob Schweizer von Zürich, Pastor loci, von A. Lutz, Pfarrvicar, Trub 31. August 1843[166]

Wir haben soeben zur Erde bestattet die irdischen Überreste des hochverehrten Herrn J.J. Schweizer von Zürich, seit 18 Jahren Pfarrer der hiesigen Kirchgemeinde, Sohn des vor 20 Jahren ebenfalls in hohem Alter verstorbenen Herrn Joh. Jakob Schweizer, war geboren in Zürich im Jahr 1771, den 18. März, und wurde am darauf folgenden 30. März durch die heilige Taufe in die Kirche unseres Erlösers aufgenommen. In den Schulen und höheren Lehranstalten seiner Vaterstadt erhielt er sowohl den ersten Unterricht als die fernere Ausbildung zum geistlichen Amte, das er sich erwählt hatte. Nachdem er im Jahr 1793 nach bestandener Prüfung in den Dienst der Kirche oder zum hlg. Predigtamt förmlich aufgenommen worden, wurde ihm das Amt eines Katechisten bei der zu St. Peter in Zürich gehörenden Landgemeinde Leimbach übertragen. Durch seine öffentlichen Funktionen in der Stadt selbst erwarb [er] sich schnell das Lob eines besonders talentvollen und vorzüglichen Predigers, welches er in den verschiedenen Stellungen, darin er noch (später amtete) stets bewahrt hat. Durch seine beliebten und stark besuchten Vorträge stand er damals als Jüngling den bejahrten und durch ihre Schriften und anderweitige Wirksamkeit hochverdienten Männern J.J. Hess und J.K. Lavater nicht unwesentlich zur Seite, mit denen, namentlich mit dem letzteren, er sich näherer Bekanntschaft und fortwährenden persönlichen Umganges zu erfreuen hatte. Ich erwähne diesen Umstand umso eher, als der nun selber Hingeschiedene diese Erinnerungen aus seiner Jugend und das Andenken an die genannten [...] verehrten Männer noch in seinem Greisenalter immer mit besonderer Vorliebe erneuert hat.

Die darauf folgende Zeit muss die unruhigste seines wechselvollen Lebens genannt werden. Er wurde zum Pfarrer von Embrach, einer grossen nicht weit von Zürich gelegenen Kirchgemeinde ernannt. Sein dasiges Pfarramt fiel in die Zeit, wo im Gefolg der französischen und nachher auch schweizerischen Revolution unser ganzes Vaterland nicht nur durch grosse innerliche Zerwürfnisse zerrissen, sondern auch Schauplatz der Kriege war, welche fremde Kriegsheere auf den Boden desselben führten. Unseres Verewigten damaliger Wohnort war gleich-

166 —— Gemeint war wohl eher der 31. Juli.

sam im Mittelpunkt aller dieser kriegerischen Begegnisse gelegen, welche er dann auch von seinem Pfarrhause aus mit ruhiger Theilnahme und Umsicht beobachtete. Einen thätigen Antheil nahm er dagegen an den inländischen politischen Meinungsstreitigkeiten, welche zur Zeit der helvetischen Regierung ausbrachen, und verfocht auch in verschiedenen Schriften mit viel Entschiedenheit, was er für das wahre und rechte hielt. Aber wie es denn oft geht, dieses hatte allerlei schlimme Folgen für sein äusseres Glück. In verschiedene politische Processe verwickelt, ging er zwar glücklich aus diesen hervor; nicht ganz so, als einmal die Leidenschaftlichkeit der Partheien zu offener Waffengewalt geführt hatte, wo er bei erfolgender Plünderung seines Hauses seine ganze hiesige Habe verlor und froh sein musste, durch die Flucht das Leben retten zu können.

Nach dieser Zeit entschloss er sich, den Kirchendienst seines Heimathkantons zu verlassen und in sicherer Bernischer Kirche eine Anstellung zu suchen. Eine solche fand er in der Stadt Murten, wo er als Provisor oder erster Lehrer der dasigen Lateinschule vom Jahr 1804 bis 1809 sich aufhielt und in dieser Eigenschaft sehr oft sowohl in deutscher als in französischer Sprache predigte. Das wichtigste Ereignis, das ihn während dieser Jahre betraf, war die Eheschliessung mit seiner seitherigen Gattin Elisabetha geb. Dollfuss von Mülhausen im Jahr 1805, wodurch ihm eine treue Lebensgefährtin und Mutter seiner zahlreichen durch diese Ehe hervorgehenden Familie zutheil ward. Zu seiner kirchlichen Wirksamkeit kehrte er im Jahr 1809 zurück durch Annahme der Predigerstelle in Nidau, welche er aber wegen der sehr spärlichen Besoldung, die zum Unterhalt der bereits zahlreichern Familie kaum hinreichte, 1821 mit der Pfarrei in Guttannen (zu vertauschen) sich veranlasst fand, so lieb ihm sonst der längere Aufenthalt in jenem freundlichen Städtchen gewesen wäre. Vier Jahre lang verweilte er in genanntem, hoch und wild gelegenen Bergdorf der Landschaft Oberhasli, und da die kleine Gemeinde seinem thätigen Geist nicht genugsam Beschäftigung gab, suchte er durch Abfassung nützlicher Schriften die übrige Zeit zum Wohl seiner Mitmenschen anzuwenden. [...] Endlich im Monat Oktober des Jahres 1825 trat er seinen Pfarrdienst in der hiesigen Gemeinde Trub an, in seinem 55. Altersjahr. Obschon die verschiedenen mit dem Dienst in dieser weitäufigen Gemeinde verbundenen Obligenheiten der Art sind, dass sie die Kraft eines Mannes ziemlich in Anspruch nehmen, fand er doch noch einige Zeit, um auf die eben besprochene Weise, nämlich durch Schriften, fortfahren zu können, auch in einem weiteren Kreise Belehrung zu stiften. So hat er in dem Jahr, da das 300-jährige Fest der Kirchenreformation gefeiert wurde, eine Anzahl Predigten in Trub herausgegeben, welche er über dieses gesegnete Ereignis gehalten hat. Und so hat er ein paar Jahre später ein anderes Buch verfasst, welches manchem unter euch noch besser bekannt sein wird: ich meine die ›Topographische Beschreibung der emmenthalischen Alpgemeinde Trub‹, in welcher er beides, die frühesten Zeiten und die jetzige Beschaffenheit des Landes, die natürliche Art unsers Bodens, eure Beschäftigungen und Arbeiten, eure Berge und Güter nach der Anzahl, dem Namen und dem Ertrag sorgfältig beschrieben hat. Was nun das wichtigste, seine pfarramtliche Wirksamkeit in der Gemeinde selbst anbelangt, so will ich darüber nicht weitläufig eintreten, denn mir, der ich dieselbe erst zur Zeit seiner abnehmenden Kraft kennen gelernt habe, ziemt es sich nicht, euch, in deren Mitte er lange Jahre gewirkt, darüber belehren zu wollen. Ihr erinnert euch selber am besten, und jetzt wohl nicht ohne dankbare Gesinnung gegen den Hingeschiedenen, wie oft und wie verständlich er von dieser Stelle aus das Wort Gottes gepredigt hat, wie vielen unsrer und unsrer Gemeindegenossen Kinder er dort die heil. Taufe zur Einweisung in Christi Bund ertheilt, wie manche unter euch selbst und unter unseren Geschwistern er zum heil. Abendmahl unterwiesen, wie viele unserer Ehen er gesegnet, wie viele unserer Eltern, Verwandten und Freunde er mit seinem Gebete zur letzten Ruhestätte begleitet hat. [...] Ihr wisst auch, in wie vielen andern Umständen unseres Lebens ihr euch an ihn gewandt, und wie er auch in euren Gemeindeangelegenheiten euch stets gerne an die Hand gegangen ist. Insonderheit wird sein Andenken bei der grossen Zahl der Armen bleiben, denen er nicht nur aus dem Seinigen nach Kräften beigestanden, sondern deren unermüdlicher Fürsprecher auch bei anderen Umständen er gewesen ist.

Mit dem Herbst 1840 nöthigte zunehmende Altersschwäche den nun Vollendeten, einen Gehülfen in seinem Amte bei sich zu haben. Doch betrat er noch dann und wann die Kanzel, namentlich manches Mal nacheinander noch im letztverwichenen Herbst, zuletzt am 30. Maimonat des Jahrs 1842. Von da an habt ihr ihn hier nicht mehr gehört. Die vielfachen übrigen Geschäfte und Schreibereien besorgte er indess mit Lust und witziger Feder noch den ganzen Winter hindurch. Eine seiner letzten Beschäftigungen war die öffentliche Herausgabe einer Sammlung von Gedichten, welche ihm in frühern Jahren bei vielen einzelnen Anlässen Ernst oder auch fröhliche Heiterkeit eingegeben hatte. Diese sandte er noch gleichsam zum Abschiedsgruss an seine in der Ferne wohnenden Freunde.

Am 28. März dieses Jahres – es war eben sein 72. Geburtstag – legte er sich auf sein Krankenlager, um nicht mehr davon aufzustehen. Vier Monate nachher, letzten Samstag den 29. Heumonat[167] Morgens um ½ 6 Uhr, entschlief er im Alter von 72 Jahren und 4 Monaten. Gott ist es zu danken, dass er von den Schmerzen oder Beängstigungen [...] fast ganz verschont geblieben ist. Er entschlief im 73. Jahre seines Lebens, im 50. seines Kirchendienstes, und im 18. seines Pfarrdienstes an der hiesigen Gemeinde. Er hinterlässt seine euch allen wohlbekannte und würdige Gattin, welche ihn bis ans Ende seines Lebens treulich gepflegt hat, und als nunmehrige Stützen derselben sechs Söhne und eine Tochter, von welch ersteren drei ebenfalls dem geistlichen Stand angehören. Möge er nun selber mit dem Trost der göttlichen Gnade erquickt werden, welche er während seines irdischen Lebens so viele Male und so Vielen verkündigt hat! Möge er vor dem Angesichte Gottes die uns allen nöthige Barmherzigkeit erlangen, wie er selber an vielen leidenden Menschen Barmherzigkeit geübt hat!

AMEN

---

167 —— Juli.

5 CHARAKTERSKIZZE

Zum Einstieg für eine umfassendere Beschreibung von Jakobs vielseitiger Persönlichkeit kann man vorab seine Kämpfernatur hervorheben. Auf den zeitgleich mit der helvetischen Umwälzung in seiner ersten Kirchgemeinde angekommenen Jungpfarrer dürfte die Bezeichnung der kurz davor einsetzenden literarischen Periode des *Sturm und Drang*[168] perfekt passen. Er drückt dies ein Vierteljahrhundert später im parabolischen Gedicht vom *Aarfall auf der Handeck* gar selbst aus: In der auf knappstem Raum aus dem Rückblick entstandenen Momentaufnahme verweist er auf sein innerstes Selbst, das – nach tiefem Fall – noch immer kreativ vorwärtsdrängt und mit sich ringt, dem nun aber äussere Lebensumstände gleichsam die Sprache genommen haben. Inzwischen gereift und geläutert, wenn auch innerlich widerstrebend, scheint er sich diesem Schicksal endlich fügen zu wollen.

Aarfall auf der Handeck

Wie da Woge auf Woge,
so thürmt sich Gedank' auf Gedanken,
und das starke Gefühl drängt das noch stärkere fort.
In mir braust es und stürmt,
und hinab sinkt mein Selbst in den Abgrund. –
Wieder kommt Geist und Gefühl,
aber die Sprache nicht mehr.[169]

168 —— Die Benennung der literarischen Periode des *Sturm und Drang* geht zurück auf den Winterthurer Arzt, Schriftsteller und Philosophen Christoph Kaufmann, der die Wortfolge 1776 dem deutschen Dichter Friedrich Maximilian Klinger als Titel für dessen Komödie empfohlen hatte. Kaufmann, der auch unter dem Einfluss von Rousseau stand, selbst aber wenig literarisches Aufsehen erregte, war u. a. von Johann Caspar Lavater gefördert worden; spätere Kritiker belächelten ihn dann als »Genieapostel«, da er und seine Bewegung sich vorab mit dem Idealbild eines naturmenschlichen Genie-Typs abgäben – wie es tatsächlich auch Jakob immer wieder vorschwebte. Typische Vertreter jener Periode waren in ihrer Anfangszeit namentlich Johann Wolfgang Goethe, Friedrich Schiller und Johann Gottfried Herder.
169 —— Es könnte sein, dass Jakob für diese Zeilen ein Herdersches Gedicht zu Pate

Auch an den tief in die Kirchengeschichte eingeritzten Ausspruch des protestantischen Urvaters Martin Luther fühlt man sich erinnert: *Hier stehe ich, ich kann nicht anders!*[170]

Jakob, der vom soliden familiären Umfeld in den überschaubaren, traditionsreichen Verhältnissen einer schon seit Jahrhunderten erfolgreichen Stadtrepublik geprägt war, dürfte sich zur Verteidigung dieser Werte geradezu als vom Schicksal auserkoren gefühlt haben. Seine wache Intelligenz vermochte er aufgrund einer umfassenden klassischen Ausbildung und vielseitiger literarischer Fähigkeiten wirksam zum Ausdruck zu bringen, und das ihm attestierte umgängliche, ja gewinnende Wesen wird ebenfalls dazu beigetragen haben, ihn im Verfolgen seiner Ziele zu bestärken. In einem Kurzabriss unter dem Titel *Pfarrer Schweizer, ein konservativer Rebell* hält ein mit der Gemeinde Embrach vertrauter Historiker über Jakob Folgendes fest:[171]

»Viel Gesprächsstoff lieferte in der helvetischen Epoche die Haltung und die lautstarke Agitation des Embracher Pfarrers Johann Jakob Schweizer. Wie fast alle damaligen Pfarrer auf der Zürcher Landschaft stammte er aus einem Stadtzürcher Geschlecht; wie die grosse Mehrzahl von ihnen war er ein Anhänger der alten Ordnung, welche die Städter privilegiert und die Pfarrherren zur Verwaltung der Landschaft beigezogen hatte. Kaum einer wagte es jedoch, das helvetische System und seine Verfassung in derart deutlichen und harten Worten anzuprangern wie der streitbare Pfarrer Schweizer, der durch sein Wirken den Namen Embrach bis in die höchsten Regierungskreise der Nation bekannt machte.«

Der gleiche Autor kommt alsdann in seiner Darstellung der Jakob erfassenden Prozessserie zum abschliessenden Befund:

»Nach diesem Prozess wurde es um den Embracher Pfarrherrn etwas ruhiger, obwohl er sich weiterhin schriftstellerisch betä-

---

stand: »Der Strom des Lebens // Fliesse, des Lebens Strom! / Du gehst in Wellen vorüber, / wo mit wechselnder Höh eine die andere begräbt. / Mühe folget der Müh, doch kenn ich süssere Freuden / als besiegte Gefahr oder vollendete Müh? / Leben ist Lebens Lohn, Gefühl sein ewiger Kampfpreis. / Fliesse, wogiger Strom! Nirgend ein stehender Sumpf.«

170 —— Gesprochen auf dem Reichstag zu Worms, 1521.

171 —— Müller Ueli in Stromer, *Geschichte der Gemeinde Embrach*, Band 2, p. 192f.

tigte. Allerdings zog er es nun vor, seine Agriffe weniger offen, sondern in dichterischer Art, verpackt in Satire und Ironie, zu publizieren, um einer weiteren gerichtlichen Verfolgung zu entgehen. Namhafte Zürcher Pfarrer – unter ihnen auch Antistes Johann Jakob Hess – waren mit dem Inhalt von Schweizers Schriften durchaus einverstanden, verurteilten nur deren scharfen, polternden Tonfall.[172] Ob sich Schweizer strikt an die befohlene Internierung in der Pfarrei gehalten hat, darüber schweigen die Quellen.[173] Auf jeden Fall stritt er sich nun innerhalb der Gemeindegrenze – und dies zum Teil auch handfest! – mit den Anhängern der neuen Ordnung.«

Entsprechend konnte ihn sein impulsives Temperament rasch einmal in die Gefahrenzone bringen, und dort zeigte sich dann jeweils unweigerlich eine weniger günstige Seite: Arroganz – etwa wenn er als Angeklagter den Richtern vorschreiben wollte, wie sie beim Urteilen logisch vorzugehen hätten, oder wenn er eine Sentenz als baren Unsinn abtat. Und wie drückte sich doch wieder der Ankläger Morf nach dem Prozess vor dem Distriktsgericht Bassersdorf im Oktober 1800 aus:

»Er zeigt überhaupt eine solche Verachtung gegen das ländliche Gericht, dass er nicht undeutlich zu verstehen gibt, das Bauerngericht sollte es noch für eine Ehre halten, dass ein so wichtiger Mann, wie er sey, ein Städter, ein Gelehrter, ein Schriftsteller vor ihm erscheine, und dass er daher sich damit belüstiget, dasselbe zum Ziel seiner Spöttereien zu machen.«

Verschiedentlich kommt sodann beim sich oft überzeugend intellektuell darstellenden Jakob ein unerwarteter Mangel an Realitätssinn zum Vorschein, insbesondere wenn er seine kritischen Tiraden gegen anders gesinnte Politiker und hohe Amtsträger nicht als eigentliche Schmähungen wahrnehmen will, wenn er ferner als Publizist letztlich keine Verantwortung für den Inhalt von Texten anonym bleibender Einsender zu tragen vorgibt, oder wenn er meint, gravierende Verfehlungen in seinem Privatleben vor der kirchlichen Aufsichtsbehörde mit va-

---

172 —— Dazu ausführlich Wernle, Zweiter Teil, p. 172 ff.
173 —— Gemäss Kirchenratsprotokoll anlässlich seiner Befragung vom 8. Oktober 1804 gab Jakob oftmalige Übertretungen des Gemeindebanns selber zu; siehe p. 193.

gen Erklärungen ausbügeln zu können. Und überhaupt kann man sich fragen, wie denn selbst in einem rein sachlichen Meinungsduell Jakobs schneidende Ausdrucksweise mit dem christlichen Versöhnungsgedanken zusammenpassen soll. Ein Kenner des schweizerischen Protestantismus während der Zeit der Helvetik, der Jakob einmal nebst aller Anerkennung auch ein *enfant terrible* nennt, schreibt ein Jahrhundert später über des Pfarrers Ton – es ging um einen Briefwechsel mit dem damaligen Statthalter Pfenninger betreffend die von jenem verworfene Idee der Wiedereinführung früherer Sittengerichte:

»Bemühend bleibt es auf alle Fälle, wie hier der helvetische Pfarrer und der helvetische Beamte sich kneifen und beissen, und dem helvetischen Pfarrer kommt es nicht in den Sinn, dass diese Kampfweise vom Evangelium aus sehr unerfreulich wirkt!«[174]

Auch den Vorwurf der Leichtgläubigkeit bzw. der Vertrauensseligkeit muss Jakob sich gefallen lassen, nachdem er in Schüben der Spielsucht nachgegangen und einmal gar tief in der Bürgschaftsfalle hängen geblieben war. Ob er betreffs eigener Fehler gelegentlich zu beachtenswerten Einsichten gelangen konnte, scheint ebenso fraglich. Jedenfalls vermisst man sowohl in seinem Schüler-Katechismus wie auch im sorgfältig anleitenden Lehrgedicht für den heranwachsenden Sohn Jacques oder in sonstigen Äusserungen jeglichen erzieherisch gemeinten Hinweis darauf, dass er je einmal selbst mit sich gerungen hätte. (Ich höre da meines Vaters Stimme: *Me mues au emal öppis chöne zuegää!*)

Gleichwohl dürfte Jakob, solange er nicht aus der Ecke akuter Bedrängnis fechten musste, seinen Mitmenschen vorab als ein kluger und aussergewöhnlich einnehmender Mann erschienen sein, sonst hätte er nicht so viele, zum Teil hoch angesehene Persönlichkeiten auf seiner Seite gewusst. Erinnern wir uns noch einmal der Selbstbeschreibung im Brief vom Oktober 1800 an den Berner Bekannten ›M.‹:

So wie ich jeder Gesellschaft bey geschlossner Thüre von Herzen feind bin, so liebe ich dagegen öffentliche Gesellschaften, besonders wo Menschen von verschiednen Klassen und ungleicher Denkart zusammenkommen, um bald über verschiedene Dinge mich mit Ihnen zu besprechen, bald bescheiden zu streiten, dann auch zu scherzen; und nichts geht

174 ——Wernle, Zweiter Teil, p. 192.

bey mir über das Vergnügen, eine ganze Gesellschaft – versteht sich
in den Schranken der Ehrbarkeit – fröhlich zu sehen, oder auch, sie zu
belustigen.[175]

Ohne diesen heiteren, verbindenden Charakterzug hätte Jakob als
praktisch mittelloser und beruflich diskreditierter Emigrant in Murten kaum so schnell wieder ›eine gute Partie‹ gemacht, dank der er
sich dann ein halbes Leben lang bewähren und erst noch ansehnliche
Nachkommenschaft hinterlassen konnte. Doch lassen wir nun zwei seiner direkten Nachfahren zu ihrem, insgesamt eher zurückhaltenden
Befund kommen. Jakobs zweiter Sohn, der 1808 in Murten geborene
spätere Theologieprofessor und Grossmünsterpfarrer Johann Alexander Schweizer, beschreibt in seinen Lebensaufzeichnungen den Vater
wie folgt:

»Der Vater, aus alter Zürcherfamilie abstammend, hat sich im
Berner Kirchendienst stets als Zürcher gefühlt; wohin immer versetzt, blieb er von Bildnissen zürcherischer Personen und Ort-
schaften umgeben, die seines Studirzimmers Wände von oben
bis unten bedeckten. Auch hat er zeitlebens die Zürcher Mundart
beibehalten. Die Mutter, von der Familie Dollfuss aus Mülhausen
abstammend, aber in Murten geboren und erzogen, redete in der
dortigen Nuancierung des Berner Dialekts. [...] Die Eltern liessen
uns sechs Knaben, denen spät erst eine Schwester nachgekommen
ist, viele Freiheit. Der Vater sagte bisweilen selbst, zum Erzieher
fehle es ihm an Geduld. Ihm geriet bei ungemeiner Begabung alles sehr leicht, das Predigen wie die schriftstellerische Arbeit und
recht hübsche Gedichte, dass es ihm schwer fiel, der Entwicklung
von Kindern Zeit und Geduld zu schenken.«[176]

Und der 1852 geborene Enkel Paul, ein Historiker, welcher seinen neun
Jahre zuvor verstorbenen Grossvater nur vom Hörensagen, als Zürcher Staatsarchivar aber von Zeitdokumenten her detailliert kannte,
äussert sich in seinem Rückblick geradezu trocken. Er fand jedenfalls
keinen Anlass, auf bestimmte Eigenschaften und Werte des Vorfahren
näher einzutreten, der ihn im Vergleich zu dessen Sohn, dem brillanten

175 —— Ausführlich wiedergegeben auf p. 53–55.
176 —— Schweizer Alexander, p. 20.

Religionstheoretiker Alexander, höchstens ansatzweise beeindruckt hatte.

»Der Grossvater, Jakob, war wieder Theologe. Als Katechist in Leimbach, dann Pfarrer im schönen Dorf Embrach, machte er sich aber durch agitatorische Schriften gegen die Helvetik und Napoleon sowie durch einen aus dem Politisieren entstandenen etwas liederlichen Lebenswandel mit Ehebruch gegen seine, wie es scheint, unangenehme erste Gattin, eine geborene Scheuchzer, unmöglich, sodass er, seiner Pfründe entsetzt, 1804 im Kanton Bern seine Zuflucht suchen musste, anfangs mit der dürftigen Stelle eines Provisors in Murten. [...] Der lustige und witzige Grossvater war literarisch tätig mit Gedichten, politischen Streitschriften, gedruckten Predigten und ersten Beschreibungen über Faulhorn und Rosenlaui, 1828 und 1829. Er erzählte und publizierte viele Anekdoten, die er etwas willkürlich auf sich selbst bezog.«[177]

Insbesondere das lyrische Anliegen von Jakob war den unmittelbaren Abkömmlingen keiner eingehenderen Erwähnung wert. Sie sahen es als dilettantische Beschäftigung bzw. kaschierte politische Agitation. Doch unter den zahlreichen Gedichten und insbesondere auch im Epos *Werner von Stanz* finden sich beachtenswerte Lebensweisheiten wie auch originell dargestellte persönliche Situationen. Und die durchstrukturierten, einfühlsamen Lehrgedichte an seine letzten beiden Kinder bezeugen, wie ernst er zumindest in einer ruhigeren Lebensphase die Vaterrolle aufgefasst hatte. Weder der zuletzt zitierte Enkel noch der Sohn, beide betont wissenschaftlich orientiert, scheinen für diese Art des Ausdrucks viel übrig gehabt zu haben und lassen so eine wichtige Seite von Jakobs Wesen zu kurz kommen. Dabei hatte sich die dichterische Kreativität stets als eine bedeutsame Stütze für Jakobs inneres Gleichgewicht erwiesen. Sie hielt ihn auch im höheren Alter noch bei Laune, wie man aus seinen späteren Gedichten ersehen kann. Und in seinem Todesjahr, 1843, erschien ja gar ein Nachruf auf Johann Jakob Schweizer in einem Münchner Verzeichnis bemerkenswerter deutschsprachiger Literaten.[178]

177 —— Schweizer Paul 2017, p. 8.
178 —— Siehe KAP. 3.3, p. 61.

Bei aller Umtriebigkeit war aber Jakob in allererster Linie von der Entschlossenheit bestimmt, aus seiner Sicht ›das Richtige‹ zu tun, sei es für das politische Wohl des Vaterlandes oder das persönliche Wohl von Mitmenschen. Nach den Worten des Zürcher Theologie-Professors Thomas Schlag erwies er sich als einer, der *nicht einfach Hass dichtete oder predigte, sondern im Letzten um Aussöhnung bemüht war,*[179] und er belegt dies mit den Schlusszeilen eines von Jakob 1803 zur Erinnerung an die vorjährige Beschiessung der Stadt Zürich geschriebenen Gedichts:

Eins noch, ihr Brüder – lieblich ist's, dem Feinde selbst verzeihn,
und willig ist der Menschenfreund, bald ausgesöhnt zu seyn.

Dass Jakob bei seinem überzeugten Streben auch an persönliche Grenzen stossen musste, gehörte wohl zu seinen bittersten Erfahrungen. Dennoch blieb ihm bis zum Schluss ein froher Lebenssinn eigen. Und was aus heutigem Rückblick vor allem zählen dürfte: Jakob vermochte sich trotz gehäufter Widrigkeiten im Verlauf seiner stürmischen Laufbahn allmählich zur ausgereiften Persönlichkeit zu entwickeln, durfte darin weiterhum Anerkennung finden und konnte schliesslich, bei aller Ernsthaftigkeit dem Dasein gegenüber, auch seinen Humor beibehalten. Sicherlich half ihm dabei, dass sein heiss geliebtes Vaterland nach dem Untergang der Helvetik wieder auf vertrauteren konstitutionellen Pfaden zu wandeln kam. Die Entstehung der heutigen Schweiz als Bundesstaat erlebte er allerdings nicht mehr; sie ereignete sich 1848, also fünf Jahre nach seinem Tod. Das Resultat darf noch immer als glückliche Verschmelzung von Teilen der alten und der einst so hastig erzwungenen, wenn auch letztlich unumgänglich gewordenen neuen Ordnung gelten und scheint darin den von Jakob in reiferem Alter entwickelten Vorstellungen weitgehend zu entsprechen.

179 —— Schlag, p. 148.

ZEITTAFEL

1771 18. März — *Geburt von Jakob in Zürich.*

1789 14. Juli — Ausbruch der Französischen Revolution durch einen
      Volkssturm auf die Bastille, *das* zentrale Pariser Gefängnis. *Ja-*
      kob in Ausbildung zum Pfarrer am Zürcher Carolinum.

1792–1797 — Erster Koalitionskrieg gegen Frankreich, geführt von
      Preussen und Österreich; ab 1793 auch Grossbritannien, die Ver-
      einigten Niederlande, Spanien, Neapel – schliesslich alle Reichs-
      stände des Hlg. Römischen Reichs. Gekämpft wird vor allem in
      den Niederlanden, Nordfrankreich, am Oberrhein, im Jurabo-
      gen sowie in Oberitalien. Bern und Zürich stellen Truppen für
      den Grenzschutz bereit. Die Schweiz steht als Durchgangsland
      im Fokus.

1793 *Jakob zum VDM ordiniert, als Katechist in Leimbach ernannt.*
      23. März — Französische Annexion des Bistums Basel, wo zuvor
      die Raurakische Republik ausgerufen worden war.

1794–1795 — Im Stäfner Memorial verlangen Einwohner der Gemein-
      den am Oberen Zürichsee gleiche Rechte wie die Stadtbürger
      betreffend Berufsausübung, Handel und Bildung sowie militä-
      rische Beförderung. Zürich lehnt ab, besetzt Stäfa mit Truppen
      und verhängt harte Strafen gegen die Urheber. Die Episode geht
      als Stäfner Handel in die Chronik ein.

1795 5. April — Frieden von Basel zwischen Frankreich und Preussen,
      das damit die Koalition verlässt.
      5. September — *Jakob hält im Fraumünster die Entlassungs-*
      predigt für die in der Stadt bereitgestellten eidgenössischen
      Truppen.

1798 20. Januar — Gleichstellung von Stadt und Landschaft in Basel.
      28. Januar — Eroberung der Waadt durch General Philippe Ro-
      main Ménard.
      5. Februar — Gleichstellung von Stadt und Landschaft in Zürich
      unter einer Landeskommission, wo die Stadt nur noch ¼ der
      Sitze, die Landschaft ¾ einnimmt. Ende der alten Zunftordnung.
      Jakob hält eine feurige Rede auf der Zunft zur Meisen, wo er den
      Zunftvorstand zur Bewahrung der alten Werte anhält.

5. März — Schlacht beim Grauholz und Besetzung von Bern durch den französichen General Balthasar de Schauenburg.

15. März — Konstituierung der neuen Landeskommission für Zürich, mit 200 Volksvertretern. Die Deputierten der Landschaft dekretieren aufgrund ihrer Mehrheit, dass die Stadt allein für die Kriegsschulden aufkommen muss. Statt der blau-weissen Zürcherfahne weht nun die Kokarde genannte Trikolore in gelb-grün-rot auf dem Rathaus und den Grossmünstertürmen.

12. April — Die erste Helvetische Nationalversammlung beschliesst in Aarau (ohne die Landsgemeinde-Orte) die Annahme der Verfassung der Helvetischen Republik. Damit verlieren die eidgenössischen Stände ihre Souveränität, werden zu blossen Verwaltungseinheiten degradiert und erstmals als *Kantone* bezeichnet. In der Innerschweiz hält Widerstand an. Sukzessive Einführung des freien Wahlrechts, der Meinungs- und Pressefreiheit, Religions- und Kultusfreiheit, Handels- und Gewerbefreiheit sowie des Rechts auf Privateigentum. Abschaffung der Folter. Hauptstadt der Helvetischen Republik ist zunächst Aarau, ab September 1798 Luzern, ab Mai 1799 dann Bern.

27. April — Besetzung von Zürich durch 10'000–12'000 franz. Truppen unter General Schauenburg.

28. April — Anordnung, dass alle Einwohner als *Bürger* bzw. *Bürgerin* anzusprechen sind. *Jakob wird zum Pfarrer in Embrach ernannt.*

9. August — Frankreich zwingt den helvetischen Vasallenstaat zum Abschluss eines militärischen Beistandspakts, was das Ende der Neutralität bedeutet.

4. September — Ausrufung der Einen und untheilbaren Helvetischen Republik.

9. September — Zusammenbruch des letzten innerschweizerischen Widerstandes in Stans. Der Ort wird verwüstet.

10. November — Aufhebung von Zehnten und bäuerlichen Grundlasten.

1799   1. März — Die Kriegserklärung von Frankreich an das mit Russland alliierte Österreich führt zum Zweiten Koalitionskrieg, 1799–1802, an dem nun auch Grossbritannien, Portugal, Neapel, der Kirchenstaat, die süddeutschen Reichsstände sowie das Osmanische Reich beteiligt sind. Der schweizerische Alpenraum wird zum zentralen Kriegsschauplatz.

28. Mai — Die Hauptstadt der Helvetischen Republik wird von Luzern nach Bern verlegt.

4. Juni — Erste Schlacht um Zürich. Die Truppen von Erzherzog Carl von Österreich vertreiben die Gegner unter dem französischen General André Masséna hinter die Albiskette.

25./26. September — Zweite Schlacht um Zürich: Masséna zwingt die Alliierten zum Rückzug und setzt die helvetische Ordnung wieder überall durch. Der zur Verstärkung der Alliierten vorgesehene russische Armeeführer Österreichs in Italien, Gen. Suworow, trifft zu spät im Raum von Zürich ein und muss sich unverrichteter Dinge über verschiedene verschneite Alpenpässe nach Österreich zurückziehen.

9. November — Napoleon löst das Directoire in Paris auf und erklärt sich zum Ersten Konsul von Frankreich. Der Waadtländer Frédéric-César de La Harpe hat ähnliche Ideen für sich und plant einen Staatsstreich in der Schweiz, was aber publik wird.

1800   7. Januar — Erster Staatsstreich: von La Harpes Gegnern ausgehend, führt zum Sturz des diktatorisch regierenden Chefs des helvetischen Direktoriums.

8. Januar — Ersetzung des Direktoriums durch einen 7-köpfigen Vollziehungsausschuss. Die helvetische Verfassung wird vom Parlament als »unzweckmässig und aufgedrungen« beurteilt.

17. Januar — Das Parlament kündigt die Ausarbeitung einer neuen Verfassung durch eine Zehnerkommission an. In der Folge *Briefwechsel von Jakob mit Minister Stapfer,* enthaltend Jakobs ›Vorschläge zur Rettung des Vaterlandes‹, zuhanden der Zehnerkommission.

5. Mai — *Jakob verschickt an alle Zürcher Gemeinden den ›Entwurf eines Memorials an den Vollziehungsausschuss und die Gesetzgeber‹,* worin er die Parlamentarier zum Rücktritt auffordert, da nach seiner Auffassung die Verfassung abrogiert worden sei. Veröffentlichung des Memorials in der ersten Nummer der von Jakob nun herausgegebenen Wochenzeitung Neues Helvetisches Volksblatt.

12. Mai — Der Repräsentant Bernhard Friedrich Kuhn verlangt die Auflösung des Parlaments angesichts dessen Unfähigkeit, eine passende Verfassung zu entwerfen.

17. Mai — *Die helvetischen Behörden ziehen Jakob vor Gericht* wegen Missbrauchs der Pressefreiheit.

22. Mai — Die Munizipalität Winterthur schickt ein sinngleiches, aber respektvoll gefasstes *Memorial* an die helvetische Regierung.

28. Mai — *Erster Prozess gegen Jakob vor dem Kantonsgericht Zürich*, das ihn strafrechtlich freispricht, doch den Fall zur disziplinarischen Ahndung an das zuständige Distriktsgericht Bassersdorf weiterleitet.

7. August — Zweiter Staatsstreich: Auflösung von Senat und Grossem Rat durch den Vollziehungsausschuss. Einsetzung eines einzigen Gesetzgebenden Rats mit 50 Mitgliedern, der nun als neue Exekutive einen Vollziehungsrat zu wählen hat. *Jakobs Forderung im Memorial ist damit erfüllt.* Gleichwohl insistiert der helvetische Justizminister auf der Durchführung des Disziplinarverfahrens wegen Amtsbeleidigung.

30. September — *Erstes Disziplinarverfahren gegen Jakob* vor dem Distriktsgericht Bassersdorf.

19. Oktober — *Berufungsverfahren vor Zürcher Kantonsgericht,* das die Sentenz des Distriktsgerichts gegen Jakob stark mildert.

1801   7. März — *10-tägige Festnahme von Jakob* unter neuer Anklage wegen Missbrauchs der Pressefreiheit. Verbot von Jakobs Zeitschrift, die seit Dezember 1800 als Gemeinnüziges Wochenblatt erscheint.

19. März — *Zweites Disziplinarverfahren gegen Jakob* vor dem Distriktsgericht Bassersdorf. Verurteilung zu empfindlicher Geldstrafe, zweijährigem Gemeinde-Arrest und Verbot der Publikation jeglicher politischer Schriften.

22. Mai — Vermerk in der Züricher Freitags-Zeitung: »Dem Herrn Pfarrer Schweizer von Embrach ist die vom Distrikts-Gericht Bassersdorf ihm auferlegte Busse von 400 Franken nachgelassen worden.«

28. Oktober — Dritter Staatsstreich: Die Föderalisten (mit Billigung Napoleons) ersetzen den Vollziehungsrat durch das Amt eines Landammanns der Republik in der Person des Schwyzer Truppenführers und Politikers Alois Reding, trotz dessen früherem Widerstand gegen die Helvetik.

1802   17. April — Vierter Staatsstreich: Die Unitarier setzen sich wieder durch, heben das Amt des Landammanns auf und erstellen eine gemässigt-zentralistische Verfassung mit beschränkten Vollzugsrechten für die Kantone (vor allem Steueraufsicht, Rechtspflege) sowie einer Tagsatzung als Wahlorgan.

25. Mai — Knappe Annahme der Zweiten Helvetischen Verfassung, erstmals durch gesamtschweizerische Volksabstimmung, wobei Enthaltungen als Ja-Stimmen gewertet werden.

Juli — Nach Abzug der französischen Truppen aus der Schweiz bricht zwischen Unitariern und Föderalisten ein improvisierter Bürgerkrieg aus, der wegen der dürftigen Ausrüstung vieler Herbeigeeilter auch Stecklikrieg genannt wird.

10. September — Der helvetische General Joseph Leonz Andermatt bombardiert 3 Tage lang erfolglos das föderalistisch gesinnte Zürich, u. a. mit 200 Brandgeschossen.

13. September — *Helvetische Truppen dringen in Embrach ein, um Pfr. Jakob Schweizer als ein Sprachrohr der Gegner umzubringen.* Dieser entkommt knapp.

4. Oktober — Ein Machtwort Napoleons setzt die helvetische Regierung wieder ein. Der Bürgerkrieg ist beendet.

1803   19. Februar — Ende der Helvetik. Napoleon verabschiedet die Mediationsakte als neue schweizerische Verfassung, nach der den alten Kantonen ihre Eigenständigkeit als eidgenössischen Bündnispartnern wieder zuerkannt wird bzw. die neuen Kantone ihnen gleichgestellt werden.

10. März — Ausrufung der erstmals so genannten Schweizerischen Eidgenossenschaft gemäss Mediationsakte.

4. Juli — Erste Tagsatzung des wiedererstandenen Staatenbunds in Freiburg.

1804   8. Oktober — *Verhör von Jakob durch den Kirchenrat* wegen Anschuldigungen betreffend Lebensführung.

18. Oktober — *Amtsenthebung von Jakob als Pfarrer durch den Kleinen Rat* in Zürich.

Dezember — *Jakob übersiedelt als Pfarrhelfer und Lateinlehrer nach Murten.*

1805   Februar — *Scheidung von Jakob und Anna Schweizer-Scheuchzer.*

September — *Heirat von Jakob und Elisabetha Dollfuss* in Murten.

1809   April — *Jakob wird Pfarrer in Nidau.*

1821   *Versetzung von Jakob nach Guttannen* im oberen Haslital.

1825   *Versetzung von Jakob nach Trub* im Emmental.

1843   29. Juli — *Tod von Jakob in Trub.*

1848   12. September — Entstehung der *Schweizerischen Eidgenossenschaft* als Bundesstaat.

LITERATUR

Anonym — Anonym (höchstwahrscheinlich von Schweizer Jakob), *Taschenbuch für Freunde und Freundinnen der ernsten Muse,* Zürich 1801.

Baer — Hans Baer, *Geschichte der Gemeinde Embrach,* Band 1: *Von den Anfängen bis zur französischen Revolution,* Gemeinde Embrach, 1995.

Brändli — Sebastian Brändli, *Chorherr Leonhard Brennwald (1750–1818): Ein Zürcher schreibt Tagebuch in unruhigen Zeiten,* Zürich 2018

Dalrymple — William Dalrymple, *The Anarchy: The Relentless Rise of the East India Company,* London 2019.

Dändliker — Karl Dändliker, *Geschichte des Kantons Zürich,* Dritter Band, Zürich 1912.

Dürrenmatt — Peter Dürrenmatt, *Schweizer Geschichte,* Zürich 1963.

Fankhauser — Andreas Fankhauser, *Die Exekutive der Helvetischen Republik 1798–1803;* in: Studien und Quellen, 1986, Band 12, Schweizerisches Bundesarchiv, digitale Amtsdruckschriften.

Gugerli — David Gugerli, *Zwischen Pfrund und Predigt: Die protestantische Pfarrerfamilie auf der Zürcher Landschaft im 18. Jahrhundert,* Zürich 1988.

Hess — David Hess, *Joh. Caspar Schweizer: Ein Charakterbild aus dem Zeitalter der Französischen Revolution,* eingeleitet und hg. von Jakob Baechtold, Berlin 1884.

Irniger — Margrit Irniger, *Schwyzer und Schweizer von Zürich: Geschichte einer Familie,* Zürich 2017.

Isler — Ursula Isler, *Madame Schweizer (geb. Hess): Aus dem Leben einer schönen Zürcher Bankiersgattin im 18. Jh.,* Zürich/München 1982.

Jagmetti — Marco Jagmetti, *Als die moderne Schweiz entstand: Zur Geschichte der Schweiz im 19. Jahrhundert,* Lenzburg 2019.

Pfenninger — P. Pfenninger, »Zürich: Ein geschichtlicher Überblick über die Entstehung des Kantons Zürich«, in: *Zürich einst und jetzt: Gedenkschrift zum 600. Jahrestag des Eintritts Zürichs in den Bund, 1351–1951,* Zürich 1951.

Rubli/Stucki — Markus F. Rubli / Heini Stucki, *Murten: Gegenwart und Vergangenheit,* Murten 2002.

Schlag — Thomas Schlag, »›Mit Verstand, Gemüth und Wille‹: Alexander Schweizer als ›Politiker‹«, in: *Alexander Schweizer (1808–1888) und seine Zeit,* hg. von Emidio Campi, Ralph Kunz und Christian Moser, Zürich 2008.

Schütt — Christian Schütt, *Chronik der Schweiz,* Dortmund/Zürich 1987.

Schweizer Alexander — Alexander Schweizer, *Prof. Dr. theol. Alexander Schweizer: BiographischeAufzeichnungen, von ihm selbst entworfen,* hg. von Dr. Paul Schweizer, Zürich 1888.

Schweizer Jakob 1800 — Jakob Schweizer, *Vorschläge zur Rettung des Vaterlandes – der Zehnerkommission im Gesezgebenden Korps und dem neuen Vollziehungsausschusse zur Beherzigung vorgelegt,* Zürich 1800 (Zentralbibliothek Zürich, DU 1145).

Schweizer Jakob 1802 — Jakob Schweizer, *Zeit-Gedichte: Zur Revolutionszeit geschrieben,* Zürich 1802.

Schweizer Jakob 1830 — Jakob Schweizer, *Topographie der emmenthalischen Alpgemeinde Trub,* Bern 1830 (u. a. in ETH Bibliothek Zürich, Rara 27290).

Schweizer Jakob 1843 — Jakob Schweizer, *Poesien im Gewande des Ernstes und des Scherzes aus dem Jünglings-, Mannes- und Greisenalter, sorgsam gesichtet und emendiert von J. J. Schweizer, mit einem Vorworte von J. C. Appenzeller,* Bern 1843 (u. a. in Zentralbibliothek Zürich, ZM 2749).

Schweizer Paul 1880 — Paul Schweizer (Hg.), *Korrespondenz der französischen Gesandtschaft in der Schweiz 1664–1671,* Basel 1880.

Schweizer Paul 1916 — Paul Schweizer, *Geschichte der Familie Schwyzer oder Schweizer von Zürich,* Zürich 1916.

Schweizer Paul 2017 — Paul Schweizer, *Autobiographie,* hg. von Peter A. Schweizer, Eigenverlag, Zürich 2017.

Schweizer Rainer — Rainer Schweizer, »Staatsumbruch, Besatzung und Kriegszeit im Glarnerland«, im Sammelband *Ungebetene Gäste: Das Kriegsjahr 1799,* Hist. Verein des Kantons Glarus, Heft 97, Glarus 2017.

Seida/Landensberg — Franz Eugen Freiherr von Seida und Landensberg, *Denkbuch der französischen Revolution,* Zweiter Band, Memmingen 1819.

Stammbuch Schwyzer und Schweizer — *Stammbuch der Familie Schwyzer und Schweizer,* Handschriftenabteilung der Zentralbibliothek Zürich, FA Schweizer 1 und 2.

Stromer — Markus Stromer, *Geschichte der Gemeinde Embrach,* Band 2: *Das 19. und 20. Jahrhundert,* Gemeinde Embrach, 1999.

Stüssi-Lauterburg et al. — Jürg Stüssi-Lauterburg, Hans Luginbühl, Richard Munday, Ueli Stump, *Weltgeschichte im Hochgebirge,* 5. Auflage, Lenzburg 2011.

Thamer — Hans-Ulrich Thamer, *Die Französische Revolution,* München 2004.

Tschudi — Aegidius Tschudi, *Chronicon Helveticum,* hg. von Johann Rudolf Iselin, Basel 1734–1736.

Ulrich — Conrad Ulrich, *Die Familie Ulrich von Zürich,* 2 Bände, Zürich/Berlin/Boston 2016.

Wernle — Paul Wernle, *Der schweizerische Protestantismus in der Zeit der Helvetik,* 2 Bände, Zürich/Leipzig 1938/1942.

VERDANKUNG

Der Autor möchte insbesondere den folgenden Personen und Institutionen den ihnen gebührenden Dank aussprechen —

für die zuvorkommende Unterstützung bei der Recherche, Quellensuche und Vermittlung von Bildmaterial:

Herrn Hans Baer, Lehrer und Lokalhistoriker, Embrach
Herrn David Hess, IT-Projektleiter, Berikon
Herrn Hans Minder, Betriebsökonom HWV und Lokalhistoriker, Lauperswil
Herrn Markus F. Rubli, Verleger und Stadtarchivar, Murten
Herrn Pfarrer Felix Scherrer, Trub
Herrn Maurus Schifferli, Trub
Herrn Walter Schläppi, Gemeindesekretär, Guttannen
Herrn Dr. Jürg Stüssi-Lauterburg, Militärhistoriker, Windisch
Herrn Alfred Sulzer, Jurist, Zürich und Malans
dem Schweizerischen Bundesarchiv Bern
der Burgerbibliothek Bern
der Gemeindebibliothek Embrach
dem Staatsarchiv Zürich
der Zentralbibliothek Zürich
den Gemeindeverwaltungen und Kirchgemeinden von Embrach, Guttannen, Murten, Nidau und Trub

für die fotografische Betreuung:
Frau Nika Derungs-Römer, Zürich

für die finanzielle Unterstützung:
der Stiftung der Familie Schwyzer oder Schweizer von Zürich

für das Lektorat:
Herrn Prof. em. Dr. Martin Schwyzer, Dübendorf

für die Gesamtförderung:
meiner Frau, Susham Sud Schweizer

ZUM AUTOR

Peter Alexander Schweizer, ein Ururenkel von Johann Jakob Schweizer, wurde am 18.01.1941 in Zürich geboren, besuchte daselbst die Schulen und schloss nach einjährigem Stipendiatsaufenthalt an der *University of British Columbia* in Vancouver, Kanada, sein Studium an der Universität Zürich mit einem Doktorat in Jurisprudenz ab. 1970 trat er in den diplomatischen Dienst der Schweizerischen Eidgenossenschaft ein und wurde der Reihe nach in verschiedenen Funktionen in Brüssel, Bern, Jakarta, London, Bern und New Delhi eingesetzt, worauf er ab 1991 die Schweiz in Äthiopien, ab 1996 in Ghana sowie ab 2002 in Malaysia vertrat. Seit 2006 lebt er mit seiner Frau, Susham Sud Schweizer, in Zürich im Ruhestand. – Neben den Gedichtbändchen *Thought Birds* (New Delhi 1991) und *Gedankenvögel* (Zürich 2012) verfasste er die Bücher *Schutz der Rechtsverwirklichung im angelsächsischen Rechtskreis: Die Lehre von ›Contempt of court‹* (Zürich 1972), *Mission an der Goldküste: Geschichte und Fotografie der Basler Mission im kolonialen Ghana* (Basel 2002), *Quality Time: 35 Years in Diplomacy* (Kuala Lumpur 2006), *Joh. Alexander Schweizer (1808–1888): ein Lebensbild* (Zürich 2008) sowie einen ergänzenden Teil zu dem von ihm herausgegebenen Lebensrückblick seines Grossvaters, *Prof. Paul Schweizer (1852–1932): Autobiographie* (Zürich 2017).